高职院校电子商务专业建设与人才培养研究

尹汉雄 于 跃 著

群言出版社
QUNYAN PRESS
·北京·

图书在版编目（CIP）数据

高职院校电子商务专业建设与人才培养研究 / 尹汉雄，于跃著. -- 北京：群言出版社，2023.2
ISBN 978-7-5193-0804-9

Ⅰ. ①高… Ⅱ. ①尹… ②于… Ⅲ. ①高等职业教育－电子商务－学科建设－研究－中国②高等职业教育－电子商务－人才培养－研究－中国 Ⅳ. ①F713.36

中国版本图书馆CIP数据核字（2022）第256812号

责任编辑：胡　明
封面设计：知更壹点

出版发行：群言出版社
地　　址：北京市东城区东厂胡同北巷1号（100006）
网　　址：www.qypublish.com（官网书城）
电子信箱：qunyancbs@126.com
联系电话：010-65267783　65263836
经　　销：全国新华书店

印　　刷：三河市明华印务有限公司
版　　次：2023年2月第1版
印　　次：2023年2月第1次印刷
开　　本：710mm×1000mm　1/16
印　　张：16.5
字　　数：330千字
书　　号：ISBN 978-7-5193-0804-9
定　　价：96.00元

【版权所有，侵权必究】

如有印装质量问题，请与本社发行部联系调换，电话：010-65263836

作者简介

尹汉雄（1989.07—），男，汉族，河北石家庄人，河北政法职业学院讲师，硕士研究生，研究方向：计算机信息技术、电子商务、数据挖掘技术、专业建设。参与多项省、市级可研究项目。在北大核心期刊发表文章1篇，在国家级、省级期刊发表文章15篇。

于跃（1992.11—），男，汉族，河北唐山人，河北政法职业学院讲师，硕士研究生，研究方向：计算机信息技术、电子商务、云计算。主要从事电子商务、数据挖掘和嵌入式技术的教学工作。参与国家重点研发项目"异构身份用户行为审计"，在核心期刊发表文章2篇，在省级期刊发表文章1篇。

前　言

电子商务作为网络经济与实体经济相结合的表现形式，以技术创新推动管理创新和体制创新，改造传统业务流程，促进生产经营方式由粗放型向集约型转变，成为商务模式主导的趋势锐不可当，市场对电子商务专业人才的需求也在与日俱增。高职院校作为电子商务专业建设与人才培养的重要基地，应当认真分析电子商务专业建设的现状和电子商务专业人才的市场需求特征，结合院校自身特点，整合优势资源，借鉴先进经验，形成具有本校特色的电子商务专业教学和人才培养体系，培养出适应电子商务行业发展需要的高质量专业人才。

全书共九章。第一章为绪论，主要阐述了高职院校专业建设基本理论、高职院校电子商务专业概述、高职院校电子商务专业需求分析等内容；第二章为高职院校电子商务专业建设现状，主要阐述了电子商务专业发展情况、高职院校开设电子商务专业的现实性、高职院校电子商务专业建设存在的问题等内容；第三章为高职院校电子商务专业课堂教学，主要阐述了高职院校电子商务专业课堂教学现状、高职院校电子商务专业课堂教学改革等内容；第四章为高职院校电子商务专业实践教学，主要阐述了高职院校电子商务专业实践教学现状、高职院校电子商务专业实践教学改革等内容；第五章为高职院校电子商务专业人才培养现状，主要阐述了高职院校电子商务专业人才培养的现实性、国内外高职院校电子商务专业人才培养现状、高职院校电子商务专业人才培养的影响因素等内容；第六章为高职院校电子商务专业人才培养能力要求，主要阐述了对运营管理类人才的能力要求、对网络推销类人才的能力要求、对客户服务类人才的能力要求、对美编策划类人才的能力要求等内容；第七章为高职院校电子商务专业人才培养模式分析，主要阐述了高职院校电子商务专业人才培养模式建立基础、高职院校电子商务专业人才培养模式构建思路、高职院校电子商务专业人才培养模式构建内容等；第八章为高职院校电子商务专业人才培养策略探讨，主要阐述了高职院校电子商务专业人才培养目标定位、高职院校电子商务专业人才培养基本策略等内容；第九章为高职院校电子商务专业师资队伍建设探讨，主要阐述了高职院校电子商务专业师资队伍建设总体要求、高职院校电子商务专业师资队伍建设基本策略等内容。

  作者在撰写本书的过程中借鉴和吸收了许多前人的研究成果，参考了大量的文献资料。在此，谨向各位专家、学者和文献的原作者表示诚挚的谢意！

  由于作者的学识、时间和精力方面的局限，书中难免有疏漏和不当之处，敬请各位专家读者不吝赐教。

目 录

第一章 绪论 ·· 1
  第一节 高职院校专业建设基本理论 ································ 1
  第二节 高职院校电子商务专业概述 ································ 12
  第三节 高职院校电子商务专业需求分析 ························ 16

第二章 高职院校电子商务专业建设现状 ······················· 20
  第一节 电子商务专业发展情况 ······································ 20
  第二节 高职院校开设电子商务专业的现实性 ················· 31
  第三节 高职院校电子商务专业建设存在的问题 ·············· 39

第三章 高职院校电子商务专业课堂教学 ······················· 42
  第一节 高职院校电子商务专业课堂教学现状 ················· 42
  第二节 高职院校电子商务专业课堂教学改革 ················· 49

第四章 高职院校电子商务专业实践教学 ······················· 84
  第一节 高职院校电子商务专业实践教学现状 ················· 84
  第二节 高职院校电子商务专业实践教学改革 ················· 93

第五章 高职院校电子商务专业人才培养现状 ················ 115
  第一节 高职院校电子商务专业人才培养的现实性 ·········· 115
  第二节 国内外高职院校电子商务专业人才培养现状 ······· 124
  第三节 高职院校电子商务专业人才培养的影响因素 ······· 135

第六章　高职院校电子商务专业人才培养能力要求……145

  第一节　对运营管理类人才的能力要求……145

  第二节　对网络推销类人才的能力要求……151

  第三节　对客户服务类人才的能力要求……153

  第四节　对美编策划类人才的能力要求……160

第七章　高职院校电子商务专业人才培养模式分析……164

  第一节　高职院校电子商务专业人才培养模式建立基础……164

  第二节　高职院校电子商务专业人才培养模式构建思路……167

  第三节　高职院校电子商务专业人才培养模式构建内容……177

第八章　高职院校电子商务专业人才培养策略探讨……189

  第一节　高职院校电子商务专业人才培养目标定位……189

  第二节　高职院校电子商务专业人才培养基本策略……194

第九章　高职院校电子商务专业师资队伍建设探讨……235

  第一节　高职院校电子商务专业师资队伍建设总体要求……235

  第二节　高职院校电子商务专业师资队伍建设基本策略……244

参考文献……255

第一章　绪论

高职院校专业建设是高职院校发展的向心力，是衡量和评价高职院校办学质量的重要尺度。随着电子商务的逐步发展，高职院校电子商务专业成为优先发展的专业，不断满足电子商务产业发展的需求。本章分为高职院校专业建设基本理论、高职院校电子商务专业概述、高职院校电子商务专业需求分析三个部分。

第一节　高职院校专业建设基本理论

一、高职院校专业建设的时代背景

专业作为学生报考院校的参照、学校培养人才的抓手、社会选拔人才的参考，是职业教育高质量发展的核心要素，是高职院校可持续发展的重要前提，是人才适应市场需求、促进经济社会发展的关键。专业是职业院校实施教育教学活动的有效载体和基本单元，专业建设是高职院校发展的核心，是职业院校实现高质量发展的重要依赖。通过建设高水平专业，可促进校企合作多元办学主体的形成，持续壮大职业教育实力。

近年来，党中央、国务院高度重视职业教育，习近平总书记就职业教育做出一系列重要指示，为职业教育改革提供了根本遵循。党的十八大报告首次提出"加快发展现代职业教育"。党的十八届三中全会做出了关于加快现代职业教育体系建设的一系列战略部署。党的十九届四中全会基于职业教育发展状况，强调要不断完善职业技术教育、高等教育和继续教育统筹协调发展机制。党的十九届五中全会再次强调，加大人力资本投入，增强职业技术教育适应性，而且国务院、教育部等部门先后印发《国家职业教育改革实施方案》《职业教育提质培优行动计划（2020—2023年）》《职业教育专业目录（2021年）》，提出把开展职业教育试点作为重要任务，健全纵向贯通、横向融通的中国特色现代职业教育体系，为高职院校进行专业建设提供了方向。2019年4月，教育部、财政部联合印发《关于实施中国特色高水平高职学校和专业建设计划的意见》，更加明确了高水平专业群建设是职业教育改革发展的重点，旨在以点带面提升中国职业教育的整体水平，全国高职院校积极响应，掀起了专业建设的热潮。

职业教育和地方经济相互促进，职业教育是地区的人力资源支撑，其发展能带动地区经济腾飞。"十三五"时期，我国经济发展进入"新常态"，预示着经济从高速增长转向中高速增长，经济发展方式从规模速度型转向质量效率型，经济结构从增量扩能为主转向调整存量、做优增量并举，从依靠资源和低成本劳动力等要素转向创新驱动。通过供给侧结构性调整等系列措施，企业转型、技术进步进程不断加快，产业链、供应链不断延伸。然而，无论是调整结构、提升质量，还是扩大产业链和供应链，均需要大量的产业工人支撑。职业教育以培养高素质劳动者和技术技能人才为己任，在支撑和保障经济转型、产业发展中发挥了巨大的作用。"十四五"时期，我国将坚持新发展理念，在经济效益明显提升的基础上实现经济持续健康发展，充分发挥增长潜力，国内市场更加强大，经济结构更加优化，创新能力显著提升，产业基础高级化、产业链现代化水平明显提升，对职业教育的需求越来越大、质量要求也越来越高。职业院校需要强力推进专业建设，提供与提升产业链现代化水平等相配套的高质量技术技能人才，为我国经济社会发展提供强有力的人才支撑和智力支持。

中国特色社会主义进入新时代，社会主要矛盾已经转化为人民日益增长的美好生活需要和不平衡不充分的发展之间的矛盾。习近平总书记指出："为人民谋幸福，是中国共产党人的初心。我们要时刻不忘这个初心，永远把人民对美好生活的向往作为奋斗目标。"人民幸福、美好生活的基础是"安居乐业"，实现"乐业"的前提是"就业"，这是人民美好生活的重要组成部分。党的十九届四中全会提出，健全有利于更充分更高质量就业的促进机制，为实现更充分、更高质量就业提供了根本遵循。实践表明，高职院校通过专业建设，推动了技术技能的"通专结合"，有效拓展了毕业生的就业范围，为毕业生实现更充分、更高质量的就业奠定了坚实的基础，组建专业群已经成为更充分更高质量就业的促进机制。深入探究高职院校专业建设已成为新时代职业教育发挥促进就业职能、推进职业教育高质量发展的迫切需要。

二、高职院校专业建设的主要内容

现阶段高职院校专业建设的主要内容集中在专业规划、人才培养目标、课程体系、专业教学内容、师资队伍等几个维度。基于高职院校的长远发展，高职院校的专业建设关键在于专业目标的科学制定，专业建设实质上是高职院校长期、持续的系统规划。近几年来，人才培养方案的研究一直是学者研究的热点。现代高职院校的专业建设要根据现代社会需求和市场特征建立健全人才培养方案，构建并完善"职业人"人才培养方案体系。课程体系是高职院校专业建设的重要支撑，要以具体专业为例，融合课程教学，尝试对课程体系和课程模式进行创新，建立创新型技术技能课程体系。师资队伍建设是高职院校专业建设过程中必不可少的关键要素，专业水平较高和结构合理的高职院校师资队伍，有利于高职院校专业建设的发展。高职院校要想做好专业建设，应从院校实际出发，调整师资结构，合理扩大"双师型"教师的比例，对专业建设做好预警机制，从而探寻一条科学的高职院校专业建设之路。

（一）专业规划

专业规划是指高职院校科学地规划专业，使专业全面适应社会需要的重要举措，是专业建设科学化和专业结构优化的重要步骤。专业规划的目标就是使规划期内高职专业的种类、专业的培养规模与用人市场的需求基本平衡，与承办院校的实力相吻合。其内容既涉及教育内部现有专业、资源的优势、缺陷分析，也涉及教育外部经济、社会发展对人才的需求；既涉及现有专业的优化，也涉及今后一段时间内专业发展的步骤；既有规范专业内涵的工作，也有保证专业与社会需求协调发展的政策导向。规划的科学性和实用性，决定了今后一段时期内高职院校专业为社会服务的有效性和其自身发展的持续性。

（二）专业人才培养目标

培养承担岗位职责、具有高技术的人才是职业教育专业建设的核心工作。因此，确定人才培养目标是高职院校专业建设的首要任务和突破点。现代工业社会中，只有拥有高层次、宽领域知识技能面的现代化职业教育人才，才能在复杂多变的工作环境中，将知识与技能灵活转化为处理、协调和解决问题的能力。这就需要及时掌握市场对专业技术人才需求的变化和技术发展状况，不断调整和优化培养目标和培养方案，增强人才培养工作的针对性。高职院校专业培养的应是具有高层次知识技能的人才，侧重于理论知识在实践中的应用。

（三）专业课程体系

课程体系是高职院校专业建设的实质性内容。课程体系建设应满足职业岗位能力要求，符合职业教育规律，并能促进学生全面发展，还能生动凸显学习内容和职业能力两者之间的关系。高职院校专业建设的突出特点就是培养学生的职业能力。高职院校学生将要面对的工作环境和生产设备会更为复杂和先进，需要解决的现场问题会更具有可变性和综合性，这就需要高职院校的课程设置从岗位的能力要求出发，反向推出专业需要的课程体系，课程体系应当在岗位能力体系的基础上建立起来。基础课程系统和实践教学课程系统是课程体系中需要加强的两大系统。基础课程系统应根据专业特点合理确定基础课程体系的比例，区别于岗位培训，着眼于学生综合素质的提高，并与实践教学课程系统相互交融。

（四）专业教学内容

教学内容是职业教育教学改革的重难点工作。高职院校教育的教学内容主要以职业岗位和工作过程为依据进行合理设定。教学内容要想更好地适应现代职业工种和岗位变化的需求，就需要灵活地做出改革。当然，这离不开企业、行业相关共同体的帮助。高职院校需要在教学内容建设和改革过程中，不断增强与企业、行业的联系，有效借助企业、行业的教学资源，共同研究、开发和完善教学内容。教学内容的研发和优化是一个复杂的共同体，需要考虑到方方面面的因素，例如，既要把就业岗位的职业要求纳入考虑范围，也要满足学生未来从事一个职业领域或是多个相关职业领域工作的需求。同时，职业院校还应在灵活的市场变化中，有计划、有目的地对行业和企业发展趋势进行预判，在教学内容中巧妙地融入新技术、新元素和相应专业技术领域职业资格培训内容，融"做、学、教"于一体，强化对学生能力的培养。

（五）专业师资队伍

师资队伍建设是专业建设的核心内容。专业的师资队伍应具备"双师"型、拥有一定的企业工作经历、专兼职教师比例合理等特点。因此，各高职院校应在提高教师的"双师"素质方面下功夫，给教师提供去企业实践锻炼的机会，这是高职院校专业建设的重点工作。另外，师资队伍要不断吸纳新鲜血液，补充来自行业和企业的技术骨干，提高行业、企业兼职教师的聘用比例。行业、企业兼职教师积极参与教学，既能够将生产现场的新知识、新工艺、新方法融入专业建设与改革中，也能够达到培养学生职业能力和职业素养的要求。

（六）专业条件保障

条件保障建设贯穿于高层次技术技能人才培养的全过程，是提高技术技能人才培养质量、实现高职教育目标的关键环节。因此，条件保障的建设是高职院校专业建设中的一项重要工作。条件保障并不只是某一方面的内容，它包括人力、财力和物力支持。对于高职院校而言，校内外实习基地建设和校企合作是物化有形的条件保障，能够有效地保证职业教育专业建设的顺利进行。校内外实习基地建设应积极吸纳有关行业、企业参与，主动承担实践教学任务，给学生营造与职业技术岗位"零距离"接触的职业学习氛围，加强职业技能培训、技能鉴定和职业资格认证等。校企合作需要学校紧紧依托行业、企业，加强与产业合作的联系，建立起"学校—行业—学生"校企合作共同体，明晰各自的任务和职能，为学生能够了解企业实际、感受企业发展提供一系列的条件保障，从而达到培养学生实际操作技能和实际职业素养的目的。条件保障的建设，不仅能够为学生提供学习所需，而且是专业建设能够顺利实施的支撑力量。

三、高职院校专业建设的影响因素及程序

（一）高职院校专业建设的影响因素

1. 外部影响因素

①国家政策因素。一个国家或者地区在某一个时期的社会经济发展政策，决定了该国家和地区经济发展的方向、改革的主题、建设的重点等一系列战略目标任务和具体措施，作为社会发展的一部分的高职教育及其专业建设必然会受到这种大环境的影响。同时，国家或者地区性的有关教育的政策文件更是对高职教育有着直接的影响。

②科技进步因素。随着人类社会全面进入知识经济时代，社会生产中的科技含量呈加速增长的趋势，不管是自然科学技术还是社会科学技术都达到了前所未有的高水平。在此背景下，社会对于人才的要求不再仅仅是精通某方面的知识或技能，而是呼唤跨专业的既熟悉理论知识又具备一定实践操作技能的复合型人才。

③社会评价因素。在高职教育的发展过程中，社会对高职教育以及高职教育中的各种专业的规划、设置、人才培养模式、毕业生对于社会岗位的适应性等等必然有着各种各样的评价。这种评价既可能是形成性评价，也可能是是终结性评价；既可能是正面积极的评价，也可能是负面消极的评价。而普遍评价较好的专

业，无疑会对专业建设产生极大的促进作用。此外，用人单位对毕业生的专业理论知识、实践技能等方面的评价，也会对专业建设的内容产生直接影响。

2.内部影响因素

①学生发展因素。和其他类型的教育形式一样，高职教育的主体也是学生。在接受教育的过程中，作为主体的学生有权利选择就读的专业，也有权利选择专业所涉及的课程，这种主动性就对学校的专业建设提出了灵活的要求。学生依据各自的兴趣爱好、工作意愿、职业规划对不同的专业和课程进行具体的选择，这种过程实际上是对专业设置及课程体系构建的间接干预。有的学生为了以后就业，要求所学的专业更加专门化，还有学生为了继续学习，要求专业更具有通用性。

②教育资源因素。这里的教育资源主要是指教育教学条件，包括教学场地和设备、教育经费、教育技术、师资队伍、实验和实训设施等等。教学场地宽敞，教学设备先进，教育经费充足，教育技术多样，师资力量雄厚，实验和实训设施丰富完善，毫无疑问有利于专业建设。同时，在优良的教育资源支持下，高职院校可以大力开展品牌专业建设，加强实践教学，采用先进教学手段，对学生进行分层管理等等，这些都将对专业建设产生深远影响。

③专业师资因素。教师是学校组织实施教学的主体，在教育过程中占据主导地位。高职教育对教师提出了更高的要求，教师不仅要精通理论知识，而且在实践中要成为行家里手。因此，高职院校师资素质的高低对专业建设也能产生较大的影响。

（二）高职院校专业建设的程序

高职院校专业建设应以专业目录为基本依据，符合专业建设基本条件并且严格规范专业建设的基本程序。一个专业的建设是一个极其复杂的过程，既包括学校内部的建设，也包括学校外部如教育行政部门等的宏观调控，但一般来说大致具备四个过程：建立信息渠道、开展广泛的社会调研、进行专业可行性论证以及专业的申报审批。

首先，建立信息渠道。建立信息渠道相当于高职院校进行专业建设的基础和前提。由于高职院校职业教育的职业性与市场性，其专业建设必须对多项社会数据进行分析，深入市场以求得真实客观的人才需求情况。真实且全面的数据的获得就需要建立信息渠道，组建由学校、教师、课程专家、企业专家、技术专家以及地方教育行政部门和劳动部门等组成的专业建设委员会，通过信息收集与咨询服务，及时获得来自政府、企业、学校和学生的相关信息，从而保证信息来源的及时性、科学性、全面性。

其次，开展广泛的社会调研。社会调研是高职院校进行专业建设的关键环节，可以为专业建设提供重要依据。很多时候学校通过各种渠道获取的信息是不完善的，需要有针对性地对信息进行加工和深入研究，那就需要开展广泛的社会调研工作。社会调研的方式是多种多样的，主要包括实地走访、问卷调查、会议讨论、分析政府工作报告等等，可以依据实际情况结合使用。社会调研的主要内容：一是宏观政策情况，如区域经济发展政策、地方就业政策、地方职业教育发展规划、地方资金投入领域等，宏观政策是教育发展的指南，只有了解相关政策才能使学校专业建设更好地服务区域经济；二是行业需求情况。对接产业结构，满足行业需求是高职院校办学的必然遵循。随着智能化时代的到来，生活日新月异、科技更新加快、行业不断变化，必须开展行业、企业、就业市场调研，做好人才需求分析和预测，才能培养出行业需要的应用型人才。

再次，进行专业可行性论证。高职院校在结合区域产业发展要求以及学校办学实际的基础上，进行专业建设的可行性论证，最后形成专业可行性论证报告。可行性论证需要从职业分析、专业设计、办学条件入手。职业分析主要是针对职业岗位进行具体工作任务的划分，再确定各项任务所需要的知识、技能及素质要求。专业设计主要包含明确专业培养目标、规定修业年限等。办学条件是依据专业人才培养目标的要求，建立起相应的专业师资队伍、学生实习实训基地等。

最后，专业的申报审批。高职院校在完成上述工作后，可按照国家相关规定向省级教育行政部门上报专业论证材料。上报的材料具体包括学校和专业基本情况、拟建设专业论证报告、人才培养方案、专业办学条件、相关教学文件等。之后，省级教育行政部门会组织专家对上报的材料进行评审。评审主要包括专业建设的必要性和可行性两方面。必要性是看社会是否真正需要，以减少盲目开设造成资源浪费的现象。可行性是审查院校是否具备开设此专业的相关条件和能力，是专业能否开好的前提。需不需要开和能不能开是专业建设过程中不同方面但同等重要的问题。最后，省级教育行政部门将结果报备教育部，教育部公布最后结果。

高职院校在进行专业建设时必须制定科学的专业建设程序和标准，同时政府也要加强对专业建设的监管力度。对于高职院校来说专业建设的申报审批阶段不是专业建设的结束，而恰恰是专业建设的开始，在此之后要不断进行专业建设的调整与优化，才能把专业建设好、人才培养好。

四、高职院校专业建设的原则

（一）职业性原则

高职院校专业建设应体现职业教育类型特点，既然职业教育作为一种类型教育而不是普通教育的附庸品，那就要避免对普通本科教育进行模仿，要不断探索，找准方向，办出自己的特色。职业教育的职业性原则是专业建设的基本准则，职业性原则的内涵就是任何劳动和培训都是以职业形式运行的。据此，我们可以更加清楚地知道职业教育专业建设的起点是职业和工作，遵循的是工作体系逻辑，从本源上与社会职业息息相关，这就意味着需要围绕职业岗位变化的需要进行专业的建设与调整。

（二）适应性原则

所谓适应需求原则，是指专业建设过程中要适应经济发展、产业需求以及学生发展的需要，具体内容表现在如下几个方面。

①适应经济发展需求。职业教育自诞生之日起就承担着为务经济社会发展服务的责任。职业院校的专业建设要依托区域经济发展状况，以社会市场需求为出发点、立足点，才能更好地培养出服务社会经济发展的人才。但由于不同区域的经济发展水平存在差异性，为了保证其专业建设能够适应社会经济发展需求，就需要事先对当地社会经济发展情况有所了解。为了对社会需求做出科学公正的判断，学校以及企业的专家可以组成专业委员会进行充分调研，分析本地区经济发展状况和人才需求情况，尽可能保证专业建设能够适应区域经济发展需求。

②适应产业升级需要。专业结构与产业结构错位发展一直是我国高等职业教育专业建设中存在的问题，这在一定程度上造成了资源的浪费。因此在专业建设过程中，必须满足行业发展对人才的需求，有效对接产业需要，推进校企合作、产教融合工作。特别是在智能化时代，产业升级加快，专业建设更应该适应行业不同岗位发展的需要、产业升级与技术优化的需要。

③适应学生发展需求。专业建设不仅要适应社会需求、产业发展需求，学生发展需求也应该考虑在内。通过对开设专业的生源情况的了解，可以有效地了解学生的发展诉求，以此学校才能吸引大量生源。在专业培养中，也应该注重学生的发展需求，使学生能够掌握可迁移的知识和技能，不仅知其然更知其所以然，学生才能在社会变革中不被淘汰，院校也得以持续健康发展。

（三）可行性原则

可行性原则是指学校应具备专业建设必备的软硬件条件。职业教育专业需要具备详尽的专业建设可行性报告。报告要包括对行业企业的调研分析、对自身办学基础和专业特色的分析、对培养目标和培养规格的论证，有保障本专业可持续发展的规划和相关制度等。学校办学条件、教育教学资源是影响专业建设的关键因素，学校的专业教学设备、师资队伍力量、实习实训基地以及必要的教学经费等是专业建设的物质基础，是实现人才培养目标的前提条件。专业建设需要严格按照科学要求，依托学校办学实际，对自身办学的人力、物力、财力等进行充分且必要的评估和检查，形成翔实的专业建设可行性报告。如果院校忽视自身办学条件盲目开设专业，不仅会影响专业的生命力，也会造成其培养的学生质量低被社会淘汰的情况，从而使学校陷入困境。

（四）效益性原则

专业建设的效益性原则主要体现在社会效益和经济效益两个方面。社会效益要求职业教育要培养社会所需要的人，注重人才培养的质量以及对社会做出的贡献。经济效益要求职业教育在有限的教育资源和教学经费的前提下，以最少的投入取得最大化的办学成效，二者不可偏颇。如果只注重社会效益，学校的资源支撑不起办学成本，自然会削弱其办学实力。高职院校获得的公共财政支持有限，如果不注重经济效益，则无法支撑其长久办学，所以经济效益不容忽视。归根到底不论是社会效益还是经济效益，专业建设效益的最终落脚点还是在于人才培养的质量要过关。要在充分开展社会调查的基础上拓宽专业的服务面、增强专业服务功能并且适当扩大专业规模，保证规模、质量、效益的协调可持续发展。

五、高职院校专业建设的理论基础

（一）系统理论

唯物辩证法是一般系统论思想的基础，所以可以寻找二者之间的相关性，同时考虑到全体当中有组织和被组织的系统，通过联合和合理运用的方式保障整个系统的合理性；再比较与之相关的若干要素的基础上，将其构成固定的模式和结构，并且组成具有功能性的有机整体，其中组成部分之间存在着关联、依赖和互相制约的关系。通过整体可以看出系统当中的不同层次和各层次之间的协同作用关系，将系统的性能和属性发挥到最高的水平是系统思想的核心内容。

结合系统理论的相关内容，可以看出高职专业建设存在着很强的开放性和平衡性，其在展开专业建设的过程中能够充分体现出培养人才的主要目标，同时，围绕着这个目标设置出了具有针对性的人才培养体系和有关的课程结构，并且将设定出的内容落实到具体的师资团队建设和校内外培训当中，这些工作存在着比较高的关联性。同时，借助互相推进和影响的模式实现外部环境与内部环境的协同发展，能够体现出系统理论的基本特点。

（二）职业带理论

职业带理论最早出现在联合国教科文组织出版的《工程技术员命名和分类的若干问题》一书中，该书将人才分为了技术工人、技术员和工程师三种类型。职业带理论是应用于工程领域，将工业技术人才应具备的操作技能和理论知识用一条连续带表示的理论。职业带由一根斜线划分为两部分，斜线的上方为操作技能，斜线下方为理论知识。职业带的最左侧为机器操作员的工作，这可以说明其工作主要是技能操作层面的，所涉及的技术知识很少，几乎可以忽略不计。职业带最右侧为以理论方法从事工程研究分析人员的工作，这可以说明其工作主要是理论研究层面的，需要具备较强的理论知识水平，对操作技能要求较低。在工程领域中，各种各样类型的人才分布在职业带上的不同位置和区域。从左到右，操作技能呈现递减的趋势，理论知识呈现递增的趋势。不难看出的是，技术工人以操作技能为主，理论知识要求较少。对于工程师来说则正好相反，而处于中间区域的技术员所具备的操作技能和理论知识相当。

对于这三类人才的培养，有学者指出，高职院校专科层次培养技术工人（技能型人才），高职院校本科层次培养技术员（技术型人才），研究生层次培养工程师（工程型人才）。基于职业带理论，高职院校培养的是技术技能型人才和工程型人才以及高层次技术技能型人才，应该具备水平相当的理论知识和操作技能。

（三）教师专业化发展理论

教师专业化发展理论是以职业生涯发展研究和理论研究为基础的。这项理论研究的发起人是美国学者福勒，他在1969年制定了"教师关注问卷"，这成为教师发展的理论研究的开端。教师专业化发展理论比较成熟的理论成果主要有关注阶段论、职业生涯阶段论以及教师社会化阶段论。

教师专业化发展理论是指教育工作者通过专业培训和终身学习，逐渐掌握教育专业的基本理论和技术技能，同时又在教学实际过程中提高自身的从教素质，从而成长为教育专业工作者的发展过程。教师专业化既指教师个体的专业化，也指教师职业的专业化。教师个体的专业化是指教师个体专业水平提高的过程，教师职业的专业化是指教师群体为获取教师职业的专业地位而进行努力的过程。这个理论对中国高职院校师资队伍建设有着重要的意义，它的运用对于高职院校优化师资队伍结构、提高教师质量、提升教师队伍管理水平、加强教师队伍的培训与培养有很重要的意义。

教师专业化发展理论对于高职院校的师资队伍建设有多方面的启示。教师个人的职业生涯规划及教师队伍职业生涯规划应该紧扣高职院校师资队伍建设的要求，得当的职业生涯规划可以促进教师队伍职业生涯规划的有序跟进，提高高职院校师资队伍的水平。在职研修培训根据高职院校的师资建设目标展开，培训体系应当完善，培训内容与院校对教师的专业知识、实践技能要求相匹配。专业知识体系的建立贯穿于教师培训的职前、职中和职后，作用于教师职业生涯的始终。构建教师专业知识结构系统，丰富教师的专业理论知识，对高职院校教师的职业理想信念也应当进行正确的引导与熏陶。教师专业化发展理论的运用有利于高职院校教师综合素质的提高。

（四）需要层次理论

需要层次理论是由马斯洛从心理结构视角提出的。需要层次理论也可以划分为保健需要和激励需要。保健需要包括生理需要、安全需要、归属与爱的需要；激励需要包括尊重的需要、实现自我的需要。

马斯洛认为，生理需要、安全需要是第一位的，归属与爱的需要是过渡的，而尊重的需要和实现自我的需要是更高的需求。根据马斯洛的需要层次理论，高职院校可以通过满足教师的不同层次的需要，促进教师综合素质的提高。高职教师的保健需要和激励需要具有以下几个方面。保健需要是指高职院校教师生活保障的基本需要，主要是教师的薪酬待遇，这是建设高水平教师队伍的经济基础。教师的薪酬待遇，涵盖了教师的衣食住行。这些需要属于马斯洛需要层次理论的最低层次，也是最基本的需求，这些最基础的需要得到满足后，才能使高职院校的教师产生新的、更高级别的需要，教师才能有精力去追求尊重和自我实现的需要，教师才能真正将关注点放到提高自身专业和业务水平上。教师的激励需要更多地体现为专业进修、职位晋升、教师专业能力的提高，运用马斯洛需要层次理论的激励需要，有助于提高高职院校教师教学研究的积极性。高职院校的管理者采用激励需要的相关措施，有利于高职院校高水平师资队伍的建设。

第二节 高职院校电子商务专业概述

高职院校即高等职业院校，高等职业教育是高等教育的重要组成部分，是特殊类型的高等教育，是以职业岗位为导向，以职业技术能力为基础的新型高等技术教育，具有很强的实践性。高职分为两个层次：本科和专科。为响应教育部构建现代职业教育体系的规划，部分国家示范性高等职业院校从2012年起开始试办本科层次的专业。目前，被大众普遍认同的高等职业教育是为适应经济社会发展的需要和个人就业的需求，对受过一定教育的人进行职业素养特别是职业能力的培养和训练，为其提供从事某种职业所必需的实践经验的一种较高层次的教育。

从电子商务的实践活动来看，"电子商务"是"电子"和"商务"两者的有机结合，其中"商务"是核心，是内容，是电子商务的主体；"电子"是条件，是载体，是实现商务应用的手段。对于这种组合的理解就是商务活动的电子化或者信息化。在具体的操作中，传统商务更多地借助了传统的技术载体，而电子商务是现代网络技术下的产物，主要依赖现代计算机技术和网络通信技术。但是这仅仅表明两种商务形式所借助的载体不同而已，至于其本质并无差别，都是经济贸易活动。

电子商务是一个典型的新型交叉学科，它将计算机科学、管理学、营销学、现代物流和经济学等融于一体，实质就是将互联网思维应用于现代商务经营中的每一个角落。电子商务最早大致出现于1997年，但是迄今为止没有统一的、全面的专业性的定义。国内外不同学者，从自己所处的研究领域出发会得出不同的定义。政府、企业、组织机构等不外如是，有的组织机构在学者的定义上还有不同的解释和看法。

组织机构如巴黎国际商会，最早在1997年发表对电子商务的定义。它认为电子商务是一场电子化改造，利用互联网工具对传统贸易活动的各个阶段进行颠覆。这场电子化改造可以使交易双方或多方无视地域限制，在时间上也不需要交易参与者同时出现，消除面对面交易带来的滞后性这得益于它将多种电子技术手段综合于一体。IBM公司认为电子商务首先是全新的信息技术的代表，其次它还是一种创新的商务模式，商务模式的互联互通利用互联网技术实现，交易各方不再是单纯的点对点，而是所有参与者都在多个平台上互相连接。这一概念范围仅仅限于贸易领域。阿里巴巴研究院对此持相同的看法，但是在此基础上有所补充，认为电子商务是一种商业模式的同时，还要在时代的不断发展中解释概念。它不仅仅是交易实现的手段或者工具。在现阶段，它更是一个综合的并且时刻发生信息交互的商业生态体系，如互联网、金融与实体经济深度融合等。世界贸易组织（WTO）提出的概念范围更为广泛，比前几个组织机构的认知更加深刻。它认为电子商务不仅仅包括网络上的商业交易活动，还包括生产过程、采购、产品加工、仓储、销售等诸多环节。世界贸易组织提出电子商务是以互联网为媒介进行的商务活动，具体包括生产、销售和流通等环节，但它不限于上述环节，还包括通过网络进行商品展示、订购产品、电子支付等一系列降低成本、创造商机的商务活动。合作经济与发展组织（OCED）认为电子商务是指利用网络技术在人与人之间、组织与组织之间进行的商务活动。

中国电子商务研究中心对电子商务的基准定义为以网络基础设施为基础，通过计算机的软、硬件设施开展的商务活动。国内学者的定义拓展了电子工具的范围。他们认为电子商务本身就是一种电子工具。因特网自不必言，电子工具还包括了最初级的电报、电话、现代的国家信息基础设施（NII）、全球信息基础设施（GII）。其应用范围渗透各行各业，但是集中应用于商务活动领域。然后，电子商务不单是电子应用工具，它更是一种交易技术和商务手段。交易技术不仅包括电子货币交换技术、数据库、移动电话，也包括国外组织提到的电子数据交换技术（EDI）。商务手段指的是在线办公，利用互联网处理私人或者公共事务，开展商业活动，连接个人、企业与政府的手段。除此之外，企业界则普遍认为电子商务是一种网络化的经济活动。它不仅仅是单纯意义上的商务活动。这就又一次扩展了电子商务的概念范畴。中国在《电子商务"十三五"发展规划》中明确地概括了电子商务的定义，认为电子商务就是一种网络化的新型经济活动。我国最权威的关于电子商务的定义是由《中华人民共和国电子商务法》规定的，认为电子商务是一种经由一切信息网络来售卖产品或者服务的经营活动，它在电子商务法律体系中站在第一梯队。

以上不同主体对电子商务定义的表述虽有不同，但基本涵盖着网络信息技术、电子化通信工具、商务活动、交易对象等相同要素。基于国际组织、学者等不同主体关于电子商务定义的观点，电子商务的定义为以互联网信息技术为基础，通过使用计算机、移动通信设备等电子化工具，对商品和服务进行的涵盖生产、销售等环节的即时商务活动。电子商务是利用一切可交换信息的技术手段，各类经济活动主体进行有形或无形产品的交易活动。从宏观讲，电子商务不单包含线上交易领域，也包括所有线上的商业活动。从微观的交易主体讲，它可以细分为B2B、B2C、B2E、B2G等商业模式。无论从哪一种角度讲，学者对电子商务的概念认知都包括两部分，即互联网信息技术和互联网平台。

电子商务专业是将计算机科学、管理学、市场营销学、法学、现代物流和经济学等融为一体的新型交叉学科。该专业培养掌握计算机信息技术、商务管理、市场营销、法律、现代物流、国际贸易的基本理论及基础知识，具有利用网络开展商务活动的能力和利用计算机信息技术、现代物流方法改善企业管理方法，提高企业管理水平能力的创新型、复合型电子商务专门人才。目前，社会上将电子商务人才大体上分为四类：商务型电子商务人才、技术性电子商务人才、战略型电子商务人才、创新创业型电子商务人才。伴随着互联网的迅猛发展，各个领域尤其是传统的商业领域被颠覆，与电子商务相关的技术创新和商业模式创新步伐将进一步加快，电子商务的作用日益突出，与经济社会和传统产业进一步融合，电子商务的生态特征和生态关系也将更加突出。新兴技术的广泛渗透与消费结构加速升级相结合，物联网、云计算等新兴技术将极大地推动电子商务技术创新和商业模式创新。新时代下的电子商务人才不但需要具有互联网思维，掌握电子商务技术的最新应用，同时更要懂得信息化经济体的管理规律，具有更强知识复合能力、创新创业思维、终身学习能力的。综上所述，目前电子商务专业已经进入成熟阶段，随着企业的经营管理模式和生产组织形态的改变，传统产业的资源配置效率的提升，社会对电子商务人才的需求将会是更高层次的需求类型。这类人才除了具备基础的电子商务技能外，必须要有更高的综合运营管理水平、适应新技术更新迭代的学习能力、整体自主创新能力等。电子商务专业学科门类包括哲学、经济学、法学、教育学、文学、历史学、理学、工学、农学、医学、军事学、管理学等。与电子商务相关的学科门类包括管理学、经济学、工学、计算机科学和法学。

高职院校电子商务专业培养目标：一是需要学生具备作为高职生应有的思想道德素质以及相应的文化科学知识；二是具有电子商务专业综合职业能力；三是培养能熟练运用计算机网络技术，掌握网络营销策划、物流业务操作、市场营销、国际贸易等技能的高素质人才。

电子商务专业是培养面向与电子商务相关行业，包括农业、零售业、旅游业、计算机软件服务业、数码电子业、家装建材、科技业等行业以及所有涉及"互联网+"业务的企事业单位，适应电子商务职业岗位群（如网店运营、网络营销推广、客服、美工设计等）工作，能胜任电商运营、网络营销、网络推广、网络客服、网络编辑、电商市场文案、网店美工、微营销推广、搜索优化、业务跟单等工作，具备团队合作、安全操作和遵守工作制度等职业素养，达到电子商务员中级职业资格要求的技能人才。

  高职院校根据电子商务专业培养人才的需要，把专业技能课程分为专业核心课、专业选修课、综合实训课，其中还包含校内外实训、顶岗实习等多种形式。专业核心课主要包括电子商务基础、商品学、市场营销基础、办公自动化应用、客户关系管理、网络营销实务、C2C网店运营、电子商务物流管理等。专业选修课包括网络常用软件、电子商务支付、电子商务安全等。综合实训课程教学目标是提升学生综合职业能力。在开设的课程中，电子商务基础、商品学、客户关系管理等偏向于理论教学，而商品拍摄与图片处理、网络营销实务、C2C网店运营等偏向于实践教学。

  从高职院校电子商务专业的人才培养目标以及专业课程的开设中可以看出，电子商务专业需要的是复合型人才。因为电子商务专业在课程的设置上不仅仅有营销类的课程，还有计算机课程以及摄影等课程，这就说明电子商务是一门实践性较强的专业，既可以加强学生对电子商务专业知识的理解，又增强了学生的实践能力。

  高职院校电子商务专业的毕业生可以从事金融、网络出版、网络营销、企业商品和服务营销规划、物流和大中型企业办公自动化应用等工作。电子商务专业主要有两大类，分别是电子商务经济管理类和电子商务工程技术类。

  高职电子商务专业的教学内容主要包括计算机网络原理、电子商务概论、网络营销基础与实践、电子商务与国际贸易、电子商务信函写作、电子商务营销写作、电子商务管理、ERP与客户关系管理、电子商务物流管理和电子商务英语等。除此之外，大部分开设电子商务专业的中等职业学校还会让学生利用现代信息技术开展商业活动，了解电子商务的相关法律和条例，并投身现代电子商务的运作和管理，充分利用现代网络技术的灵魂，采取实训等方式，采取实际操作等途径进行专业技能培训。学校通过不同类型的电子商务服务平台，模拟虚拟电商教学、实践教学来培养优秀的电子商务人才。

第三节　高职院校电子商务专业需求分析

一、高职院校电子商务专业的社会需求

（一）电子商务专业的市场需求

根据市场需求，培养技术技能型人才是高职院校开展教育事业的目标所在。为了达成这一目标，让市场需求得到充分满足，作为高职院校，在设置具体的人才培养目标之时，不但需要对区域经济发展情况进行调查，还需要和市场交流来了解市场需要具备哪些职业素养的人才，从而在建设特色专业时对具体的培养方向进行准确把握，有的放矢地开展人才培养工作。在制定专业的培养目标前，高职院校可按照"广泛调研、顶层设计、专家论证、分步实施"的工作方针，召开专业人才培养方案修订专项研讨会和专业教学标准解读会，对用人单位（行业企业、医疗机构）进行实地调研，对专业毕业生进行深度就业追踪调研，分析产业发展趋势和行业企业对人才的需求，并组织各行业专家、教育专家、政府业务决策管理人员、用人单位、学生等群体进行充分论证，明确专业面向的职业岗位（群）所需要的知识、能力、素质。高职院校在和企业开展合作之时，必须对对方有足够的了解。首先，高职院校应和企业进行交流，对人才需求以及技能需求情况有所了解，然后对这一需求进行分析，分析之后展开针对性的人才培养工作。其次，企业也有必要和高职院校进行交流，可以将企业单位中优秀的技能人才安排到高职院校对学生进行培训，令学生的专业技能能够得到强化，并学到更多专业知识。在对人才进行培养之时，需以满足市场需求为导向，将对专业人才的实践能力的培养放在首位，以成功就业为落脚点来设置相应的专业，并灵活调整专业教学内容。以往的高职教育将扩大规模作为主要的发展方向，而当前已转为高质量发展，在这种情况下，高职院校必将面临激烈的竞争，唯有对市场实际的专业人才需求进行充分分析，才能够拥有更多市场竞争力，站稳脚跟。同时，高职院校还需要了解区域经济发展的实际情况，在建设特色专业之时，设置差异化建设目标，有针对性地进行专业人才培养，以此满足区域内的市场需求。

高职院校电子商务专业之所以出现，究其根源在于国家政策和社会发展的需要，反映了我国经济社会发展的市场需求。职业院校最基本的职能在于培养高级技术技能型人才，因此职业教育院校应主动对接市场需求，灵活搜集市场对人才

的需求变化信息，科学规划人才培养目标和选择人才培养模式。为了避免人才资源的浪费，要瞄准市场需求和经济需要，强化电子商务专业导向和学科引领。为了更好地反映市场需求，需要大力推进数字化、信息化进程，加速人才供需信息平台体系建设，让每一位高职院校毕业生的就业需求信息能够同步到人才供需信息平台。通过平台反馈和数字化、信息化对接，高职院校能够及时地调整职业教育专业课程，适时培养职业人才的专业能力，使得每一位学生都具备与其职业岗位要求相关的职业技能和职业素养。构建人才供需平台，大力推进数字化进校园，提高信息开放建设水平，将信息化水平纳入专业建设中，从而强有力地推进信息化平台体系建设。通过数据上传、联动和共享，提高高职院校的信息化水平，建立健全信息采集、处理和反馈机制，形成专业建设与人才供需相互连接的大数据系统，实现信息的统一管理、共生共享和共用。

（二）电子商务产业的精准定位需求

随着社会快速发展，经济结构转型升级，社会经济和人工智能发展导致技能更替周期更快，时代呼唤职业教育培养能适应这种变化的创新型专业人才。新业态、新产业、新职业的出现意味着人才供需生态链的重构，职业教育应瞄准国际办学前沿动态，关注国家及区域特色支柱产业发展态势，建设高水平的专业群。深入分析新兴产业链的上、中、下游，提前预测，未雨绸缪，用发展的眼光设置专业。保证专业建设与产业良好对接，将高职院校人才培养的供给侧与产业发展的需求侧精准匹配起来，输送专业的技术技能人才，支撑产业发展。高水平的专业建设是提高就业质量的根本保障，也是学校办学水平的直接体现，高职院校应主动回应市场呼唤，定位产业需求，为跟上快速变化的行业形势进行适当的专业设置调整。紧密围绕产业需求，深度契合经济发展，重点培养紧缺人才是高职院校进行专业建设的逻辑出发点，也是提质纾困、提高职业教育适应性的基本原则。

首先，研判经济发展趋势，预测人才市场需求。作为人才输入的供给端，要有效解决办学资源广与资源转化率低的矛盾问题，就要对所在区域的劳动力市场需求端进行调研，了解人才需求的结构、类型及偏好等现状。对产业链、市场信号、技术前沿、民生需求等方面的动态信息进行持续的追踪和高效的整合，为专业的增设或删减提供现实依据。方向明确后才能回应人才市场诉求，推进专业调整有计划、有步骤地进行，提高专业的适应性，增强人才培养的合时性。

其次，回应产业发展需求，深入推进产教融合。产教融合是职业教育提升办学水平的重要方式，能够有效提高高职院校人才培养的针对性和全面性，为回应产业结构转型升级输送高素质的技能人才,为产业人力资源配置提供坚实支撑。注重专业建设中全方位的产教融合,实现"产""教"的层次性、结构性融合,做好专业与地域、专业与行业、专业与企业的有机融合以及专业定位与建设、课程内容与设计、教学方法运用与创新等在结构性融合中的共生共长。保证产教融合服务城市经济圈建设,推动建立以城市为节点、行业为支点、企业为重点的产教融合发展路径与模式。高职院校专业建设应紧密围绕区域经济圈建设需要,深度嵌入地区支柱性产业发展中,为经济圈建设输送大批高素质技术技能型人才。完善产教融合质量评价体系,强调多方参与,最大限度地保证评价的科学性、全面性和有效性,在产教融合过程评价的同时还要加强对结果的分析与改进。

最后,优化专业结构设置,突出院校办学特色。在专业的建设上,区域间各高职院校专业设置的趋同性问题突出,同质化的专业建设过程导致了一定的资源重组与浪费,满足区域人才岗位需求的作用也极其有限。特色发展能够使职业教育的随意扩张和重复建设得到抑制,有限的教育资源能够得到最大程度的优化。因此各高职院校要立足校内资源的整合和筹划,打造特色专业、构建特色人才培养机制,更好地提高人才供给的质量。

二、高职院校电子商务专业的人才需求

(一)电子商务行业人才需求

随着互联网、物联网等技术的快速发展,我国电子商务行业规模日益扩大,渗透进国家社会生活的方方面面。伴随着电子商务行业规模的不断扩大,国家和社会对电子商务行业人才的需求也在不断提高。正因为洞察了电子商务产业的广阔前景和劳动力市场对电商人才的旺盛需求,许多高职学校纷纷开设了电子商务专业。电子商务专业具有很强的实践性和应用性,是学生检验并提升自身职业知识、技能和能力等方面必要的实践环节,也是用人单位发掘和储备人才资源的有效途径。对高职院校电子商务专业学生进行人才分析,能使人们更好地了解高职院校电子商务专业的教育服务质量状况,高职院校可以找出教育教学的薄弱环节,更加准确地把握电子商务专业对人才的需求,对症下药,从而为学生提供更优质的教育服务。同时,能够完善高职院校电子商务专业建设相关工作,提高高等职业教育教学质量,促进电子商务优秀人才的培养。

电子商务行业可以说自诞生以来就一直处于蓬勃发展阶段,至今也是如此,电子商务作为当前发展态势较好的行业之一,为促进经济发展、带动就业做出了

很多贡献。党和国家也非常重视我国电子商务的发展，其中电子商务专业人才是促进电子商务行业发展的重要力量，为了满足社会对电子商务专业人才的需要，越来越多的职业学校都在国家的支持下开设了电子商务专业。国家对职业学校电子商务专业学生的培养以及后续职业发展也是非常重视。高职是学生打好专业基础的阶段，因此为了适应社会需求，培养社会所需要的专业技能型人才，对高职院校电子商务专业学生的教育要集中于对学生综合能力及专业素质的培养，这样才能为我国电子商务发展提供人才支撑。

（二）电子商务专业客服人才需求

近年来，电子商务的发展迅速，网上直播带货发展得也很快。随着人们生活水平的提高，网购走入了千万家，在线购物的人群也从年轻群体扩展到中老年群体，电子商务成了热门行业。各类电商企业层出不穷，各类商品也琳琅满目。有形商品的数量也逐渐增多，如果放在网上销售，就需要专业的客服进行讲解，购买者作为客户需要更加细致与专业的服务，顾客的需求、建议也都成了需要解决的问题。

综观各电子商务企业可以看出，网上的无形产品也比较多，在线点歌、在线送祝福、在线电子书和在线充值等无形服务使得客户服务变得尤为重要，各类优秀电子商务企业也展开了竞争，想要在同类商品中脱颖而出，更需要专业的客服提供优质客户服务，这就需要职业教育培养专业的客服人才。

三、高职院校职业教育的改革需求

目前，高职院校的课程更新仍不够及时，教学内容不能及时跟着时代的变化而变化，有时候教师并不能根据行业和企业的发展变化去调整自身的教学目标，也不能及时更新自身的教学技能。究其原因，教师自身接触行业新知识与技能、自我提升机会相对较少，教学内容更新也就不及时，导致职业教育教学培养出的人才和社会上需求的人才不对。而我国的职业教育目标是为国家培养技术技能型人才，这要求高职院校培养的是在毕业以后能够迅速地适应工作岗位和要求的学生，所以迫切需要进行教育教学改革，满足企业对电子商务专业人才的需求。

第二章　高职院校电子商务专业建设现状

现阶段，我国对于电子商务人才的需求日益增长，为迎合社会发展趋势，促进电子商务专业的建设，应对高职院校电子商务专业建设现状进行研究。本章分为电子商务专业发展情况、高职院校开设电子商务专业的现实性、高职院校电子商务建设存在的问题三部分。

第一节　电子商务专业发展情况

一、电子商务发展情况

（一）电子商务发展现状

1. 全球电子商务发展现状

当前，全球电子商务发展已经表明一种趋势，这种趋势与消费者从传统零售向线上零售的流动以及与移动应用程序集成的专门交易平台有关。互联网和数字技术使各种规模的公司都能扩展新市场，从而使它们能够更轻松地参与全球价值链并从知识传播中受益。全球电子商务发展非常迅速，但是在一些国家，线上贸易公司仍然面临着无法访问互联网的问题。截至2018年底，世界上只有46%的国家/地区能够使用互联网，因此，地球上只有这些国家/地区的人口有机会进行线上购买。

2015年，全球零售电子商务的份额为7.4%。

2019年，电子商务的份额增加到13.7%，4年的销售增长率为85.1%。

2020年全球电子商务市场增长了26%，总额达2.439万亿美元。中美是电子商务的全球领导者，约占市场的40%。

全球的电子商务正在通过如下两种形式发展。

第一，网上商店。在这些网站上可以查看感兴趣的产品或服务的信息并下订单，其中提供的商品种类非常丰富。

第二，线下贸易市场。其可以自动收集和处理来自不同供应商（线下和线上）的产品，针对不同产品有不同的聚合器站点或专业中介，在其中许多站点上，可以订购和购买商品而无需访问供应商的网站。

2. 中国电子商务发展现状

（1）市场个性化程度较高

中国是世界上最大的电子商务市场，也是增长最快的市场之一，每年的增长率为35%。中国电子商务发展的历史始于1997年，第一批B2B平台的出现，如ChemNet等。自1999年阿里巴巴集团创立以来，中国电子商务发展进入了一个新的阶段。

当今，中国的电子商务拥有高度发达和专业化的市场。消费者可以通过线上市场轻松地购买任何东西，从新鲜蔬菜到豪华汽车，一键操作，大家可以选择现金支付或信用卡支付，然后将商品运送回家。这种便利的方式增加了交易量和销售量，因此，中国的电子商务正在蓬勃发展。中国与西方国家相比，可以看出中国线上零售的个性化程度要高得多。西方国家希望客户自己搜索和购买单个产品，但是，中国的品牌往往会在有名的线上平台（如阿里巴巴）上开店，而不是拥有自己独立的站点，这意味着客户将体验到更加个性化的服务，在这里所有的东西都可以在同一个地方购买，从而最终使线上体验更加无缝。得益于互联网在中国的迅速普及，线上购物的渗透率达到了80%。随着移动设备的使用，在智能手机或平板电脑上购物已成为中国互联网用户的新规范。除了技术升级外，小城镇和农村居民购买力的提高也重塑了中国的线上零售格局。中国的另一种电子商务趋势正在将消费者与互联网平台的交互过程转变为娱乐体验。阿里巴巴天猫项目主导了B2C市场，但它不仅仅是一个买卖市场，它还包括视频、实时流、虚拟现实、社区、游戏等。

（2）总体规模相对较大

中国一直是世界上最大的电子商务市场，其次是美国、英国和日本。与世界上大多数电子商务不同，中国的电子商务由市场主导，而不是单个网站占线上零售交易的90%，这是中国电子商务生态系统中最重要的方面之一。根据有关数据，2009年至2020年，中国使用互联网的人数从8.54亿增加到9.89亿，互联网普及率增加到70.4%。农村网络零售额达1.79万亿元，同比增长8.9%。农产品网络零售额达 4158.9 亿元，同比增长 26.2%。2020 年中国跨境电商零售进口规模已突破 1000 亿元，未来中国仍将加快高水平开放步伐，带动各国优质消费品与服务对华出口，推动全球数字企业共享中国市场机遇。

中国有 4 种类型的市场，包括"企业对企业对消费者（B2B2C：如京东）""企业对企业（B2B：如阿里巴巴）""企业对消费者（B2C：如天猫）""消费者对消费者（C2C：如易趣）"。

国家统计局数据显示，2019 年，全国电子商务交易额达 34.81 万亿元人民币，同比增长 6.7%，如图 2-1 所示。

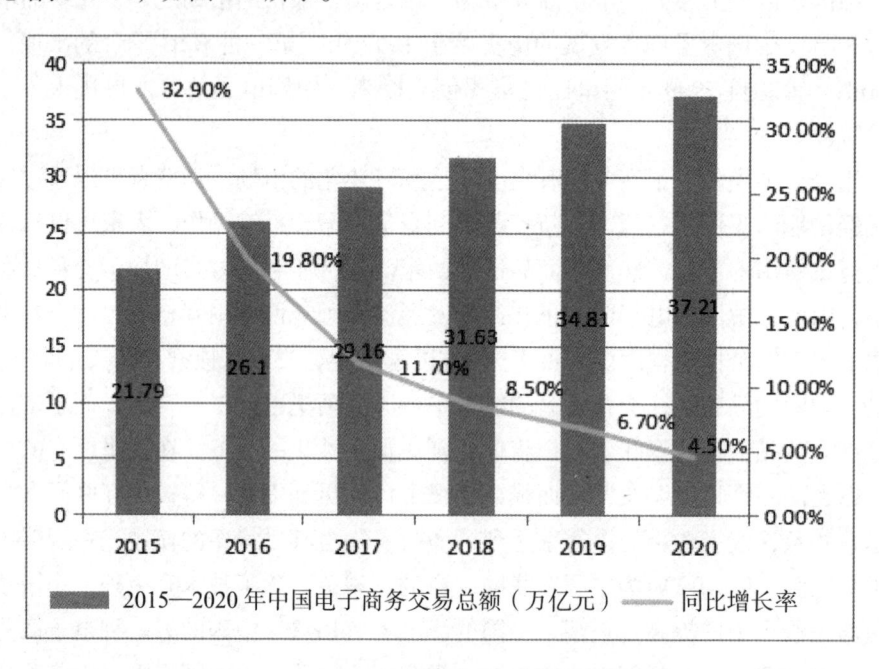

图 2-1　2015—2020 年中国电子商务交易总额

国家统计局数据显示，2020 年全国电子商务交易额达 37.21 万亿元人民币，同比增长 4.5%。

根据国家统计局电子商务交易平台调查数据，2020 年全国网上零售额达 11.76 万亿元，较 2019 年增长 10.9%；实物商品网上零售额达 9.76 万亿元，同比增长 14.8%，约占社会消费品零售总额的 1/4。近年来，中国的电子商务营业额一直保持上升趋势，零售市场发展得尤其迅速。2015—2020 年中国网上零售额如图 2-2 所示。

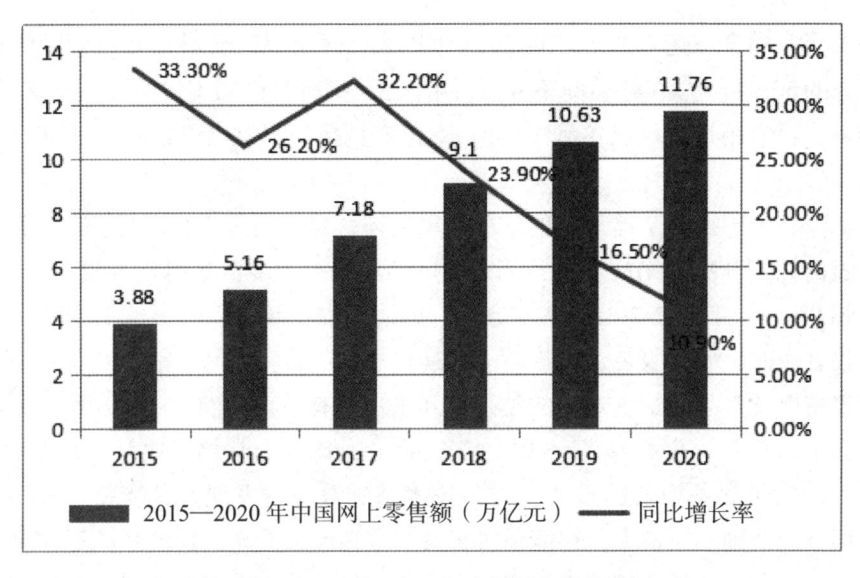

图 2-2　2015—2020 年中国网上零售额

（3）电子商务巨头形成

中国电子商务市场的特殊性在于，大多数交易都是通过手机进行的。这主要是由于大多数中国人使用移动互联网，而通过笔记本电脑访问互联网的人数正在迅速下降。几乎所有电子商务网站都针对手机进行了优化，并拥有自己的移动应用程序。

中国两个最大互联网公司之一是阿里巴巴和腾讯，它们分别主导了两个不同的市场类别：电子商务和消息传递。

腾讯是中国领先的公司之一。该公司成立于 1998 年，其主要产品是微信移动应用程序。微信是多功能消息、移动支付和社交网络应用程序，相当于 WhatsApp、Facebook（脸书）和 Twitter（推特）。同样，使用该应用程序，用户可以支付水电费，甚至可以将资金转给应用程序内的其他用户。该应用程序之所以与众不同，是因为它还集成了电子商务。因此，例如，"官方账户"可以直接在应用程序中开设其"商店"。微信是中国人使用最多的应用程序，占中国互联网用户总数的 79.6%。该应用程序于 2011 年发布，到 2018 年已成为世界上最大的线下移动应用程序之一，每月活跃用户超过 10 亿。微信不仅是一个移动应用程序，还是一个拥有自己生态系统的完整社交平台。

阿里巴巴集团是全球领先的 B2B 公司之一。该公司的市值在 2019 年达到 7189 亿美元。阿里巴巴集团由多个站点组成，规模较大的是淘宝网、天猫、面向外国买家的全球速卖通等。自 2017 年以来，阿里巴巴交易平台占中国所有电子商务的 50% 以上。在移动商务方面，阿里巴巴拥有自己的支付系统——支付宝。现在，支付宝用户数量已达到 10 亿。支付宝直接与阿里巴巴集团的所有门店有关联。

如今，中国拥有全球最大的数字买家群体，总数超过 7.1 亿人。研究了中国网购者的性别和年龄结构后，我们得出的结论是：大多数是男性（52.0%），女性（48.0%），年龄在 20 到 39 岁之间。男性购物者倾向于购买电子产品，而女性购物者倾向于购买服装、化妆品、家具和儿童产品。在网上销售的商品中，服装和消费电子产品是最受欢迎的类别，几乎占所有销售额的 50.0%，其他类别：化妆品（5.0%）、儿童用品（5.0%）、书籍（3.0%）、食物和饮料（2.0%）。

中国电子商务增长的主要动力是技术基础设施的发展及其支持。4G 和 5G 移动网络的范围不断扩大，智能手机普及率也在不断提高。物流系统正在改善，服务标准通常包括最小的成本，即日内订单交付环节。中国的电子商务是世界上发展最快的。尽管全球经济发展缓慢，但数字技术的范围和有效性仍在积极扩展，中国电子商务巨头正在征服明天的市场。

（4）线上线下创新融合

信息技术的持续创新为电子商务的发展提供了丰富的应用场景，催生出一系列新模式，直播电商、社交电商、跨境电商等模式持续创新，推动电子商务向医疗、教育、交通、餐饮、娱乐等领域深度拓展，在线旅游、在线教育、在线医疗等服务领域电商发展迅速，成为消费市场的新亮点。各地也纷纷加大对电商创新的支持力度，以浙江省为例，专门成立社交电商专委会，促进社交电商、直播电商、内容电商等新模式发展，积极倡导共享消费、体验消费。又如上海市长宁区为了推广无人零售设立了专门的创新试验区供消费者进行体验。另外，电子商务的出现促进了线上线下创新融合发展，越来越多的商家主动寻找线上市场，如河北省组织各领域的龙头企业在网上设立名优产品库，利用自有平台、新媒体和广告进行宣传，通过电商大赛挖掘网络适销产品，培育电子商务产品品牌。

（5）引领数字经济发展

电子商务作为数字经济的典型代表，其利用信息的优势表现出明显的溢出效应，在助力就业创业、促进产业数字化转型等方面具有重要作用。据《中国电子商务报告 2020》中的数据，2020 年我国电子商务从业人数为 6015.33 万人，较上年增长 17%，电子商务已经成为吸纳就业的重要力量。

首先，作为数字经济重要表现形式之一，电子商务在促进传统产业数字化转型方面做出了积极贡献。在农业方面，电子商务的发展促使生鲜农产品供应链的效率得以快速提升，在生产端，大数据可将农产品消费需求反馈给农户，精准指导农产品生产，有利于推进"产—供—销"全产业链的数字化升级。例如，京东农场借助物联网等信息技术建立起一套可进行全程可视化的溯源体系。

其次，电子商务赋能传统制造业，企业可以通过直播电商"前播后厂"的方式使生产端更好地对接消费者需求，从而优化产品供应链运行。

最后，电商发展推动服务业数字化转型的价值凸显，2020年第一季度中国在线文娱市场达到1480.4亿元，较上季度增长21.7%。休闲娱乐、旅游等生活服务行业与互联网服务平台融合发展，商户利用大数据分析改进产品和服务，提升用户体验，线上业务收入持续上升，线上业务已成为带动影院、景点酒店等收入增长的新引擎。

（二）电子商务发展的现实诉求

随着互联网的迅速发展以及信息化社会的到来，数字技术广泛应用于各行各业，电子商务规模持续提升、结构效益更加优化、创新融合不断加速，电子商务对数字经济的引领作用日趋明显，已成为促进社会经济发展和产业转型升级的重要动力。在计算机信息技术迅猛发展形势下，人工智能、大数据、小程序等技术广泛应用于电商行业，出现了直播电商、社交电商、跨境电商海外仓等新模式，与之对应的电商人才需求也呈现出新特点。电商行业对电商人才类型、人才层次等方面的要求越来越高，对于高素质技能型人才的需求增大。职业教育是电子商务技术技能型人才培养的主要渠道，而"终结性"的中等职业教育所培养的电商人才，其自身的专业知识和技能水平不符合当前电商人才需求，且个人职业拓展和自身技能水平提升受限。高职院校作为电商技术技能型人才培养的途径之一，为毕业生提供了继续深造的通道，能够促进职业技能人才的可持续发展。

（三）电子商务的发展前景

近年来，国内电子商务经济发展迅速，结合其他经济方式的发展规律和特点，电子商务经济必然会逐步处于优胜劣汰的阶段，从而朝着符合市场特点的趋势和方向发展。我国电子商务经济以后的发展前景主要表现为下面几点。

1.电子商务经济的国际化发展前景

综观当今我国电子商务经济的发展现状，世界经济一体化进程日益加速，国际之间的竞争态势日益激烈，以往的商务贸易方式也已有悖于当今世界市场经济发展的实际需求，而电子商务经济发展方式能够很好地满足这种需求。尽管国内经济的发展速度比较快，但是依旧处在初步发展阶段，在跨国交易中依旧面临不少问题，主要表现在跨国物流、关税等环节上。为此，在以后的发展进程中，电子商务会逐步体现出跨国交易的优势，而国内政府部门也会逐步明确电子商务经济发展模式的重要意义，从而不断颁布一系列的法规体系推动电子商务经济的国际化发展。

2. 电子商务经济的精细化发展前景

经过多年的发展，我国电子商务经济不断提高发展速度和扩张经济规模，牵涉到社会的各个方面。因为电子商务经济发展具备特殊性的特点，而电子商务企业间竞争的主要是客户的信息资源，因此，电子商务企业务必分析大规模的客户数据信息，以快速、精确地把握客户的实际需求与偏好等，从而对目标客户予以锁定，将个性化的服务提供给他们。为此，电子商务经济在全面化与规模化发展的前提条件下势必向更加精细化的方向发展，从而使电子商务服务或产品的实际应用价值提升。

3. 电子商务经济的移动化发展前景

近些年来，由于智能手机等终端设备的不断普及和应用，消费者能够结合智能终端设备实时地获得有关的服务或信息，国内通信企业也推出了无线网络。基于这样的发展背景，电子商务经济势必向着移动化的方向发展。当前阶段，很多的电子商务企业都注重移动终端业务的发展，从而为消费者的消费活动提供了非常大的便利。根据相关资料统计，2019年11月11日，阿里巴巴旗下的天猫在双11期间，14秒成交额破10亿元，1分36秒成交额破100亿元。截至11日23时59分59秒，成交额达2684亿元，其中，通过移动端消费的金额高达1825亿元，占总销售额的68%。鉴于此，电子商务经济的必然发展方向和趋势之一是移动化。

4. 电子商务经济的兼并化发展前景

电子商务涵盖着非常大的商机，加之电子商务的入门门槛不高，又受到国内政府部门积极倡导创业的鼓励，电子商务平台上创业的人数不断增加，这推动了电子商务贸易企业的增加，从而提高了竞争的激烈程度。市场竞争存在优胜劣汰、适者生存、不适者淘汰的法则，并且一些企业为了获得进一步发展会和其他企业合并，以互补优势和提升自身的竞争水平。为此，在以后的发展进程中，不管是基于市场淘汰所实施的兼并合作，还是基于提高市场竞争优势而互补兼并，电子商务经济都会日益朝着兼并化的方向发展。

二、电子商务专业发展现状

（一）电子商务专业发展的动因与特点

1. 发展动因

（1）外因

数字经济上升为国家战略，成为我国经济社会发展的新引擎。电子商务作为数字经济最活跃最重要的组成部分，在赋能各行业数字化转型，推动数字经济和实体经济深度融合方面发挥了关键且独特的作用。电子商务专业是信息社会发展和传统产业数字化赋能转型升级的新产物，融合了"互联网＋商务"两大领域，突破了传统商务的边界和发展基础。互联网的技术创新不断催生电子商务的新模式、新业态，新技术带来的全面变革对新型电子商务人才的需求不断提升。因此，经济社会需求＋技术创新的"双轮驱动"既是专业发展的直接动力，也是促成专业按新范式发展的诱因。

（2）内因

学科交叉创造了电子商务专业快速发展的内生动力。在全国近百个专业类中，电子商务是唯一一个可授予管理学、经济学、工学学士学位的专业类。其原因在于电子商务专业是现代信息技术和传统学科交叉融合的结果，其融合过程体现在"工管融合、文理交叉"等方面，也促使支撑该专业的经济学、管理学、工学等背景学科不断涌现新的专业方向和研究内容。这种交叉和融合，构成了电子商务专业发展的巨大内生动力。

2. 发展特点

（1）守正创新是电子商务专业的核心特点

电子商务专业产生的背景、原因和发展历程，清晰地体现出电子商务专业是新产业发展的产物，是传统文科与理、工、商、法等多学科融合的产物，是新技术改造传统专业的产物，是产学融合、协同创新的产物。

（2）"共性＋个性"的特色化发展途径

一是和学校背景紧密结合，如对外经济贸易大学"国际贸易＋电子商务"形成了"数字贸易／跨境电商"高精尖学科，北京交通大学"互联网＋交通运输"形成了交通出行领域电子商务系统建设及管理服务特色，上海财经大学形成了集

"电子商务系统理论、商务智能理论、现代物流和财经管理理论"于一体的学科,西南财经大学融合"电商+金融"形成了电子商务支付结算特色方向。二是和区域需求深度融合,形成专业特色,如西昌学院等西部学校在电商扶贫方面形成的"农村电商"可以带动乡村振兴,江浙沪一带的学校立足服务长三角区域经济,创新电商模式。三是立足学校优势学科特点,以多学科交叉的方式创新形成复合型特色,如财经类学校的经济学学科特色,合肥工业大学、大连理工大学的工科特色。在专业建设方面,因融合方式、途径不同而具有不同的专业特色,造就了设置该专业的学校呈现出差异化的特点,如西北政法大学电子商务及法律专业等。

(3)注重复合型能力的培养

区别于传统优势专业,电子商务专业面对本行业发展迅速、新业态不断涌现的挑战,在发展过程中始终坚持"与时俱进、能力导向"的培养方向,注重互联网思维和商业思维交叉融合培养的专业建设标准,把理工类实证主义和文史类逻辑思辨方法论结合起来构造知识体系,强调"创意、创新、创业"的能力塑造,形成面向"复合型能力"而非"复合型知识"的培养方案,从而使毕业生能适应电子商务领域快速发展变化的新需求,得到市场认可。

(二)电子商务专业建设经验成果

纵观国内外开设电子商务相关专业的学校,将电子商务作为独立专业的较少,伴随我国经济社会发展而产生的电子商务类专业,充分体现了电子商务发展的中国特色。可以说经过多年发展,我国在专业建设中走出了一条与众不同的道路,对促进我国电子商务专业人才的培养起到了重要作用。我国在专业建设实践与探索中,也形成了一些独特的经验和体会,体现在以下方面。

1.建立"协同创新、产教融合"的人才培养和专业建设模式

电子商务专业类所面向的产业发展迅速且新型业态不断涌现,同时其支撑学科的理论创新也十分迅速。针对该特点,电子商务专业始终将产教融合作为专业建设的重要支点,体现在师资、课程、案例、教材以及实践基地建设当中,通过产教融合的机制体制创新,助推人才培养模式的创新;此外,各学校之间协同创新也在专业建设中发挥了重要作用,"各尽所能、取长补短、共同发展"的专业建设模式成为专业建设的突出特色。从1994年开始,相关学校组织全国电子商务专业建设联席会议,依托"电子商务专业建设协作组"这一半官方的平台,本着"共建、共享、共用"的原则,发挥各学校的学科优势,共同建立电子商务联

合实验室，充分发挥各学校的资源优势，进行资源共享，促进校际沟通与交流并开展深度合作，推动电子商务专业教学、科研与实践的发展，培养电子商务领域高层次复合型人才。

开设电商专业的学校，共同编写核心教材及案例，为专业教学及人才培养提供资源及指导。教育部高等学校电子商务类专业教学指导委员会（以下简称"教指委"）组织专家在大量调研和前期工作成果的基础上编制了《普通高等学校电子商务本科专业知识体系〈试行〉》（以下简称《知识体系》），介绍了专业建设需求、基本定义、总体框架、实践要求、与课程体系的关系、在专业评估中的作用以及内容分类描述等。作为电子商务专业标准的基础，《知识体系》的实施对各校电子商务专业的规范化建设起到了积极的作用。受教育部委托，教指委在2013—2018年研制了"电子商务专业类教学质量国家标准"（以下简称"国标"），明确了电子商务专业内涵、学科基础、培养目标及方向、培养规格、师资队伍等多方面要求，目前已完成国标的新一轮修订。教指委委员共出版教材及著作近百本，涵盖电子商务基础、电子商务技术、电子商务经济、管理、政策与法规、实践等诸多领域。成立电子商务类教学与教材研究与发展中心，实施电子商务与数字经济理论创新，以教材建设推动教学改革及教学研究创新。成立高校电子商务与数字经济案例中心，充分发挥多方协同作用，对电子商务行业和企业的实践进行总结归纳，挖掘电子商务与数字经济发展中的新规律，开发电子商务与数字经济的创新案例，以产教融合推动教学改革，以产业发展促进学术创新，推进电商教育的创新和变革，促进电子商务类专业的高质量发展。高质量人才的培养离不开高质量的师资，教指委非常重视师资培养，自2018年至今，通过线上线下师资培训已总计培养师资600余人，涵盖专业建设、课程教学及改革、课程思政建设等多个主题。

2. 形成"特色就是优势、优势更是特色"的专业差异化建设途径

在20年的专业发展史上，教指委一直倡导"特色建优、优势建强"，各校园专业建设中也凝聚形成了特色发展、差异化发展的共识，形成了"百花齐放"的特点。如前面所详细列举的，一方面，不同学校分别依托学校特色、区域特色和行业特色形成并强化专业特色；另一方面，在培养方案、课程建设中强化自己的专业特色，促进专业成为优势专业群，进而通过优势专业群的融合创新再强化专业特色，最终实现了特色成高原、高原起高峰的专业建设良性循环和快速发展。

3. 统筹"专业行业职业"的关系，形成以能力建设为核心的培养体系

电子商务专业发展，实现了以专业为桥梁的路径，一方面对接产业发展中的不同岗位的职业技能需求，另一方面对接新业态创新发展的知识和能力要求，在专业培养方案和专业国家标准中，以"专业知识、人文素质、创新能力、职业技能"为核心，满足学生短期就业技能和长期发展潜能的需要，这种专业定位和培养体系满足了具有鲜明应用型特点的专业建设需要。为了更好地实现这种定位，开展密切的产学研合作和产教融合是必要途径。各校园都非常注重和企业的合作，通过教育部产学合作协同育人平台、实习基地、合作人才培养等途径，为学生提供真实企业实习实践环境。

4. 突出"创新创业"环节，适应创新型人才培养的要求

电子商务专业始终将"创新创业"教育摆在该专业类人才培养的重要位置，并探索出低年级重"创意"、专业基础重"创新"能力、高年级重"创业"实践的递进式发展理念。实践创新性是电子商务专业的突出特色，也是其核心能力。培养方案和课程体系设置注重实践能力和创新创业能力的培养及提升，开设电子商务专业的学校的实践课程学分基本占总学分的20%以上，创新创业教育占有很大比重。另外，"全国大学生电子商务创新、创意及创业挑战赛"（简称"三创赛"），自2009年至今已成功举办12届。经过多年发展，参赛队伍不断增多，从第一届的1500多支发展到第十二届13多万支。大赛涵盖的范围也逐步扩大，从最初的校园电商到"三农"电商、工业电商、服务电商、跨境电商，以及AI、5G、区块链等领域的创新应用。大赛影响力越来越强，电子商务三创赛已成为颇具影响力的全国性品牌赛事，在全国普通高校学科竞赛排行榜（中国高等教育学会）中位列14名。三创赛致力于强化创新意识、引导创意思维、锻炼创业能力、倡导团队精神，有效地提升了电子商务专业创新创业型人才的培养。

三、电子商务专业发展前景

当前电子商务得到了广泛普及，但市场需求与专业人才比例却存在着失调的问题，人才需求不断提升，电子商务专业毕业生具备广阔的发展前景与广泛的就业机会。一是各政府部门开始引入电子政务模式，需要大量从事文字输入与信息处理的专业人才。二是国内企业开始加入信息网，大多企业借助B2B网站检索商情，进行贸易谈判，采用电子支付的方式采购货物，这些均会增加电子商务人才的需求量。三是大多金融机构与证券交易公司开展手机银行、网络银行、网上

保险以及网上营业厅等业务。四是电子商务属于新型的商务运行模式，利用互联网技术为制造业、商贸业等构建了统一的应用平台，衍生出各种跨行业、跨地区的电子商务应用模式，在企业之间、政府之间以及客户之间形成了信息全球化的新支点，在此基础上也迫切需要更多专业化的电商人才。五是网络旅游规模较大，在旅游经济中占据主导地位。当前全球旅游网站逐渐增加，网上旅游行业发展迅速，对电子商务人才的需求也不断增加。六是网上文化市场发展迅速，网络传输具备资源共享性、广域性等特点，为网上文化的发展提供了更广阔的空间，成立了美术、绘画、收藏、文学以及工艺品等相关网站，娱乐依然属于网民主要的互联网活动，这些均需要强大的电商队伍支持。七是我国建设了较多的农业网站，网上经营品种增多，出现农药、土特产、水产品、茶叶以及鲜果等类别，特色鲜明，会引导我国农村快速进入电子商务的实践阶段。八是开始出现国际金融人才市场，当前世界经济一体化进程加快，需要更多电商人才处理国际经济业务。可以看出，电商行业发展前景良好，但也并不意味着会直接带动就业前景的改善，电子商务工作对人才的综合性要求较高，学生是否可以进入电商行业，终归取决于自身能力的高低。

第二节 高职院校开设电子商务专业的现实性

一、必要性

（一）信息化社会与网络经济时代的到来

科学技术是第一生产力，科技革命是产业革命的基础和前提。以生产要素和生产力发展为标尺，人类经历了三次大的产业革命，分别开启了蒸汽时代、电气时代和信息时代。得益于科学技术的突破发展，每一次产业革命都带来生产效率和生产力水平的大幅提升，并导致人类生产方式和经济结构出现巨大变化，进而彻底改变人们的消费与生活方式。

20世纪70年代以来，随着电子计算机和互联网的发明和广泛应用，人类经历了由信息技术引发的第三次产业革命，以计算机技术、移动通信技术、互联网技术的发展更迭为基础，快速迭代、动态演进的信息化成为人类文明进步的新标志。信息化是一个逐步递进的过程，即由产品信息化开始，扩展到企业信息化，进而拓展到涵盖产业信息化、经济信息化和社会信息化的多元结构，这种递进关系可以简要表示为"产品信息化—企业信息化—（信息产业化—产业信息化）—经济信息化—社会信息化"。信息化具有与以往不同的鲜明特征。

从生产要素看，伴随着信息化程度不断加深，信息生产和流通的重要性日益突出：第一次工业革命时期，人们进行信息交流的主要方式还是语言和文字，诸如著作、信件等；第二次工业革命时期，电话、电报和纸质传媒成为信息交流和传播的重要手段；今天，互联网已经成为信息交流的主要渠道和载体，信息传播突破了时空界限，信息量和知识量爆发式增长。信息本身日益成为重要的生产要素和无形资产。

从生产工具和方式看，第一次产业革命时期，人们开始使用机械工具，产生了真正意义上的现代工业；第二次产业革命时期，人们一方面升级机械工具，一方面逐步将电气、电子工具应用于劳动生产，并通过电力传输较大程度地克服了能源对经济活动的区位限制；第三次产业革命以来，在电子工具迭代升级的基础上，网络工具、智能工具的应用范围不断扩大，推动生产方式逐步迈向信息化、自动化、智能化、网络化，经济活动的形态日益多样化，空间自由度空前增强。

在信息化深刻而广泛地影响全球发展的过程中，信息经济、网络经济产生并发展壮大，逐步成为全球经济的主导性力量。20世纪90年代以来，信息技术不断创新，信息产业快速发展，信息网络广泛普及，移动互联网日益成为信息传播和知识扩散的主要载体，甚至人与人之间的距离也有了新的含义。得益于移动互联网和人工智能技术的进步，人们大步迈入了互联网时代与智能时代。电子商务正是在这样的大趋势下应运而生，并迅速发展壮大。事实上，我国电子商务发展实践一直领先于理论研究，这既给相关理论研究提出了迫切要求，也提供了广阔空间。因此，在这样的大背景下，在高职院校开设电子商务专业是大势所趋。

（二）中国区域经济整体持续增长与区域加速分化并存

区域经济是国民经济在地理空间的局部组成，是经济活动空间属性的集中体现。与作为整体的国民经济相比，区域经济通常展现出更强的开放性和较弱的完整性和独立性，受政府经济政策影响程度较深，对发展的均衡性、持续性有重要影响，是政府制定经济政策必须考虑的重要方面。新中国成立以来，我国经济在曲折中前行，创造了人类经济发展史上的奇迹，从新中国成立初的"一穷二白"，到建立了完整的工业体系；从改革开放初的"百废待兴"，到成为世界第二大经济体。1952年首次开展全国经济统计，我国的国内生产总值（GDP）总量为679亿元，人均GDP仅为119元；到2021年，全国GDP总量达到1143670亿元，人均GDP达到80976元，70年间，分别增长了1680倍、680倍，国民经济实现了具有深远意义的历史性跨越。伴随着这一进程，我国的区域经济也实现了快速增长，各地区经济发展均取得了长足进步。

然而，我国地域辽阔，地区间自然社会条件差异巨大，区域发展不平衡不充分是基本国情。与国民经济相比，区域经济增长既呈现出增长趋势上的一致性，又呈现出增长速度、质量及运行波动上的差异性。整体上看，我国区域经济发展大致可分为四个阶段。

第一阶段，"一五"计划至改革开放前。我国经济采取了平衡发展战略，经济重心逐步由新中国成立前的东部沿海向内陆"三线"地区转移，地区间经济增长差异趋于缩小。由于计划经济体制下资源配置高度集中，城市地区经济增长快于农村地区；同时，国家重点投入的城市和工矿区域增速也明显高于其他地区。这一时期，北方地区特别是东北地区由于解放较早、资源富集、发展基础相对较好，国家布局的重点项目多，经济增长速度明显快于其他地区。

第二阶段，改革开放至20世纪90年代末期。国家经济发展采取了非均衡战略，支持东部沿海地区优先发展。"七五"（1986—1990年）计划首次提出了全国经济区域"三大地带"（东、中、西部）的划分，并进一步突出东部沿海地区的优先发展地位。东部、东南沿海地区在改革开放上走在前列，经济增长速度普遍快于内陆地区，沿海乡村地区得到快速发展，特区和重点开放城市经济增长速度总体上大幅领先，地区间经济增长差异迅速扩大。"八五"计划（1991—1995年）时期，国家已开始关注区域增长的协调问题。2000年，时任国务院总理的李鹏在《关于国民经济和社会发展十年规划和第八个五年计划纲要的报告》中首次提出"促进地区经济的合理分工和协调发展"，并认为"生产力的合理布局和地区经济的协调发展，是我国经济建设和社会发展中的一个极为重要的问题"。但上述战略思想的提出在这一时期未能有效付诸实践，随着社会主义市场经济体制确立，东部与中西部之间的经济差距反而进一步扩大。

第三阶段，21世纪初至党的十八大召开。为有效控制经济增速分化的趋势，避免中西部内陆地区掉队，同时也为国民经济发展拓展空间，国家先后实施了西部大开发、东北等老工业基地振兴、中部地区崛起等区域发展战略，推动中西部、东北地区经济发展，并最终形成了以全面发展为导向的区域发展总体战略。这一时期，随着改革开放不断深入和我国加入WTO，各地区经济总体保持了较快的发展速度。同时，得益于差别化区域发展战略的实施，中西部地区基础设施建设、地区经济开发等进入快车道，阶段性实现了对东部地区的反超，使经济增长相对差距得到一定程度的控制和稳定。

2008年，受全球金融危机影响，东部地区因国际市场萎缩，经济增速开始下滑，导致全国经济增速出现反转；但受益于国家实施的规模空前的经济刺激计划，产业结构偏"原""重"、与国际市场连接相对不紧密的中、西部地区和东北地区经济在2008年后继续保持了快速增长，人均产值分别在2007年、2010年达到高峰，随后便开始持续回落，呈现出"双峰"特征。其中，中部地区由于开放水平的提高和承接东部地区产业转移的便利性，经济增速在2015年之后实现了企稳回升（山西省除外）；而东部、西部地区仍处于下降趋势。由于东部地区在全国经济中占比高，各地区域生产总值的增幅也呈现稳中趋缓的态势。

第四阶段，党的十八大以来至今。党的十八大召开后，国家逐步针对重点区域制定了区域发展战略，区域经济也进入了由高速增长转入高质量增长的阶段。2014年的中央经济工作会议提出"要重点实施'一带一路'、京津冀协同发展和长江经济带三大战略"，推动形成东西南北纵横联动的区域经济发展新格局。在此基础上，党的十九大报告正式提出实施区域协调发展战略，要求以城市群发展为主体统筹区域协调发展。习近平总书记在深入推动长江经济带发展座谈会上强调，要深刻理解实施区域协调发展战略的要义，各地区要根据主体功能区定位，按照政策精准化、措施精细化、协调机制化的要求，完整准确落实区域协调发展战略，推动实现基本公共服务均等化，基础设施通达程度比较均衡，人民生活水平有较大提高。中央财经委员会第五次会议强调，新形势下促进区域协调发展，要按照客观经济规律调整完善区域政策体系，发挥各地区比较优势，促进各类要素合理流动和高效集聚，增强创新发展动力，加快构建高质量发展的动力系统，增强中心城市和城市群等经济发展优势区域的经济和人口承载能力，增强其他地区在保障粮食安全、生态安全、边疆安全等方面的功能；要保障民生底线，推进基本公共服务均等化，在发展中营造平衡。2019年的中央经济工作会议进一步指出，要加快落实区域发展战略，完善区域政策和空间布局，发挥各地比较优势，构建全国高质量发展的新动力源，推进京津冀协同发展、长三角一体化发展、粤港澳大湾区建设，打造世界级创新平台。

据有关研究，我国省级行政区经济质量差距明显，各地区优势与短板各异，区域经济增长的质量水平呈现显著的"东强西弱"局面，广东、江苏、浙江、上海等居于领先地位的省市与贵州、云南、甘肃、新疆、西藏、青海等相对滞后的省差异巨大。空间分析表明，在省（区）、地（市）、县（市）等不同空间尺度，我国区域电子商务发展水平均有明显空间差异，总体呈现出从东部、东南沿海地区向内陆沿江地区，进而向西部、东北地区腹地和边疆地区由强趋于弱化的分布规律；电子商务发展与区域经济增长在空间分布上总体一致。同时，区域电子商务发展在不同空间内均存在空间集聚现象，发展水平高的核心区域附近地区集聚情况更明显；在中西部内陆的局部地区，存在电商发展水平突出的情况，在局部地区可能存在"弯道超车"的情况。

总的来看，我国区域经济增长显著，各地区的经济体量都迈上了新的台阶，并且仍然在不断进步，但区域间分化明显，区域经济增长在质和量两个方面都还存在显著差距。电子商务发展与区域经济增长相互影响，存在双向因果关系。电子商务发展对区域经济的影响是多方面的，既涉及经济范畴，也涉及空间范畴。电子商务发展依托信息和物流网络，能够降低信息不对称的影响、节约成本、提升效率、深化分工、扩大市场边界，实现时空分离和连接、网络接入和融合、空间要素重新配置，进而提升空间可达性并影响市场规模、交易成本、经济效率，最终形成新的位势格局。为了落实区域协调发展战略的核心要义和基本路径，高职院校应积极开设电子商务专业，培养电子商务人才，以促进区域经济的均衡发展。

（三）电子商务在中国快速崛起并且与区域经济增长同频共振

20世纪90年代以来，电子商务在全球的快速崛起引发广泛关注。1996年12月，联合国国际贸易法委员会第85次全体大会通过了《电子商务示范法》，这是世界上第一份全面调节电子商务相关问题的规范性文件，通过规定电子商务的一般原则，为全球电子商务发展奠定了基础。随后，以美国为首，西方主要经济体先后出台了电子商务相关政策或法律。1997年4月和7月，欧盟、美国分别发布了《欧洲电子商务倡议书》和《全球电子商务框架》，提出了发展全球电子商务的基本原则。此外，韩国《电子商务基本法》于1999年生效，西班牙《电子签名与认证服务法》于2000年2月生效，日本政府于2000年6月推出了《数字化日本之发端——行动纲领》，其《电子签名与认证服务法》也于2001年4月生效。

电子商务对现代社会影响深远。在技术层面，电子商务的发展推动了互联网技术的进步，尤其是云计算、数字加密、人工智能、生物识别等前沿科技。在社会生活层面，电子商务改变了人们的消费方式，显著扩大了消费者的选择范围，极大地便利了消费生活；社会对计算机网络技术人才和电子商务管理人才需求旺盛，快递员、外卖员等新职业应运而生。在经济层面，电子商务彻底颠覆了传统商贸模式，极大改变了企业的生产销售模式，推动了流通革命，物流行业得到快速发展，促进了生产力提高，有利于全球经济一体化的发展。在我国，电子商务的发展得到了国家的高度重视。经过曲折的发展历程，我国已成为全球最大的电子商务市场。这一过程大致可以划分为五个阶段。

一是萌芽阶段，1993年至1997年。1994年5月，第一届电子商务国际论坛在北京召开，"电子商务"的概念正式引入中国。随着金桥、金关、金卡"三金工程"等国家重点信息工程的推进实施，电子商务逐步具备落地应用条件。

二是引爆阶段，1998年至2001年。随着电信和网络基础设施的快速发展，上网费用大幅降低，为电子商务的民用普及提供了条件。搜狐、新浪、网易等门户网站相继建立并上市，引发网络概念股热潮，产生了国内第一代电子商务公司，此后这批电子商务企业大多随着互联网的破灭而退出了市场。这一时期也诞生了阿里巴巴等中国第一代电子商务平台公司。

三是成长阶段，2002年至2009年。资本市场的洗礼使电子商务市场更加务实，伴随着宽带网络的快速发展，网络聊天、网络搜索、网络交易、网络音乐、网络游戏等多元化商业应用不断涌现，电子签名、信用认证、网上支付、物流服务等新体系逐步形成，网商产业链逐步清晰并日益主流化。其中，支付宝的出现很好地解决了网络支付难题和网上交易信用困境，为电子商务的发展提供了重要支撑。

四是普及阶段，2010年至2020年。这一时期，国内电子商务市场规模指数式扩大，商业模式逐渐丰富并日趋成熟，逐步成为经济增长和高质量发展的重要动能。2018年，我国正式出台《电子商务法》，对电子商务活动进行法律规范，成为电子商务发展史上的重要里程碑。近几年，团购、共享经济、P2P、社交电商、短视频和直播电商等轮番登台，形成了应用场景丰富、数据资源充沛的电子商务产业体系。新型冠状病毒的暴发，更是给电子商务发展提供了战略性机会，实体产业与电子商务的结合更加紧密。

五是成熟阶段。2021年以来，电子商务巨头们的行业地位日益巩固，尽管有一些新的细分领域增长点出现，但电子商务赛道中已经很少出现重量级新选手。同时，国家对电子商务竞争领域的干预力度也明显加大，对阿里巴巴等头部平台企业连续开出巨额罚单，全社会对公平竞争、用户隐私保护、数据安全等问题的关注度空前提高，电商企业野蛮生长的时代已经结束，我国电子商务发展正逐步进入相对稳定的状态。

（四）贯彻国家职教方针，提高办学质量和竞争力

《国家职业教育改革实施方案》中提出，没有职业教育现代化就没有教育现代化。电子商务专业依托信息技术顺应现代化发展，围绕中高等职业教育与企业合作共建，大量产教融合型企业逐步产生，实现了课程设置对接岗位需求和职业标准、教学内容对接生产过程的增值。因此，为了提高办学质量，提升学校知名度和竞争力，为适应电商新业态需求培养电商技能人才，建设职业院校电子商务专业省级二类品牌专业成为必要趋势。

（五）电子商务新业态模式创新发展

电子商务作为数字经济的重要组成部分，对于拉动内需、促进消费、打通国内外市场、国际双循环意义重大。"十四五"期间我国电子商务模式将面临革命性变革。综合性电子商务与专业型区域性电子商务并存，平台型电商与直销型电商共同发展；线上线下服务体系更加完善，线上线下壁垒逐步消失；基于大数据的精准电商成为主流，电商与现代物流管理和会计服务深度融合；服务型制造业走进电商时代，现代服务融入个性电商。基于区块链、智慧物流、云计算等先进信息技术的电子商务新态势和新模式应运而生。商务部的统计数据显示，2019年全国电子商务交易额达 34.81 万亿元，其中网上零售额 10.63 万亿元，同比增长 16.5%，实物商品网上零售额 8.52 万亿元，占社会消费品零售总额的比重上升到 20.7%。

二、可行性

（一）5G 时代成为电子商务专业发展的重要技术支撑

科学技术发展所带来的信息革命造就了一批新兴产业，电子商务就是其中最具有代表性的发展产业之一，也是最能代表时代发展的先锋产业，直接影响着人们的生活条件和生活水平。对于目前职业院校的学生来说，电子商务专业发展不够成熟并且缺少比较精确的专业课程。高职院校因其人才培养的特点，在进行电子商务专业实用人才培养的过程中，具有高等院校所不具备的专业优势，也展示出高等职业院校的发展方向和途径。

5G 即第五代移动通信技术，是最新一代蜂窝移动通信技术，是 4G、3G 和

2G系统后的延伸。与4G时代相比，5G不仅仅是在网络信息传输速度上的提升，而是从多个方面对人们的生产生活产生影响，例如，可以节省更多的能源、降低生产生活成本、提高系统容量和实现大规模设备的连接。这些不仅代表着人们在方向性方面的变化，也在人们的意识形态和发展形态中展示出相应的局面，真正地落实互联网的发展。5G被称为"数字经济新引擎"，其发展为人工智能、物联网、视频社交以及区块链等技术产业的发展奠定了坚实基础，同时，也为"中国制造2025"和"工业4.0时代"提供了关键的技术支持。在科学技术的发展过程中，以电子信息发展带来的变化为标志，人们的生活条件和生活水准逐渐提升，并且逐渐地展示出发展的方向，也体现出发展的内涵，在发展的过程中，凸显了5G的重要地位，也展示出了5G的发展优势。第七次信息革命是智能互联网的发展，而5G技术的研发则是第七次信息革命的基础前提，这是信息技术和互联网技术的碰撞，也是在信息技术的发展中逐步形成的发展态势，为当前的发展和形式上的更新带来了更加深刻的变化，为人们享用更加先进的技术带来了更多的可能性。

　　对5G网络通信技术进行分析。首先，在传输速度上，其是目前世界上最先进的网络通信技术之一，在传输速度上与4G相比有着比较明显的优势，而这一优势也让其在实际应用中占据有利地位，传输速度的进步也是网络信息技术研究进步的表现之一，能有效加快现代人的工作和生活的节奏，为现代人带来更加便捷的条件，让现代人能更加快速地处理当前的工作和手头的事情，让人们的生活更加高效化和简洁化。其次，从5G网络通信技术的传输稳定性方面进行分析，在传输速度实现较大进步的基础上，其在传输稳定性方面也实现了进步和发展，文件和传输内容的安全性和高效性更有保障，真正打开了5G时代的发展局面。5G网络通信技术在不同行业和领域都实现了广泛应用，并且能够适应比较复杂的场景和应用模式，具有较高的使用价值。最后，5G网络通信技术的核心是高频传输技术，在低频传输资源越来越紧张的今天，高频传输技术拥有更大的发展空间，也能够满足用户更高的应用需求，带给用户更好的体验，体现其更大的发展潜能。

　　依靠技术手段的电子商务取得了长足进步。借助5G时代，电子商务将形成一种新的商业模式，在线交易转变为无线操作，既能节省交易时间，也能为人们提供更舒适、便捷的服务。

(二)专业建设促进地方经济发展

电子商务的快速崛起产生了重要的影响。作为一种新的商业形态,电子商务依托互联网,通过自身的蓬勃发展为参与商业活动的供需两方服务,电子商务给国民经济发展带来了新气象,极大地改变了我们的生产方式和生活方式。伴随着电子商务的快速发展,相关的理论研究日益得到人们重视。以阿里研究院、腾讯研究院等头部电商企业所属研究机构为代表的电子商务研究机构陆续发布了一系列以电子商务"赋能"经济发展为主题的研究报告,高度肯定了电子商务发展对区域经济增长和脱贫攻坚的重要价值和贡献。同时,一些独立研究成果也指出,电子商务发展可能导致出现市场垄断、数字鸿沟、人的异化等问题,认为电子商务发展并不是全然有利的,也有一些负面影响需要关注。在诸多问题中,电子商务能否以及如何促进区域经济增长,具有特殊理论价值和现实必要性。一方面,电子商务丰富了经济学的研究对象,其融合信息经济、网络经济和市场经济的发展规律,超出了传统经济学的解释范围,人们亟须新的解释工具来认识电子商务发展的内在规律。而电子商务的超时空特性最可能影响的就是区域经济,因为区域经济强调的正是区位因素。另一方面,电子商务已经成为国民经济的重要组成部分和活力来源,更好发挥电子商务作用成为推动经济社会向着更高质量、更可持续、更具韧性的方向发展的必然要求。早在2001年,联合国贸易和发展会议就已经对电子商务发展对发达国家和发展中国家发展的影响进行过系统研究,发现电子商务发展对不同国家会产生不同的影响,并很有可能会导致发达国家与发展中国家之间的发展差距加大。

第三节 高职院校电子商务专业建设存在的问题

一、高职院校电子商务专业定位不明确

作为一个概括性很强的专业,电子商务专业包括计算机科学、基础会计、经济学、管理学以及法律领域等比较专业的内容。目前,高职学校的电子商务专业缺乏明确的方向,提出了"普遍"的教学目标,未具体说明学生的学习方向,由于学生的时间和精力有限,不能完全掌握所以学科的知识,并且各种学科的结合导致学生缺乏"专门知识"。与电子商务有关的课程和与计算机有关的课程之间没有明确的区分。总的来说,电子商务专业的学生的平均就业机会很少,学校培

养的人才与企业的预期需求存在一定的差距。一方面,由于高职学生的职业培训水平低,另一方面由于学校对电子商务的定位不明确,导致学生的电子商务技能不熟练。

二、高职院校电子商务专业课程设置不均衡

高职学校的学生由于文化基础相对较弱,在学习电子商务这样一门综合性强的学科时,课程的设置就显得尤为重要。许多高职学校在没有考虑高职学生的身心发展规律的前提下,直接将中职或是大学的电子商务专业课程搬过来,会影响到学生的学习兴趣。

电子商务的课程由理论知识和实践技能课程构成,当前我国高职学校很少具有完善的电子商务专业实训室,企业和学校之间的合作不深入。理论课程主要是关于计算机技术、法律法规、管理和技术的理论综合知识,对于那些不想学习电子商务专业的基础较差的学生,没有系统的课程规划,知识之间缺少联系。课程的内容不随电子商务行业的发展而及时更新,实践课程设置过少。学校的实践课程主要是与合作单位在实践中一并进行的。由于缺乏合作,学生们对企业环境和实际工作环境缺乏了解,对企业信息缺乏了解,从而导致学生很难将理论知识和实践知识有效结合起来。因此,课程结构的完善,不只是理论与实践课程的课时安排,而是二者之间的有效结合。

三、高职院校电子商务专业教师队伍能力薄弱

高职院校电子商务专业教师队伍的质量建设是学校发展的有力保障,教师的职业技能和方法也是教育质量的保证,当前的高职学校在专业的师资建设中还有一些欠缺。

当前企业与社会对电子商务人才的能力的要求较高,由于教师缺乏实践经验,授课主要以理论讲解为主,授课方式较传统,没有依据学生的身心发展特点进行授课,也没有针对高职学生的个性化特点进行教学,导致学生对电子商务专业的学习兴趣不强,从而使学生无法掌握较强的专业能力。

四、高职院校电子商务专业实践教学不足

电子商务作为一门包含理论知识和实践技能的综合性很强的专业,课堂的教学是对理论知识的单纯把握。企业和社会需要电子商务方面实用的专业人才,不仅要求学生具备丰富的理论知识,更需要学生具备较强的实践能力。

目前，大多数学校的电子商务实训教室配备了电脑，并且每台电脑安装了有关电子商务的实践操作模拟软件，但是虽然安装了软件，电子商务的教师却很少参与到企业的实际运作管理中，导致学生无法进行实际操作，理论知识与实践技能不能很好地对接，使学生的实践技能难以满足社会的需求。目前，大部分的学校与企业都有一定的合作意向，但这种合作的结果并不令人满意。在访谈中有同学提到，顶岗实习能够将我们课堂中学习的理论知识很好地应用到实践中去，这不仅可以使我们对理论知识有更深入的理解，而且能提高实践操作技能。同时，良好的工作氛围可以让自己收获课堂以外的知识。研究显示，目前很多校企合作流于形式，企业并没有参与电子商务专业的教学计划制定、专业设置、教学内容的安排。学校与企业就学生的培养目标虽然达成了一致，但由于学校对企业的规则不了解，企业对学校的教学过程不知晓，导致资源没有充分的流动。企业是以营利为目的的，并不愿意花时间与成本对高职学生进行培训。由于校企合作缺乏相关的法律支持，学生在顶岗实习中的利益难以得到保障，导致学生在产教融合中学到的知识较少，缺乏到企业实习的热情。

第三章　高职院校电子商务专业课堂教学

由于信息和网络技术的飞速发展，电子商务专业成为高职院校的重要专业之一。在这种形势下，对高职院校电子商务专业课堂教学提出了更高的要求，课堂教学改革能够提高课堂教学质量和电子商务人才培养质量，跟上电子商务行业发展的步伐。本章分为高职院校电子商务专业课堂教学现状、高职院校电子商务专业课堂教学改革两个部分。

第一节　高职院校电子商务专业课堂教学现状

一、课堂教学中教师教学现状

（一）课堂教学环节方面

教师在课堂教学前，会根据教学内容、学情做相应的教学预设，制作教案，这其中最重要的部分就是对教学环节的设计：预备、提示、联合、总结和应用。以一节综合课为例，一个完整的教学过程必然包括课前复习、新课导入、学习新知、课后小结、作业布置五个环节。

高职院校电子商务专业课堂教学环节设置上存在着一定的问题，最突出的便是教学环节不完整，课前复习和作业布置环节习惯性缺失。教师不是每节课都会设置课前复习环节，认为高职学校的学生也是大学生，所以复习环节没有必要。作业布置环节也是如此，教师会选择课后在钉钉群里通知而不在课堂上专门强调，认为没必要"挤"课堂教学时间布置作业。

由此可知，教师在进行备课和实际授课时，缺乏完整教学的概念。教学环节设置的不完整从侧面体现出另一个问题，即随意性大，时间分配不均。布置作业、强调事项不仅不会耽误课堂教学时间，反而是教学环节完整性的重要体现，2～5分钟即可。前期准备不充分，时间分配不均，必然会导致教学进度不均衡。教师容易因个人喜好延长或缩短某些教学内容的讲解时间。由此证明，某个环节耗时过长，不仅会耽误教学时间，也易造成教学目标的偏离。

（二）课堂教学呈示方面

教学呈示是一种以教师为核心的基本教学行为。教师教学方式的多样决定了知识呈示的方式也可以是多样的，主要包括语言呈示、文字呈示、声像呈示和动作呈示。语言呈示是多种教学呈示方式中最基础、成本最小、使用范围最广的，表现为讲述性行为，教师用各种语言手段向学生说明知识，呈示概念，解释道理；文字呈示主要指板书，应布局清晰、符合学生认知特征、与教学内容相适应、适时展示；声像呈示可以是单向的，如图片、电视、音乐等，也可以是交互式的，在选择和运用时需合理组合；动作呈示指示范特定动作、操作步骤使学生明确模仿和练习的标准，多用于实践类课程。一节生动有趣的课堂，需要同时运用多种呈示方式。好的教师不仅能合理使用呈示方式，还能用得具体、规范，使其最大限度地服务于个人教学。在高职院校电子商务专业课堂教学中，教师都不约而同地选择了语言呈示和声像呈示，即教师依照着PPT上的内容进行讲解，授课节奏和进度由播放的PPT以及教师本人控制。但在实际课堂教学过程中，学生互动普遍存在较被动、次数少、时间短的问题。也就是说，教师的语言呈示过多，有"满堂灌"的特征。久而久之，教师语言输出量越来越大，学生听课积极性和听课效率越来越低，教师教学辛苦，学生收获甚微。

除了时间长短，语言呈示的质量，如语速的快慢、语音的高低、用词的准确性与专业度等，也会影响课堂教学质量。讲课速度需适中、平稳，过快或者过慢都会给学生造成听课障碍。有的教师讲课语速非常慢，或许是担心学生因难以理解跟不上课堂节奏而刻意放慢，或者是专属于教师本人的一种教学节奏。还有的教师则完全相反，即雷厉风行、活泼外向的性格和年轻教师特有的朝气使得其在授课时语速非常快。对大多数学生来说，教师的知识输出量已大大超过他们信息接收和分析加工能力。语速过快或过慢是通病，不过仍有部分教学经验丰富的老教师能做到适中得当。最后，语言的专业性与准确度也非常重要。

声像呈示大都和语言呈示共同使用，课件是在对教学目标、教学重难点有所掌握的基础上，对教材内容所做的高度概括，与教材存在密切的联系，但不等于教材。教师在课堂上虽然都用到了教材，但次数少、时间短，大多数的时间全花在PPT上，教师布置的指向教材的学习任务较少。在具体的呈示过程中，存在先展示课件内容后进行讲解的情况，推动教学环节的并非教师而是PPT。由此可以说明教师对授课内容、授课环节的熟悉度还有待提高，课前备课工作存在不足。也有部分教师的备课质量不够高，没有依据教学目标、重难点对教材内容概括，也没有考虑学生特点对网络资源进行借鉴整合。

（三）课堂教学方法方面

在传统"灌输式"的教学方法下，很多学生已经习惯了被动地去接受知识，慢慢地丧失了独立思考问题的能力与意识。教师在课堂上牢牢地占据着主动地位，学生只能被动地接受知识，这就造成学生本身对于知识的理解只限于纸面的情况，也就是我们常说的"死记硬背"。

课堂教学方法过于单一。电子商务专业授课中大部分教师采用传统讲授法进行教学，学生学习起来就比较枯燥和烦琐，在课堂上学习积极性也就不高，并且难以针对高职的学生的学习能力、协作学习的能力进行培养。

讲授法的优势是应用起来简单便捷、更容易让学生考出成绩，是大部分教师的首选方法。当前高职学校考核学生的主要方式是进行笔试考核，缺乏对综合素质的考察，是短时间的死记硬背足以应付的测试。卷面成绩仅能体现学生在一段时间内的知识水平。

电子商务专业课程是一门灵活性、开放性的课程，需要依照不同的网络环境和商务环境进行应变性处理。很多学生往往只掌握了书本上学习的知识，知其然而不知其所以然，学生的知识内化能力比较差，缺乏解决实际问题的能力。

（四）课堂教学提问方面

师生间的问答和讨论，是课堂对话行为中最为常见也是最为重要的。问答的发起者一般是教师，目的是诱发学生参与教学、启发思维、为其提供练习与反馈机会。美国著名教育学家本杰明·布鲁姆在《教育目标分类》中明确提出根据认知目标的不同，提问有知识型提问、理解型提问、应用型提问、分析型提问、综合型提问以及评价型提问六种。教师提问前，一般要在分析教学内容的情况下，设计出难易等级不同的问题。授课正式提问时，最好能结合学生学情，给各个水平的学生足够的回答问题的机会。教学提问表面上看是教师与学生互动交流，但实质上能反映出教师对教学内容的把握、对学情的了解情况以及个人教学机制是否合理。

在高职电子商务专业课堂教学过程中，大多数教师所有提问类型均有涉及，但部分教师没有做到难易程度的区分，全体学生都能参与的课堂很少。学优生参与性强的课堂，教师所提出的问题多是理解型和分析型的，回答的都是学优生，成绩中等的学生都不常回答，学困生更是全程没有参与进来。此外，教师候答时间不规范，教师候答时间的长短直接影响学生回答问题的质量和积极性。对于低难度的问题，至少应该把候答时间增加到3～4秒；对于难度较高的问题，应增加到15秒。学生的思考时间变长，不回答的次数就会减少，会更有信心，能对他人的回答进行思考和质疑，最终自己回答。

在当前的课堂教学实践中，教师很少进行提问交流，仅有的提问也只是对知识点的检验，考查学生对于笔记或者操作的掌握程度，或者为了集中学生的注意力，或是为了过渡到下一环节，所提的部分问题无法引发学生的深层次思考。在提问之后，如果学生回答出问题的答案，教师会表示肯定，但缺乏更深层次的追问，如果学生回答不出来，教师则会在对问题稍作解释之后直接公布答案。"提问"是互动式课堂教学最直观也是最常见的表现形式，同时也是师生之间交流观点的桥梁，在课堂教学实践的过程中，教师的提问技能有一定提升的空间，一方面教师的教学风格已经"定型"，在固有的理念影响下教师的教学创新能力有待提高，在备课阶段需要跳出原有的教学设计思维，深入思考如何切实提高课堂的生机和活力。另一方面，教师对教学提问的认识程度还不够深入，对于课堂"提问"的思考在一定程度上流于表面，需要深入挖掘教学提问的魅力。

（五）教学指导意识方面

"教学指导"中的"指导"包含两层意思，一是激励和引导学生学习，二是在学习过程中提供咨询、辅导和帮助。教学指导通常在学生进行多样化学习时使用，包括对学生自主学习、合作学习、探究学习的指导。

电子商务是一门充满灵活性和开放性的学科，需要学生拥有较强的感悟和思辨能力，离不开个人对人生、对社会、对世界的体验与思考，即学生要有自学意识和自学能力。高职学生少有自主学习行为，需要教师设计自主学习环节督促学生，也就是"指导"的第一层意思。教师上课时给学生自主学习的机会较多，但组织合作、探究学习的次数偏少。由于学生的参与度较低，所以简单的自主学习活动实施效果不理想，整体给人的感受是次数较少、时间较短、形式单一，学生处于被迫完成任务的状态。

此外，教师很少做与合作学习、探究学习相关的教学设计，所以合作学习活动多是临场组织的，探究学习活动更是很少出现，这就使得合作价值难以体现，合作目标未能达成。由于指导行为的出现频率较低，教师容易以个人的思考代替学生的学习活动，课堂讲授中教师不做指导，学生的学习困难被忽视，独立思考能力得不到训练。

二、课堂教学中学生学习现状

（一）课堂学习兴趣方面

与普通高校相比，高职中的教师对于学生的课堂状态要求较低。在此背景下，学生的课堂兴趣对学生在该节课的学习状态有较大的影响。学生对电子商务专业课程的学习兴趣总体来说不是很高，传统的讲授法在课堂教学中没有很好地引起学生的学习兴趣，所以改变教学法学生学习兴趣得到提升，转变学生学习态度至关重要。

一方面，高职学生学习能力较弱。高职学生在学习上的方法不科学，知识接收能力和自主学习能力弱，消化理解知识所需要的时间长，学生学习起来比较困难，这直接影响了电子商务教学的质量。

另一方面，学生对学习缺乏兴趣。高职学生对大多数课程缺乏正确的认识，学习上缺乏兴趣和正确的态度。大多数高职学生是被动学习，甚至好多学生在父母和教师的要求下也不学习，既没有学习热情也没有学习动力。

对于高职学生来说，课程的难易程度、教师的教学模式以及学习目标都会对学习积极性和兴趣都会造成一定的影响。电子商务专业课程是理论与实践相结合的课程，单从理论知识来看是非常抽象的，高职学生从字面意思上是比较难理解的，在这种情况下，如果在教学过程中无法实现理论与实践相结合的话，学生的学习兴趣必然会下降。此外，在传统的教学模式下，学生没有明确的学习目标，学习积极性也会受到影响。从学生在课堂中的实际表现来看，很多学生上课听讲不认真，整体课堂教学效果非常不理想，学生的学习积极性非常低。

事实上，学生之所以对电子商务专业课程的兴趣不高，主要原因就是他们认识不到这门课程对于其以后职业发展的价值。面对大量的理论知识，学生的心智能力无法全部理解消化，也无法实现理论知识到实践技能的内化，久而久之，学生认为这门课程对自己完全没有帮助，学起来"没有用"，学习兴趣自然而然就丧失了。针对此现象，教师需要推出一些与电子商务职业技能相关的教学实践活动，让学生深刻认识到自己未来的职业发展是离不开电子商务基础知识的。

（二）课堂学习倾听方面

学生倾听是融入课堂、获取知识的最直接、最主要手段。学生有效倾听，有利于良好学习习惯的养成，能够显著提高课堂教学质量。课堂倾听除用耳外，还需用眼、用手、用嘴、用脑，需要学生看黑板、看多媒体、看教师，不左顾右盼、目光不被其他事物吸引；需要学生勤于动笔，将重点内容、感兴趣内容、有疑问内容记在课本或作业本上，好记性不如烂笔头；需要学生用嘴，通过"听"接收到充足的信息后，再用"说"进行练习性输出，回应教师的问题，对难以理解的部分提出看法；最重要的是，用脑将所听知识进行加工和整合，内化为自己的东西，从而实现新旧知识的融合，个人思维和教师思维并轨。

高职院校电子商务专业课堂教学中，一部分学生不仅是不听教师讲，对其他同学的发言也表现出漠视状态。能抬头注视着发言的同学、做出思考的学生并不多，且这些学生中有的坚持时间并不长，只是出现过聆听行为，不关心课堂，能始终保持高质量听课状态的学生少，学生的课堂倾听情况不容乐观。另外，学生倾听习惯也存在问题，学生过分放大"听"的功能和作用，不做任何辅助手段，缺少记笔记的自觉性。

（三）课堂问题意识方面

所谓的问题意识本质上是一种在认知活动中产生的心理品质，具体表现为认知活动中能否认识到存在的问题，在认识基础上驱动思维，进行探究与创造，指向于问题的提出与解决。问题意识既包括了发现问题的能力，同时也是思维能力的体现，在一定程度上关乎解决问题能力的提升。

在电子商务专业课堂中，学生在学习的过程中缺乏问题意识，对于教师讲解、演示的教学内容更多情况下是被动接受的态度，在完成课堂任务实践操作的过程中，遇到操作问题时常常不知道问题是如何产生的，往往无从下手导致问题无法解决，或是直接跳过不进行处理，等待教师统一进行讲解，也有少部分同学在不假思索的情况下，会主动举手寻求教师或周围同学的帮助。学生对于教师在授课过程中提出的问题，回答的积极性不高，大多情况下会等待教师公布正确答案，或是等待其他同学回答，缺乏思考问题的过程。

（四）课堂学习效率方面

课堂教学中学生学习效率的高低直接影响学生对问题的解决，也影响教学目标的完成情况。高职学生对电子商务专业课程的知识掌握速度普遍较慢，分组也大部分为按座位分组，小组讨论学习的效率普遍也不高。大多数的高职教师在专业课的理论教学中采用的是讲述法，在课堂上就好像"填鸭"一样把知识点以传统的板书形式一一罗列然后硬塞给学生，忽略了学生对知识的掌握和理解程度，连续的"填鸭"也不利于学生自主思考。在这种教学方式下课堂气氛就显得格外的枯燥，学生的注意力会随着时间慢慢分散。这种纯理论缺乏实践的教学方式不适合高职院校电子商务专业。

高职院校电子商务专业课堂教学中，很多时候都是教师自己在讲台上唱"独角戏"，学生只能被动地做教师的"听众"，无法真正地参与到教师的教学活动当中。在这种沉闷、压抑的教学氛围下，教师和学生之间的良性互动会逐渐减少，甚至可能完全没有互动，进而使课堂当中的信息反馈不顺畅，教师无法及时、准确地了解学生对于知识的掌握情况，也无法了解学生的实际学习需求，只能固定地按照教学计划进行课堂教学，长此以往，学生无法真正理解和掌握课堂知识，更无法将其转化为职业技能，学习效率不高，课程的开展也就失去了其本身的意义。从教师的角度来看，课堂保持较高的互动性一定会提升教学效果，很多教师都能够意识到这一点。由于传统课堂教学模式的限制，当前在课堂教学中经常出现师生交流少的问题，传统的课堂教学讲究快节奏、高效率地吸收知识，而一节课的时间比较有限，因此很多教师迫于教学计划带来的压力，只能压缩师生交流的时间，将更多的课堂时间放在知识点的传输上。在这种情况下，只有摆脱传统课堂教学模式的限制，才能够显著提升师生之间的互动交流层次，进而提高课堂教学的效果。

电子商务专业是一门随着市场环境发展和电子商务的发展，由物流与电子商务深度融合所诞生的学科，所以其理论知识具有随行业一同发展的特点。相关行业的技术革新，对高职学校的教学内容也有了新的要求，高职院校使用的教科书和教学方式已与当前的专业发展要求之间存在较大差距。当前我国高职学校的课堂教学中，理论知识的教学基本等同灌输知识，死记硬背知识点成为学习理论的目的，而知识的实际运用性被忽略了，教学失去了应有的意义。这种教学方法培养出的学生在处理电子商务实务问题时只能自己摸索，造成无法在现实工作环境中合理使用理论的尴尬境地。

三、课程设置、课程开发与教材建设现状

（一）课程设置方面

高职院校人才应具有较强的技术理论、技术应用能力的培养目标决定了课程

设置的准则是理实并重且理实融通。电子商务专业的课时安排中专业理论课多于实践课，学校在课程设置上仍存在重"理论"轻"实践"的做法。

强调先学习理论知识再学习实践技能的模式，本质上遵循的仍然是学科知识本位的课程框架。以学科知识为本位设置课程一直是普通教育采取的课程模式，这种模式培养的是理论型人才，注重理论的系统性，理论与实践分离，课程与岗位无直接联系。虽然也有学校在专业课程设置上采取模块式课程，但是表面上看是职业本位，实际仍为学科知识本位。这不仅会造成学生就业困难，也会导致专业建设丧失特色，甚至偏离职业教育办学定位。

（二）课程开发方面

课程开发是一项相当复杂的工作，一个完整的课程开发过程需要教育主管部门的政策指导，行业企业提供岗位信息以及学校教师、学生的献计献策，仅凭教师、课程专家或其他任何一方的力量都难以完成。高职院校电子商务专业课程内容与实际工作任务联系不紧密，会使电子商务专业课程偏离行业企业的需求，无法保证培养的人才适应电子商务行业岗位需求。

（三）教材建设方面

教材通常是依据课程标准，按照科学知识与实践的内在逻辑关系精心梳理总结而成的，不仅符合由浅入深、由表及里、由易到难的认知规律，也便于看清课程教学的整体思路。因此教材不仅是教师进行教育教学活动的主要材料，也是课程内容选择的重要依据。

虽然有部分学校在教材建设方面取得了一定的成绩，但毋庸讳言的是现有的相关教材还存在着教材选用不规范、教材内容陈旧等各种问题，在教材的管理上也缺乏相应的教材选用制度或者教材选用制度成效不佳，需要继续在教材选用和编写上下功夫。

第二节 高职院校电子商务专业课堂教学改革

一、完善电子商务专业课堂教学目标

教学目标是指"预期的结果"，即教学活动完成后学生知识、能力、情感的预期变化。课堂教学目标是课程教学目标、单元教学目标的细化，也称作课时教

学目标，是课堂教学中教师教和学生学的导向。完善高职学校电子商务专业课堂教学目标包括以下几个方面。

第一，制定完整的课堂教学目标。不能以知识目标与能力目标代替课题教学目标，完整的课堂教学目标包含电子商务专业知识与技能、电子商务专业教学过程与方法、情感态度与价值观三个维度，称为三维目标。

第二，加强课堂教学目标的整体性。电子商务专业课程三维目标是一个整体的三个方面，是相互联系、融为一体的，不能人为地把三维目标割裂开。

第三，明确课堂教学目标的功能。电子商务专业课堂教学目标是课堂教学过程中教师教和学生学的导向。课堂教学目标既能激发教师教的动机，又能激发学生学的动机，促使师生朝着共同的目标努力。

第四，课堂教学目标陈述应清晰明了。课堂教学目标陈述一般分结果性陈述和体验性陈述两类。结果性目标陈述即表明学生学习电子商务专业课程的结果，教学结果要求明确、具体、可测量、可评价，常用于电子商务专业知识与技能维度的目标陈述。体验性目标陈述即表明学生自我心理体验，要求体现课堂教学的体验性、过程性，常用于过程与方法、情感态度与价值观两个维度的目标陈述。

第五，课堂教学目标行为主体是学生。课堂教学目标是否实现，关键在于学生的学习效果，而不是看教师有没有完成某一项工作。课堂教学目标结果陈述必须从学生角度出发，行为主体是学生。

二、丰富电子商务专业课堂教学方法

（一）对分课堂教学法

对分课堂是为解决课堂教学中存在的学习者学习兴趣不高、学习动机下降和教学效果不佳等问题而提出的。对分课堂教学的理念精髓是在教师精讲和讨论交流中加入了内化吸收环节，让学习者有时间在自主消化后有准备地参与交流讨论，提高讨论的积极性和效率，进而提升教学效果。对分课堂将教学过程划分为教师精讲、学习者自主内化吸收以及讨论交流三个环节。

①在教师精讲中，教师讲解框架结构、学习重难点以及布置学习任务，保留恰当的学习空间让学习者自主独立探索学习。教师精讲主要包括创设情境、导入课程、"精讲留白"和布置任务四个步骤。恰当的情境能帮助学习者实现有意义的建构，在对分课堂开始阶段，教师主动创设教学情境导入教学，让学习者身临其境、快速进入学习状态，教师再进行知识精讲会事半功倍。对分课堂中教师精讲时强调精讲与"留白"，而在传统教学中，教师的讲授要尽可能地生动具体，

更注重系统性、全面性和完整性。面对相同的教学内容，不同的教师讲授时间以及教学环节的安排也不。对分课堂是在创设情境完成课程导入之后，进行框架性以及引导性的精讲。教师需要对教学内容进行分析整合，确定讲什么与不讲什么，以及所讲的深度。面对自主学习能力较强的学习者，教师可以选择讲授65%（数值可以上下浮动5%），多"留白"给学习者自主学习。反之，教师可以选择讲至85%（数值可以上下浮动5%），让学习者能够在自主内化吸收以及讨论交流中高效完成剩余的部分。在教师精讲环节中，教师的角色是学习者知识学习的引导者，不满堂灌，给学习者留出空白空间，让学习者自主探索，有助于锻炼学习者的自学能力和激发学习兴趣。

②在学习者自主内化吸收时，学习者内化吸收教师精讲的内容，完成学习任务，为讨论环节做准备。学习任务通常有"亮考帮"和拓展作业，"亮考帮"中的"亮"是指学习者在自主学习后亮出自己的学习感悟和学习收获，"考"是指学习者以提问的方式考查其他学习者，"帮"是指学习者在讨论交流环节中需要通过交流讨论解决的自身存在困惑的学习内容。学习者自主内化吸收环节安排在"教师精讲"和"交流讨论"中间，让学习者在教师精讲后，先进行内化吸收，再有准备地进入交流讨论环节。而以往大多是教师讲授后，学习者立即进入讨论交流环节，学习者缺乏时间思考和消化知识，学习效果很难保证，很难深入掌握学习内容。认知主义强调学习者通过主动发现并获得知识，将知识转换成建构，自主内化吸收环节体现了认知主义理念。自主内化吸收是学习者独自思考并独立学习的过程，学习者需要独自阅读学习资料，自主思考探索，消化吸收学习内容后完成教师布置的任务以及完成"亮考帮"。"亮考帮"是学习者对自主学习过程的反思总结，是接下来讨论与交流环节的素材和依据。"亮考帮"体现了学习者的自我建构，展现了建构主义的教学理念。"亮考帮"是学习者独自学习后的成果凝练，反映了学习者的学习收获以及学习困惑。当然"亮考帮"也是灵活的，可根据教学内容，变换其形式。比如，在项目化的教学内容时，"亮"变换成学习者亮出实践中的项目收获；"考"变换成学习者的技术攻关；"帮"变换成他人对自己项目的改进升级。在学习者自主内化吸收环节中，学习者应独立完成，在此环节中不允许与他人交流讨论。教师则需要根据教学内容的难易程度和学习者的学习能力，做好具体教学内容的安排与设计，比如导学材料和布置任务，可以选择相关思考题、常见案例以及视频资料。教师安排"亮考帮"任务，可以是纸质版的也可以是电子版的，主要是为学习者参与讨论交流打基础。

③讨论交流环节包括组内讨论和组间讨论。经过组内讨论完善"亮考帮"和

拓展作业，在组间讨论时随机邀请学习者分享组内讨论结果，对于共同的困惑，全班一起交流，最后由教师进行总结并集中答疑解惑。讨论交流环节是对分课堂教学方法的重要环节，在这期间既可以锻炼学习者协作共赢的能力，提升学习者言语表达、沟通交流能力，还可以拓展学习者的思维模式。学习者在讨论交流中个人能力得以施展，达到自我实现的需求，充分体现了人本主义教学理念。讨论与交流环节包括组内讨论和组间讨论两个阶段。组内讨论要求学习者围绕自主内化吸收阶段的"亮考帮"进行交流讨论，一般以4～6人为一小组。分组时应当尽量使组与组性质相同，组内性质不同，也就是每组水平相当，但组内成员应该有学习能力强和学习能力弱的学习者。每个小组坐一块，方便讨论交流。组内讨论时，由小组长主持并维持秩序，依次展示自己的"亮""考""帮"，再进行小组讨论交流，解决困惑并形成小组"亮考帮"。教师时刻留意小组的讨论交流情况，了解不同学习者的表现和诉求。如果学习者发生争议或者内容偏离主题时教师及时给予提醒。组间讨论可分为小组分享、教师自由提问以及教师总结三个环节。小组推荐组内代表分享小组的"亮考帮"，这样可以锻炼学习者的表达能力，也可以锻炼学习者展示自我的能力。在这过程中教师要尽量鼓励和表扬学习者，指出优点，激发学习者发言的热情。教师自由提问可以邀请学习者发言，分享尚存的困惑，教师解答共性困惑，当然教师也可以随机抽查。如果是个别较刁钻或者不符合学习主题的问题留至课后单独交流。最后是教师进行课堂总结，教师需要对本次学习内容进行总结评价，同时对知识点进行回顾与归纳，依照情况给出思维导图。

  对分课堂中教师讲授与学习者自主学习、讨论交流互动的时间大致各占一半，活动相互穿插进行。对分课堂的形式是灵活的，可以依据教学内容灵活调整各个环节的时间，不仅可以当堂对分（三个教学环节都在一堂课中进行），还可以隔堂对分（三个环节间隔开，内化吸收在课下进行，其他两个环节在课中进行）和局部对分（三个教学环节在一堂课内的某个部分中完成）。

  对分课堂教学方法重点在课中，对分实践课后教师要收集学习者个人的"亮考帮"和组内讨论记录表，通过分析整理，对学习者的学习过程进行综合性评价，而且适时根据课堂情况调整教学安排。教师课后可以将课堂上用到的学习资源上传至教学平台，创建项目作业或者"亮考帮"任务并要求学习者在限定的时间内上交，学习者可以上传电子或者纸质版作业的图片至教学平台来完成作业，教师可以通过教学平台监督学习者学习情况并发布课堂总结。

  对分课堂教学方法提倡教师采用多种方式进行教学评价，不仅关注终结性测评成绩，还要注重过程性考评。过程性考评主要对学习者平时的学习表现进行评价。课中根据教学实施路径，建立针对学习者的教学评价体系。评价主体主要为教师和学生。学习者学习效果评价主要包括自身评价、小组长评价以及教师评价。评价方式不仅包括了具体的量化评价，还加入了课堂观察、问卷调查以及访谈调查的质性评价。量化评价主要有过程性评价以及终结性评价，主要为评价主体对学习者的测评成绩和课堂表现进行数值型量化评价。课堂表现评价为自身、小组长以及教师对学习者课堂表现进行百分制评价，每次课堂结束时及时给学习者进行打分以及排名。质性评价是较为主观的评价方式，教师通过课堂观察、问卷调查以及访谈调查对学习者进行学习效果评价。评价学习者课堂表现时，主要考察学习者讨论时的发言表现以及"亮考帮"和拓展作业的完成情况，也就是综合讨论过程评价和讨论成果评价。评分可以参考如下几个建议：如果学习者能够分享丰富的"亮考帮"、积极参与讨论以及拓展作业能够正确完成时打90分及以上；如果"亮考帮"或者讨论稍微有欠缺、不够饱满或者拓展作业稍微有欠缺时，可以评80~90分；如果"亮考帮"不够丰富或者讨论不够积极时，可以评70~80分；如果"亮考帮"单薄、讨论不积极、拓展作业不正确时，可以评70分以下。

在高职电子商务专业课堂中实施对分课堂教学方法，第一步是教师讲授——精讲留白。①精讲划重。高职学生普遍无课前预习的学习习惯，而且其上课注意力集中时间不长。另外，高职电子商务专业是理论与实践并济的一门学科，高职学生大多实践学习能力强于理论学习能力，不易理解过多的理论知识。所以，理论学习时间最好少而精。基于此，对分课堂教学方法首先由教师通过"精讲划重"的讲授方式带领学生进行逻辑分明且重点清晰的学习。理解何为"精讲划重"以及熟知如何实施"精讲划重"是教师应当首先明确的关键点。"精讲"，简而言之，即讲授知识精华。"划重"，顾名思义指"划重点"。"精讲划重"的实施需辅以适合学生学习风格和特点的教学策略才能达到理想的教学效果。其一，从知识理解的维度来看，高职学生属于序列型学习风格，喜欢依照逻辑按部就班地学习。基于此，教师可以通过思维导图、流程图以及知识框架等进行引导式讲授。根据高职生注意力集中时间，精讲时间控制在15分钟左右，最好不超过20分钟。脑科学对此也有相关研究，大脑有敏感期，在课堂上，脑活动也有高效期、低效期，一般前10~15分钟是高效期。从某种意义上来说，少即是多，相比利用整堂课进行大量的知识输出，若能在短时间内讲授特定章节的知识精华，学生获得的知识可能更多且更有意义，学习效率也会得到提高。其二，讲授过程中遇到重点内容时，教师需提醒学生该知识点的重要性，并用彩色标记笔标示五角星让学生知晓，让学生在课本上将重点划下来，必要时需提醒学生在课本或笔记本上做简单记录，以便学生温故知新。"精讲划重"的讲授方式一方面适应高职学生的学习特点，另一方面也可缓解学生课堂注意力不集中等问题，有助于提高学生的学习兴趣。②留白发思。留白是中国画中的一种艺术手法，其美学价值在生活中也受到广泛推崇，被视为一种生活艺术。课堂教学同样需要留白艺术，充分发挥"空白之美"。留白式教学是教育界对留白艺术的创新，是一种引而不发的教学智慧。留白不是对知识的缩减，而是通过教师的精心设计调动学生的好奇心、积极性和主观能动性，启发学生独立思考并自主探索空白处的知识，提高学生的学习热情和自信心。留白式教学自提出便受到各教师的高度关注，如何合理地将留白艺术应用于教学模式中，是教师需深入探索和研究的关键之处。对分课堂教学巧妙地将精讲与留白相结合，一方面高质量地提高学生的学习效率，另一方面也留给学生主动探索的空间，有利于发掘学生的潜能。"留白发思"，即留有知识的空白处来引发学生的思考。教师在精讲之后可设置对应知识点的思考题，思考题需注意以下两点：一方面，思考题需结合高职学生的学习能力来设计，过难且过复杂的思考题可能导致学生产生挫败感，不利于其学习自信的建立。由于学生的学习能力参差不齐，可设置两道难度深浅不一的思考题，学生可根据自身能力二者选其一来思考解答，如此兼顾了不同学生的学习能力，有利于增强学生的自信心。另一方面，从脑科学的角度来说，关键在于如何激发学生的好奇心。因此，思考题的设计需具有启发性和调动性，能够有效引起学生的好奇心，从而启发学生思考。例如，《电子商务实务》是实时性较强的一门课程，题目设计可结合时事和热门话题，将知识点与学生的兴趣相融合，促使学生产生好奇心，主动去探索答案。"留白发思"的设计不仅有助于调动学生学习的积极性，而且利于挖掘学生的潜能。

在高职电子商务专业课堂中实施对分课堂教学方法，第二步是内化吸收——自查自厘。①自查自学。内化吸收是学生自行消化和吸收知识，从而内化成自己知识的过程。传统教学模式下教师的教学节奏较紧凑，一般采用逐堂讲授或与讨论结合的方式，并未留给学生足够的自我消化知识的时间，导致学生能真正吸收的知识甚少。因此，内化吸收是保证学生有效学习的必要过程。内化吸收需结合合理且恰当的教学策略，教师提供相关学习资源是最常用的教学策略之一，明晰如何正确选择学习资源是教师需着重注意的要点。自查自学即学生自我查阅学习资料并进行自学，即自我内化吸收。基于学生学习风格选择教学资源是遵循因材施教原则的体现：其一，从知识输入的角度来看，高职学生属于视觉型学习风格，喜欢视频、图片等直观的学习方式。另从脑科学的角度来说，视觉认知是人类所有的感官认知里最强大的一种认知，视觉的信息记忆效果最好。基于此，教师可在线上平台发布慕课、影视片段、纪录片等视频资料供学生查阅学习。其中影视片段或短视频等要慎重选择，应具有相应的教育意义，不能过度娱乐化。其二，从知识感知的角度来说，高职学生属于感悟型学习风格，喜欢学习与实际生活相关的真实案例。基于此，教师可选择与课程相关的短篇案例。电子商务专业课程的实践性和实时性较强，电子商务也是近年来的一大热门话题，无论网络资源还是图书资源都极为丰富。教师需紧跟时代潮流，优先选择最新且较为典型的案例，以激发学生学习的兴趣。在一定程度上，内化吸收环节尤其需要学生具备高度的自制力和注意力，而高职学生这方面能力普遍较弱。因此，一方面，学习资源需兼具优质且趣味性高等特点，另一方面，内化吸收环节在课堂进行，教师可在需要的时候提醒学生保持纪律和集中注意力。②自省自厘。这是学生内化吸收不可或缺的学习步骤。自省即自我反省，自厘即自我整理和梳理，简而言之，学生在教师讲授和自主学习之后，对所学进行系统的梳理和复盘。常用的自省自厘方法有整理查阅笔记和错题集等，对分课堂教学模式开创式地采用"亮考帮"的知识梳理方法，具有简单易用且一目了然的特点，不仅符合高职学生的学习特点，而且能满足高职学生的学习需求。理解何为"亮考帮"以及明晰如何善用"亮考帮"是实施"亮考帮"的前提。"亮"即向小组成员亮出自己通过学习取得的最大收获。学生可借助教师精讲笔记和平台的学习资料，全面复盘整个学习过程，从而总结出自己的最大收获，并组织成文字简单记录在"亮考帮"表格中。收获不仅限于学习方面，也包括情感与价值观方面的收获，例如通过学习或阅读某个案例而懂得了某方面的道理。"考"即找出重难点来考考小组成员。所"考"内容既可以是本节课的知识点，也可结合之前章节来复习巩固以温故知新。被"考"成员若回答正确，可在评价表里记录相应得分，若成员无法解答或回答不完整，出题学生需向其耐心讲解及解答。"帮"即寻找自己有所疑问的知识点以求助小组成员。在教师讲授以及自己根据平台学习资源学习的过程中，学生若对某一知识点有疑问，可将自己的疑问整理记录下来，在讨论过程中求助小组成员，并帮助其他成员解答他们的疑问。"亮考帮"的总结与梳理均需记录在表格中，以便在接下来的讨论环节与小组成员相互交流。这种自省自厘方法一方面利于学生明晰自己所得和存在疑问的知识点，以便及时查漏补缺，另一方面其互动性的特点符合高职学生活跃型的学习风格。

在高职电子商务专业课堂中实施对分课堂教学方法，第三步是讨论——互助共享。①互助共享。这是学生互相交换所学所得所感，并相互解决疑问，共同分享所得的过程，有利于发挥同伴效应的作用。同伴效应是从同伴个体间交互过程中产生的一种溢出效应，如果一个同伴在交流过程中表现优异，主动帮助成员解答疑难，那其他同学可以将其作为榜样并向其学习。互助共享的形式丰富多样，如何正确选择恰当的交流形式并有效地组织学生进行交流是教师备课过程中需要慎重考虑的要点之一。圆桌会议是以圆桌为单位互助共享的有效形式。圆桌会议可以使学生面对面地交流互动，拉近学生之间的距离，有利于交流探讨学习。从知识加工的维度来看，高职学生具有活跃型的学习特点，敢说敢做，喜欢团队合作。基于此，圆桌会议可给学生提供发表观点、合作学习的空间。教师首先将学生按一定原则分组，成员之间明确职责，其中需选取一名记录人，负责记录讨论内容和相应得分。另外，由于在学习风格上有所差异，每个圆桌均可以采取男女搭配的形式，以促进合作交流的协调发展。在圆桌会议开展过程中，学生针对内化吸收环节梳理的"亮考帮"与圆桌成员进行交流探讨，教师需在各圆桌之间巡回旁听，对于难以解答的问题给予适当性地引导和提示，充分发挥引导者的作用。圆桌会议兼具合理性和适用性，一方面，从脑科学的角度来说，脑是"社交脑"，需要交流，人只有在交流的过程中才能完成有意义的建构；另一方面，电子商务专业课程实践性较强，如网店装修、客户服务等章节需要学生开展团队合作，学生在团队中有充分的参与感，因此在合作互助中学习更利于学生加深对知识点的印象，提升自我效能感。②互动延伸。互动学习符合高职学生活跃型的学习特点，因此，教师可在交流互助学习之后增设延伸互动，利用学生学习特点提高其对学习的兴趣和好奇心。互动教学策略的选择要符合高职学生的学习特点和学习习惯。鉴于高职生大多喜欢快乐式学习，因此，部分教师开发和设置了与章节内容相关的游戏，在游戏中学习，寓教于乐。另外，部分教师抓住学生的心理特点，将抖音等短视频融入课堂教学中，吸引学生的学习兴趣。以"快乐学习"为原则选择延伸互动教学策略是教师调动学生积极性及顺利组织教学的关键。情景剧是在教师指导下，学生依据章节内容扮演某一角色的快乐式互动教学策略。教师根据当堂内容预设某一情景，分设不同角色由圆桌小组来扮演。例如，《电子商务实务》课程中网络营销、客户服务等章节均可以采用情景剧教学策略。讲授网络营销这一章节时，可预设推广一款电话手表，由圆桌成员分别扮演销售者、销售助理、顾客甲、顾客乙等角色，模拟如何将一款电话手表销售给顾客。情景剧的剧本由教师提供，教师可从影视片段中截取或网络资源库里搜集。每堂课展示1～2个情景剧即可，由圆桌小组选出代表抽签决定展示小组，展示时间把控在 3～5 分钟。在展示过程中，教师要引导学生结合知识点进行观察和思考。每组圆桌小组展示结束后，教师以及其他圆桌小组可从表现力、组员配合力、知识摄入量等方面进行点评。

课后，通过评分表对学生在整个对分课堂中地表现进行过程性考核，包括自我评价、教师评价及圆桌小组成员之间互相评价。教师可对表现优异的圆桌小组给予鼓励表扬或发放笔记本等小礼物。

在高职院校电子商务专业课堂教学中对分课堂打破了传统课堂中教师讲授和学习者自主学习环节相互独立的局面，可以有效提升学习者的课堂参与度；引入内化吸收环节，可以使学习者有目的地参与讨论，提升学习质量；重新定位了教学中教师和学习者的地位和责任，在尊重学习者的同时也让学习者承担相应的责任，通过创造一个自由、开放、民主的课堂，促进学习者的全面发展；考核评价多元化，更加注重过程性评价，不仅有传统教学考核评价中的测验考评，还综合了学习者作业的完成情况、课堂讨论情况、小组长评价、自主评价等要素，提高了考评的全面客观程度。及时、多元、客观的评价有利于学习者获得效能感，促使学习者更勤奋地学习。

对分课堂教学方法对于教师要求很高，教师需要恰当地把学习内容、学习方法传授给学习者，不仅要准确地把握教学内容的重难点，还要把握课堂精讲的广度和深度。教学过程是否科学会严重影响对分课堂的实施效果。讨论交流环节，教师要思考如何调动学习者的学习积极性，让学习者积极主动地参与课堂，如何及时正确地引导学习者不偏离讨论方向，在总课时有限并且教师精讲环节时长有限的情况下，保证教学计划的高效完成。目前有些对分课堂研究过分注重教学环节的按部就班，缺乏对实验问题的反思总结，不利于研究成果的推广。还有些对分课堂研究缺乏系统性，存在着重实践轻理论的问题。对分课堂在不同学段、不同课程中运用的适用性，需要广大教育工作者深入探索和完善。

高职院校电子商务专业对分课堂教学应用建议：①学校是实施对分课堂教学的重要支撑载体。一方面，学校应加大对对分课堂教学模式的宣传，可组织专业团队开展技能培训。另一方面，学校需加大软硬件配备的支持力度，完善软硬件设施建设。在对分课堂内化吸收环节，学生通过线上教育平台或互联网智慧教室进行自查自学，学校可开发校内慕课等线上教育平台，或投资建设互联网智慧教室供学生自主查阅学习资源，不仅响应了"互联网＋教育"的时代背景，而且适应高职学生的学习特点，且为教师提供了便利的教学条件。②加强教师队伍建设，提升其教学创新综合能力。在教育高质量发展的新时代，职业教育发展必须坚定地走高质量发展之路，教育的高质量发展应为我国的高质量发展提供重要的人才支撑。在此基础上推动对分课堂有效且高质量实施的关键是加强高质量高职教师队伍建设。从教师自身角度来说，教师需潜心钻研对分课堂教学模式，拓展知识广度和深度，提升自身的专业技能和综合素养。此外，可自发组织教师共同商讨如何有效实施对分课堂以及如何应对实施过程中面临的挑战，教师之间互帮互助，共享经验。通过建设高质量教师队伍，助力教师顺利且有效地应用对分课堂教学模式，保证对分课堂的实施效果。③加大教研设计，精心把握"对分"内涵。合理的对分设计是对分课堂顺利实施的关键。教师精心完善对分设计，需要把握以下三个要点。其一，选择适合特定章节的对分形式。对分课堂教学模式分为隔堂对分和当堂对分，教师在进行对分设计前首先要明确对分形式，需要根据学生群体的特点以及特定章节的课程特点进行灵活选择与调整。其二，合理把控课堂节奏。教师应根据学生在课堂中的状态和表现，灵活把控课堂节奏，比如遇到偏难的章节时，学生的知识接受程度不佳，教师就应该调整教学策略，转换教学形式，这就需要教师提前准备课堂预案及备用方案，以便根据学生具体情况适时调整方案和课堂节奏。其三，合理分配三个教学环节的时间。对分课堂三大教学环节的时间分配问题需要教师根据具体章节的内容以及学生的课堂状态和表现来灵活分配。例如，由于假期综合征，多数学生在周一上午前两节课的状态不佳，注意力较分散，教师则可以相对缩短讲授和内化吸收部分的时间，适当增加讨论活动和类似情景剧等互动延伸活动，以此调动学生的积极性，吸引学生的注意力。④创新教学手段，不断丰富对分课堂教学形式。对分课堂教学形式多样化是吸引学生学习兴趣、提高学习自觉性的重要举措。例如，在内化吸收环节，教师除了提供学习资源供学生自查自学之外，还可借助线上教育平台发布对应章节的测试题，让学生自主答题并对照答案整理错题，针对错题查阅相关课程笔记。对于自己无法理解的错题可在"亮考帮"表格中做相关记录，以在讨论环节求助圆桌成员。测试题不仅可以巩固教师所讲知识点，还可以帮助学生查漏补缺。更多优质的教学形式和教学策略还需教师根据实际教学情况和学生特点自主挖掘和研究，总之，挖掘多样化的对分课堂教学形式是保证学生提高学习质量和保持自律性的关键。

（二）翻转课堂教学法

翻转课堂（又名"颠倒课堂"）是指课程教师提供以教学视频为主要形式的资料，使学生在课前观看和学习，课堂上师生共同协作完成答疑、探究和互动交流的新型教学模式。翻转课堂是一种新型的教学形式。翻转课堂的核心是利用互联网的特征进行重新定位与思考，使之与教育教学的本质相结合，进而使师生关系、课程内容、教学活动等要素发生改变。翻转课堂的定义在国内外皆不相同，但翻转课堂的本质基本相同。翻转课堂由两个部分组成，一是线上教学平台，二是线下实际课堂。将线上和线下有机结合，从而实现信息技术与教学过程的有机融合。硬件和软件是线上教学平台的两个方面，硬件主要有电脑、iPad、笔记本等电子终端，软件主要是指网络教学系统。如今高职院校都有完整的校园网络设施，可以保证学生的网络保持畅通；高职院校的学生每人至少有一部手机，为翻转课堂教学计划的实施提供了条件。

  翻转课堂中教学角色和过程实现了转换，传统教学模式是教师进行知识点传授，学生在课堂中只需要跟随教师的教学节奏被动地吸收知识，然后通过课后作业的方式对学习成果进行巩固。在翻转课堂中，这个从"教"到"学"的过程就转化为了从"学"到"教"，先让学生进行自主学习，之后教师结合学生的实际学习情况来明确教学的具体方式。在正式教学工作开始之前，教师还会对学生自主学习过程中产生的问题进行解答，这样一来学生就能够充分地将知识进行内化，取得更好的学习效果。在传统的教学模式中，留给学生进行自主学习的时间是非常少的，学生只能在课堂中通过教师的讲解来对知识进行吸收。如果学生对于学习的知识没有一个预先了解的话，势必会导致学习效率变慢，这样一来教师就需要花费大量的时间进行讲解。而在翻转课堂模式下，教师将教学视频上传到互联网当中，供学生提前了解学习的内容，大部分的课堂教学时间用来解答学生在自主学习过程中所遇到的问题，起到一个非常好的强化巩固作用。这样一来，课堂教学中大部分的时间都是由学生进行分配的，教师在课堂上更多的是一个引导者，加强了师生之间沟通的效果与力度，从根源上实现课堂效率的提升。

  翻转课堂的教学结构为"课外学习知识，课内内化知识"，这就要求学生在课外进行自学，对学生的自主学习和自我管理能力提出了更高的要求，主要表现为能在教师的引导和帮助下完成学习任务——自己能独立完成学习任务。在知识爆炸性增长的信息时代，为迎合现代化教育教学的要求，必须提高学生的学习和创新能力。学生能否发挥学习的主观能动性将直接影响学习结果，教师起到的只是引导和辅助的作用。

  翻转课堂教学流程包括课前自主学习、课堂内化学习和课后总结及测试三个阶段。①课前自主学习阶段。教师使用翻转课堂教学时，要将教材当中知识点的学习转移到课堂外部。在课堂教学开始之前，教师按照教材的具体内容，整理出相关教学资源，包括文字PPT、视频以及课前测试题等。教师将教学资源上传到教学平台之后，由教学平台进行推送或通过其他的线上线下渠道，提醒学生进行学习，然后将课前学习的成效及疑难点反馈在软件上并提交给教师，教师在教学平台当中可以看到学生的具体学习进度，从而有针对性地为接下来的课堂教学提前做好准备。②课堂内化学习阶段。课堂内化学习阶段大致可以分为两个部分：学生讲解与教师答疑。教师首先列出本节课的具体学习任务和重难点内容，然后让学生按照学习任务将课前学习的内容进行简单的梳理。之后按照课前测试的成绩，在各个分数段中抽取一名学生站上讲台，将自己在课前所学习到的知识进行讲解与展示，并且提出自己在自主学习中所遇见的疑难点，这样可以使学生积极主动地参与到课程中来，发挥其主观能动性，也由从前被动地"听"转变为主动地"讲"，加深学生的学习记忆。之后教师根据不同学习水平学生的讲解情况，以及其他同学提出来的问题，进行针对性的答疑讲解。根据课前学习的内容，教师需要编排相关的教学实践活动，从而促进学生对知识的内化吸收。教学实践活动的形式既可以是小组讨论，也可以是电子商务技能实操活动，还可以是电子商务模拟场景演练，教师要按照知识点的具体性质进行教学实践活动设计，旨在通过丰富的教学活动，帮助学生将理论知识转化为实际应用能力，提升学生的电子商务技能水平。③课后总结及测试阶段。在学习任务完成之后，教师需要按照课堂实际内容制定课堂测试。课堂测试的内容是多样的，既可以是测试题，也可以是一篇开放性论述文章，还可以是具体的实践操作。教师要将测试结果精准反馈给学生，通过测试成绩帮助学生快速找到课堂学习中所存在的问题。在课堂教学结束之后，教师需要对本堂课的教学进行全面总结。通过书面报告或思维导图的方式，将教学过程中取得的成效和出现的问题与挑战进行整理，便于接下来更好地开展教学。同时，教师要向学生布置课后作业，作业不需要过多，囊括课程中的重要知识点即可。通过课后作业，教师也能够更好地掌握学生的学习情况，帮助学生进行查缺补漏。

翻转课堂在高职电子商务专业课堂教学中的应用，全面整合了现代化数字信息技术，利用互联网获取了大量的教学资源，充分尊重了学生的主体地位，有利于提高学生自主性、能动性、创造性。在教学实践中，教师需要充分结合翻转课堂相关理论知识以及课堂的实际教学情况，进行教学理念分析以及教学内容的设计完成相应教学活动，并利用多种方式对教学效果进行系统客观的评价分析。运用翻转课堂开展高职电子商务专业课堂教学，在优化和完善学生学习行为的基础上，可以充分提高学生的学习兴趣，赋能学生学习生产力。与此同时，在翻转课堂教学模式下，学生的电子商务技能水平明显提高，完成电子商务知识理论向实践技能的转化。此外，在课堂当中，学生还提高了团队合作意识，强化了学生与教师之间的互动，使师生关系更和谐更紧密，课堂教学效果相较于传统课堂有着明显的提升。翻转课堂在高职电子商务专业课堂教学当中具有重要的实践意义和应用价值。通过翻转课堂，学生从以往的被动式学习变为主动式学习，能够积极参与到课堂教学中，其学习行为发生了本质上的转变。学生的课堂参与度、师生和生生互动的层次与水平都有着较大的提升。在课前的自主学习中，教师以具体任务为导向，让学生在丰富的教学资源中自主选择学习方式，这样一来就从根本上转变了在传统课堂教学中目的性和方向性缺失的情况，学生按照自己擅长的方式进行电子商务知识点的自主学习，学习起来也能得心应手，学习主动性自然而然得到了提高。此外，学生按照教师的教学设计方案，充分参与到课堂当中，抒发自己的学习见解，与教师和同学进行深度交流，这是传统课堂教学中难以实现的。在这种教学环境下，学生的课堂参与度也会有显著提升，其学习行为会得到实质性的优化。另一方面，翻转课堂对于学生学习兴趣的提升、学习潜力的激发都有着更深层的强化作用。学生在翻转课堂教学方式下保持着非常高的学习兴趣，学习满意程度也普遍较高，在学习兴趣的有效带动下，提升了学习成绩，掌握了大量的电子商务专业技能。

在翻转课堂中，电子商务专业的教学内容更容易被学生接受并转化为实操能力。面对传统教学模式和翻转课堂教学模式，多数学生都会倾向于翻转课堂教学模式，这是因为通过翻转课堂，学生能够认识到电子商务专业课程中的知识是对自己有帮助的。与传统课堂上的知识"灌输"相比，学生更青睐于在课前使用丰富的教学资源完成知识点的自主学习，然后在课堂上通过互动性强的教学活动巩固自己所掌握的知识点，将理论性的知识转化为实打实的专业能力，这样一来就实现了教学内容的活化。学生不需要死记硬背知识点，而是通过自己的学习以及在课堂上所参与的各种互动与实践活动，将书本上的知识点转化为对自己未来职业发展有帮助的电子商务专业知识。

在翻转课堂教学中，教师在教学管理方面往往更加得心应手。在翻转课堂教学模式下，教师不用耗费大量的精力在课堂秩序和学生学习专注度的管理上，教师只需要提前设计好教学流程，让学生自主学习相关知识即可，这样能帮助教师节省大量的精力，从而将教学精力更多地放在知识内容的解答上。尤其是电子商务专业课程中知识涵盖面非常广，如果在此基础上再消耗大量时间在课堂管理上，教师肯定会在知识技能教学上有所疏忽。现阶段，翻转课堂的实施基本上都是以移动教学平台为技术依托的,在这种情况下,教师就需要熟练掌握现代信息技术,将其融合到实际教学当中,丰富课堂教学内容。

(三)智慧课堂教学法

智慧课堂是在课堂教学与信息技术的有效融合之后产生的独特课堂教学形态。它以媒体工具、智能化环境为基础,支持学生的个性化学习与教师的群体化教学。智慧课堂为学生提供了优质的学习体验,改变了学生的学习习惯,提高了学生的知识理解能力和实践动手能力,提高了学生思维的跳跃性、开放性,从而使课堂教学不再是传统的知识传授的过程,而是开发学生智慧的过程。以信息化视野建立的"智慧课堂",是探索信息化教学研究方向的重要基石。

高职电子商务专业智慧课堂教学包括课前、课中和课后三个环节。

①课前——目标明确、精确分析、有效设计。在课前阶段,教师可以将本节课的"导学单"提前发布到教学平台。学生通过教学平台便可以查看"导学单"的内容,并可以利用"导学单"上的问题在课前完成自主学习,而教师可以在学生完成自学后,登录课堂平台,对学生的学习情况进行了解。

②课中——沉浸体验、深层交互、实时反馈。在第一阶段,教师巧妙设问,引入案例。教师在课堂上以设问的方式,引导学生自主学习,由浅入深地对重难点进行讲解。教师可以将学生进行分组,让学生以"导学单"为依据进行讨论,给学生设置一定时间进行思考与小组讨论。由小组组长整理本小组成员在"导学单"中的问题,从而可以进一步完善"导学单",将知识的准确性提高。教师提问:大家喜欢网购吗?通常是如何完成网购的呢?为什么现在的电脑网购逐渐被智能手机替代?一组代表回答:平时都是用父母的手机进行网购,现在普遍运用手机网购是因为比较方便、快捷,随时随地就可以购物。二组代表回答:平时的网购次数已经多于线下购买次数。因为线上的种类丰富,大都运用手机进行网购。由于无线网络发展越来越迅速,只要有网络的地方大家都可以用手机进行移动支付。通过与学生的对话,说明了电子支付的发展历程,从而拓展并引出了移动电子商务的定义。同时,小组与小组之间还可以一起交流、收集想法、研究问题。在小组讨论过程中,教师可以针对学生的问题做出方法指导,为以下的学习做好准备。在第二阶段,学生自由讨论,完成课堂练习。教师展示了上课前与学生讨论(你身边的电子支付)的实际情况,教师开启弹幕学生可以进行自由讨论,屏幕上显示的弹幕是匿名发送的,这种独特且新颖的方法能够引导学生更加直接地表达自己的观点与看法,使不敢表达自己的学生更积极主动地加入课堂,进而调

动学生的学习兴趣。同时,教师端可以查看所有弹幕内容,对于正确的答案可以进行标注,作为学习评价依据。首先,判断以下哪些例子是电子支付活动,并由能力突出的学生上台讲解。学生可以自由讨论,并且独立完成任务,并通过大量实例让学生有初步的认识和,同时充分激发学生的积极性。三组代表回答:支付宝、银联、财付通等移动支付公司,都可以采取线上支付的方式进行交易。比如购物平台淘宝和京东,使用支付宝和微信就能够支付。四组代表回答:由于智能手机的普及和移动网络的迅速成型,人们的读书习惯也得到了很大的影响,所以用手机看书读报似乎变成了潮流。第三阶段为巡堂指导。在学生讨论问题时,教师可以到各小组进行旁听,并提出合理建议,但教师在此过程中只起到引领作用,不能过多参与到学生的思考中去,为的是培养学生独立思考和总结的能力。第四阶段采用头脑风暴,归纳特点。教师提问:比传统支付相比,电子支付的优势是什么?学生们分组进行讨论,每个成员集思广益,把讨论出的内容写在一张纸上,上传到教学平台,课后由教师、其他小组进行点评。最后邀请一到两组演示和点评,教师进行总结。五组代表回答:方便,消费者可以随时利用网络进行支付,但传统的支付方法受到时间和空间上的多重约束,在时间和空间上难以满足所以用户消费的要求;快捷,网上支付可以实现订单的实时跟踪与查询。传统的支付方式需要客户先通知店家,店铺才能到相关单位查看,该过程烦琐且耗时。第五阶段为构建思维导图,深化理解。课堂授课结束后,每个小组可以对整堂课进行总结,并展示本节课的学习成果。教师可以让两组共同总结,由一组示范,另一组补充。示范完毕以后,组长也要对该示范加以评级和总结。教师可以在组长介绍的过程中,及时就展示内容提出问题并给出意见和建议。在展示之后,教师针对结果进行评论、补充和答疑。利用这个方法不仅提升学生的自学能力,还有利于集体互助能力的培养。最后,归纳本课的学习内容。学生可以运用思维导图进行总结,上传至教学平台。教师线上评分。

③课后——总结拓展、多元评价、复习巩固。课后练习环节是对前期教学效果的检验,也是至关重要的环节之一。基于教学平台的课后练习大多为在线活动,教师利用平台发布习题,学生可以在教学平台上收到作业提醒,其中包括截止时间和考试时长等,而学生则必须在截止前完成所有的课后练习,答题结束后会有答案解析和详情反馈,也可查看自己所做题目的正确性和总考分以及所用时长。面对不明白的问题可以通过信息平台寻求帮助,还可以通过观看课堂视频,重温课程所学内容,进一步基础知识。这一阶段不仅要求学生有独立学习习惯,还需要学生能够针对自身情况对知识进行总结、积累。同时,学生还能够开展课后交

流活动，以反省此阶段的不足，总结自身在此阶段对知识掌握情况，从而在下节课的预习与教学过程中尽快做出改变。根据最后的结果反馈，使用教学平台使学生们更容易理解课堂上的内容，小组间的合作也促进了学生各种想法的创新。

总而言之，学生在运用智慧课堂的过程中，学生提出问题、剖析问题、独立解决问题的能力得到提高。同时每个学生在教师的指导帮助下也更加了解学习的方式方法，逐渐从被动学习变成自主学习。与此同时，课堂上教师可以为学生创造交流互助的时机，开展交流活动，以一个小组为一个单位，在此流程中提高了学生共同协作的意识。在最后，教师通过评估环节，使学生学会自主判断并且可以合理地评估他人的判断是否正确，从而利用智慧课堂实现了学生综合水平的全面提升。

智慧课堂使智能化教学平台，教师可以利用教学平台把课前的预习和课后的巩固资源上传给学生，教师将根据平台的综合数据，全面了解学生的学习进度，并掌握教学状况，更有效地调整教学方法。通过教学平台的教学资源，学生更易于掌握知识，在课堂上没有听懂的内容也能够随时回看，更方便于复习和巩固。课前和课后碎片化复习的时段和场所也相对自由，可以使用智能手机进行复习，趣味性强，内容简单易懂。相较于传统教学，其可以培养学生的学习习惯、提高学习的主动性，并监督学生线上与线下的学习。

（四）PBL 教学法

PBL（Problem Based Learning）教学法是基于问题教学法或者问题导向教学法的简称，其含义为教师把与学生日常生活息息相关的问题用相应的方法安插到课堂教学中，在教师的指导下学生围绕教师提出的问题或者自己发现的问题查阅资料，通过自主学习加小组合作的方式，分析和解决问题，在自我探索和小组合作中获取知识的一种新型的教学方法。

PBL 教学法首先肯定了 PBL 在教学过程中各个环节的积极意义以及促进师生能力发展的积极作用。其次，"问题"是 PBL 的核心，"以学生为主体"是 PBL 的精神主轴，将学生置于复杂的、结构不良的、生活化的问题情境中，教师通过引导及双向沟通交流的方式，促进学生理解问题、探索问题，掌握处理问题所需的知识内容，不断思考探索以解决问题，最终实现教学目标。最后，无论是作为一种指导教学实践开展的教学理念或教育取向，还是作为一种具体的教学方法、教学模式，PBL 源自实践又作用于实践，既具有理论层面的客观可行性，又兼备了实践层面的能够实施性。

PBL教学法中问题质量是关键，过于简单的问题很难激发学生的探索与求知的欲望，过于困难的问题则会使学生在长时间的脑力活动中逐渐疲惫，难以解决的问题会对学生的自信心和耐心产生负面影响最后使学生丧失斗志。所以应该选择一个可以瞬间让学生产生共鸣的问题，让学生有能力、有机会且愿意主动参与问题的讨论并可以在教师那里得到适当的帮助。在学生解决问题后，教师要给予积极的引导、反馈并对学生们的努力及解答加以肯定与指导。PBL教学法的目标是培养学生的能力，致力于提升学生自主学习能力、合作能力、交流沟通能力、表达能力、思维能力和综合素养。

　　PBL教学法的要素主要包括问题、教师和学生。PBL教学的核心与关键就在于问题。问题的质量就决定了PBL教学法的质量。好的问题不仅仅可以激发学生学习课程的内在动力，还可以给学习者指出该学科思考和探索的方向，让学习者可以顺着这一个问题不断地发散自身的思维，对该学科进行深入系统的探索。与此同时，PBL教学法的问题还要具有强针对性和兴趣性，完美的结合实际生活、工作中的环境和场景。在PBL教学法中，教师起到的是组织和督导学生的作用。教师要完成情景的设计、问题的确认、问题的呈现、讨论的组织、讨论活动的观察和监督、建议的提出等任务。在刚开始把学生带入问题的过程中，教师要通过各种方式吸引学生的注意，再引入问题激活学生思维，使学生积极思考并参与小组的研讨，还要时刻注意管理课堂秩序。教师要能根据学生和小组活动的状态把握课堂节奏，确保教学过程顺利高效地进行。PBL教学法中的主角是学生，大部分的时间都是让学生通过思考和讨论进行对知识的消化、理解和吸收。所以在PBL教学法的实施过程中，学生在教师的引导下，融入知识内容的实际案例的背景中，由教师提出或自己发现问题；学生通过对问题的思考和探究总结出自己的观点，再把自己的观点带到小组中与其他人的观点进行碰撞，最后小组共同达成共识并做出方案。因此，要实施PBL教学法，学生首先需要发挥主观能动性，在自主学习中构建新的知识体系。

　　PBL教学法的基本环节依次为提出问题、小组学习并解决问题、展示成果和总结。首先，通过实际案例，由教师提出或学生发现问题的方式形成教学问题，然后通过小组讨论得出解决问题的方法并做出方案，而后各小组依次对成果进行展示，最后教师对学生的表现进行点评。①课前问题设计。PBL教学法实施的成功与否取决于对教学问题的设计，因为整个教学过程可以说是分析、解决问题的过程。在进行问题设计前对电子商务专业课程的各个章节进行分析，明确使用PBL教学法的章节。结合课堂教学设施和学生学习条件，使用多媒体进行展示，在课前完成学生分组工作，依据小组成员的知识能力和沟通能力进行小组划分，这种互补的方式能提高组内成员的学习效率和问题解决的速度。展示环节由各成员轮流进行总结发言，在保证小组高效完成学习任务的情况下使每个学生得到锻炼。②课中分析与解决问题。问题可以分为三种类型：第一种即引导问题，目的是通过引导问题充分调动学生的积极性和探索欲，教学者可以课前一天或者在当天的早自习通过教室多媒体对情景问题进行展示，给予学生充足的思考时间，在教学任务不紧张的时候也可以在课程开始时展示给学生，课上展示的情况下，要留给学生充足的时间进行思考。第二种是知识性问题，即对某个概念的理解或者让学生回答课本上固有的知识点，注意要用较短的时间进行该环节。第三种是创造性问题，即对知识进一步的探索和应用，在PBL教学法的应用过程中要把核心和重点放到这个阶段。教学者切忌直接给出问题的答案，要逐步培养学生的探索能力和表达能力，在培养的过程中教师要频繁引导，当学生主动表达自己的观点后无论对错都应该先积极鼓励，评价学生的发言时要注意语气和表达方式，避免打击学生发言的积极性。在教学阶段教师要根据时间和教学进度，对学生的自主发言时间进行合理的把控。在PBL教学法的分组讨论环节，教师在整个的过程中只做如下的提问，"我们怎样有效地使用这些有限的物流资源""我们还有哪些问题必须明确"。教学者通过这种干预手段控制小组讨论的时间，讨论时间不宜超过10分钟，并且要确保每个学生都能参与到小组活动中。教学者在本环节中应积极观察各小组的情况，学生之间出现矛盾后，要及时制止并调整分组。每堂课结束后通过学生自评的方式对课程的教学成果进行总结。学生根据自己在课堂上对问题的解决情况对自己进行评价，有利于发扬自身的探索精神，更加积极地参与教学活动。③课后问题拓展。为了巩固所学的知识教师会在课后设置问题，拓展教师可利用课余时间将问题拓展环节的材料通过教室多媒体展示给学生，还可以安排与教学内容相似的课后任务，如让学生以小组的形式自行模拟一个实操环节，几个人互相配合进行一次完整的电子商务物流某一环节的处理等。在巩固理论知识的同时也可以很好地为实操课程的开展打好基础，由组长上交每人的工作报告。

PBL教学法应用于电子商务专业课堂教学，能够促进学生对电子商务专业知识的理解，提升学生的学习能力，构建良好的师生关系。在传统的讲授法课堂上，教学的主体是教师。PBL教学法在教师授课方式、促学方式、教学形式、学习者参与课堂的形式等方面与传统课堂讲授法有很大不同。PBL教学法把学生作为课堂的主体，教师主要起辅助作用，通过引导的手段使学生完成问题的解决，学生在自主学习的过程中自然而然收获了知识。通过对问题的研究和小组协作交流，学生充分把兴趣转化成学习的动力，把知识串联起来形成完整的结构，最终使其在面对类似问题时能轻松解决，在面对其他问题时能够积极探索。大多数教师也认为以教师为主体的传统教学方法在高职电子商务专业课程的教学中效率低，需要得到改进。PBL教学法在课堂教学中除了教授学习者知识，还可以充分调动学生的积极性，培养其探索精神。所以，PBL教学法更适合课堂教学改革背景下高职电子商务专业课堂的需求，使学生在学习的基础上得到全面的发展。课堂固有的提问中，教师提问的问题往往是对课本上的原话进行了细微的改动，问题的答案单一并且在课本上就能找到，回答的过程中不涉及理解和探究的过程。在PBL教学法下，教师所提出的问题与上述提问的情况完全不同，提出的问题是紧密贴合实际的，并且问题的答案不是单一的，需要学生进行一定的探索和思考，例如，电子商务物流中"取舍快速交付淡季成本和运输速度"和"不同的情况下使用哪种入库堆叠谁最快"，在教学方法上就可以选择PBL教学法进行教学。学生积极参与课前问题的设计和学习过程中对问题的分析和讨论，最终得到解决问题的措施。学生们还可以利用互联网进行查找，自行探索新的与该章节相关联的问题，充分发挥学生本身的知识储备，使学生的学习能力在这个过程中得到提高。PBL教学法的课堂上原有的师生关系被打破了，教师变成了一个引导者，学生要自己去研究问题。学生们通过在课堂上积极对问题进行分析和探讨，逐渐敢于在教学者面前对自己的看法进行展示。在这种课堂环境中，教师与学生之间必定是平等的，课堂气氛也会"其乐融融"，与传统教学法下的"死气沉沉"大相径庭。在探究式教学的基础上，学生的观点和看法得到了高度尊重，学生在轻松的教学氛围中掌握了知识，感受到了教师的人文关怀。

高职院校电子商务PBL课堂教学法实施建议：①关注合作探究，引导学生参与国际学生评估项目（PISA），将合作解决问题的能力作为学生学业成就测试的重要内容。在当前的PBL课堂中也有很多专家学者赞成采用小组合作探究的问题解决形式，因为其有助于提高学生合作交流的能力和解决问题的能力，然而在现实的某些PBL课堂中，兴奋的个人却组成了沉闷的团体，形成了"合坐而不合作"的局面，花费大量时间的小组讨论却很难建立和维持相对稳定的讨论关系。为破解PBL课堂中的这一难题，一方面，需要教师在合作学习前对学生解决问题的能力、自我评估能力以及团队信赖精神进行培养，在前期的PBL课堂中不用操之过急地进入小组合作探究，而是通过一次次自主探究式PBL课堂的积累，让学生逐渐适应PBL课堂的学习风格。教师需要充分发挥促进作用，在进行小组探究前，给予学生独立学习的时间和空间，让每一位同学能够独立思考、尝试和操作，从而形成对即将合作解决问题的个性化认识，使每一位同学都有信心参与到团队交流的过程中。另一方面，教师可以适当优化交流协作的活动运行机制，将按照固定顺序、角色轮流参与为主的线性参与和自由分享探讨为主的非线性互动相结合，鼓励小组成员自行分工，并维持组内秩序，探索一条更加合理科学的协作交流运行机制，为每一位小组成员提供参与小组合作、承担组内任务的机会，让学生在合作探讨交流中获得信心和成就感。②转变教师角色、提高教学素养。与传统课堂相比，PBL课堂中的教师不是站在讲台上滔滔不绝的"灌输者"，而是徘徊在教室每一处的"引导者和记录员"。在PBL课堂中教师的作用是举足轻重的，在电子商务专业授课之前需要提前准备好相应的学习材料，进行客观详细的前期分析，如此才能提出更为合理恰当、具有探究性、与学生息息相关的问题，在课堂中要全面关注学生探讨问题的过程，要勉励学生参与到探究过程中，在后期需要客观评价所设问题的效度，对课堂及学生的表现进行分析，这也需要教学者付出更多的汗水和努力。PBL课堂教学能否取得良好效果的关键在于教师能否顺利地从知识的灌输者转变为"教练式"的引导者。教师在PBL不同学习阶段的角色职责也略有差别。作为课程设计者的PBL教师，首先需要对整个学科的教学内容和课程标准的具体要求形成全面清晰的认识，一边对教学知识点进行梳理一边从中提炼出"问题点"，确保课程能够帮助学生达到预期的教学目标。此外，教师也应当意识到不是所有的课程内容都适合PBL教学法，需要仔细审阅课程以便于从中发现适合使用PBL教学法的内容。在确定教学内容之后，可以就学生的具体情况拟定问题陈述书，从而对学生的基本情况有所了解，使设计的"问题"与知识技能关联的同时，与学生的兴趣生活挂钩，与相关经验相联系。课堂中的教师需要同时承担起向导和促进者的角色。教师需要营造课堂氛围、创设问题情境、让问题和学生产生联系，初步引导学生分析问题，共同构建起学习的框架，在初探和再探中引导学生做出具体成果，组织评价等等。在这一过程中教师要发挥引导作用，但需要把握尺度，不能演变为领导，既要给予适当的启示，而又要掌握分寸避免变为指示。这就需要教师时刻牢记学生才是课堂的主体，不能喧宾夺主，事先梳理好学生应当了解又必须发现的知识点，事先对学生解答问题所采用的各种办法进行假设，在教学实践中教师要在学生无计可施时适当地提出建议，在学生误入歧途时要另辟蹊径引导学生发现错误。作为评价者的教师，要对创设的问题情境、问题的效用、课堂质量和效果、学生的课堂表现以及教师自身在提出、分析、解决问题中发挥的作用进行充分的考量。在评价问题时，教师需要对问题的客观有效性进行探讨评价，对问题情境进行重写和修正，使问题始终保持新意。在评价学生的表现时，教师不能只关注分数的高低，而是应该判断学生在学习过程中能否运用知识点解决问题，对于解答有困难的学生，给予一定的帮助，如果解答困难的情况普遍发生，教师需要做出临时调整，适当地改变课堂教学的程序，调整课堂教学活动的有关环节及内容。教师也需要关注自身在整个课堂教学活动中扮演的角色及承担的职责，以确保自己作为引导者能够在PBL活动中为学生提供适当的指导与支持，可以采用列出教学设计评估表的方式，根据表现为自己提出改进建议。③善用新兴技术、创新活动形式。毫无疑问，在教育信息化4.0时代的大背景下，信息通信技术蓬勃发展为课堂学习创设了条件、提供了资源，突破了地域与时间的局限。互联网时代下的新型通信技术不再仅作为面对面学习的补充，而成为助推问题解决的工具，也为新的合作形式提供了可能。教师可以通过现代教育信息化的相关手段，为PBL的学习创设高度组织化的虚拟学习环境，这有利于建立起日常经验与理论世界之间的辩证联系。教师也应当从辩证的角度看待新兴技术，认识到"一搜便知"的网络学习方式在一定程度上也弱化了解决问题过程中的思辨与推论，信息通信技术往往也会削弱现实中的真实交流，在实践操作中思考新兴技术为课堂教学带来的真正价值。

（五）任务驱动教学法

任务驱动是一种新的教学方法。任务驱动中的"任务"是与学生生活实际相关的、与教学内容相匹配的。这种方法需要教师给学生布置任务，先让学生自己独立完成，学生在做任务遇到困难时，可以向教师求助，教师再对学生进行指导。在学生完成任务的过程中，教师还要根据学生在课堂上出现的问题，给学生提供解决问题的思路。任务驱动教学法主要让学生通过做学习任务来掌握知识点，目的就是增加学生的知识储备和提高学生分析问题的能力以及解决问题的能力。总而言之，任务驱动教学法就是以任务为主，让学生发挥主体地位，而教师只是起到一个帮助者和引导者的作用，来促使学生掌握更多的理论知识，提高自己学习能力的一种方法。

任务驱动法的特征有如下几个方面：第一，任务具有特殊性。在任务驱动法中，任务的选取和安排是最基础、最关键的环节。这里的任务与一般的课堂例题或课外作业有所不同，它是针对课程中的重难点与现实相结合而设置的，充分发挥学生学习自主性，能够提高学生的实际操作能力。课程的教学内容可以多种多样，如课堂游戏、情境模拟、案例分析等。在教学中，教师要根据学生的实际情况，预先选定与教学内容相关、有一定难度的任务，并以任务的形式进行教学。在安排任务时，要注意循序渐进，注意时间的掌控，教师要学会抛砖引玉，按照难度、关联程度来划分任务，逐步将课堂上的知识分解开来，让任务与任务紧密相连，不能有任何的疏漏。只有这样，才能把握住任务驱动教学法的精髓，让其发挥出最大的作用。第二，学生的主体性。学生在课堂上要确保自己的主体地位。学生的主体性体现在以下几个层面：首先，学生是完成课堂任务的主体。在教师的指导下，学生可以预先了解课程的内容，并将问题带入课堂，因此在教学中学生遇到问题时，教师都应该给予恰当的解释。在教学中，教师还要给学生足够的完成任务的时间，让学生自主思考，动手操作，教师作为辅助进行指导和讲解。其次，任务的选取要与学生的实际情况相适应。高职学生都有自己的特点，一部分学生对学习不感兴趣，缺乏学习方法，对知识的理解还不够成熟。不同班级的学习状况各不相同，高职学生更容易受到其他同学的影响，班级和班级的学风也不一样。因此，在教学中，教师既要从学生自身的实际情况出发，又要考虑到班级的实际状况，合理地选择教学内容。最后，把评价的权力归还给学生。以前，学生的评分一般都是根据教师给出的平时分和期末考试的分数来计算，但这并不能保证学生的主观能动性。在任务驱动的课堂上，学生是课堂活动的主体，应该享有对学生以及同学进行评价的权利，学生的学习成绩应该以学生和任课教师的评价为依据。这种评价方式，既可以将权力还给学生，又能客观地反映出他们的整体水平，与此同时，也可以让他们在自我评价与相互评价的过程中，学会取长补短，从而提升个人的综合能力。第三，教师的主导性。"教师主导"与"学生主体"之间存在着一种辩证关系。这里的"主导"主要表现为三个方面：第一个方面是教师主体服务性，第二个方面是学生发展，第三个方面是学生处于主体地位。通过对以上三个方面的学习，结合任务驱动法的特点，可以把教师课堂角色分为：任务的布置者、课堂进度管理者、学生提问的回答者等。在课堂之前，教师要认真地选择和编制与教学内容相符的任务，并确保学生可以通过独立或合作的方式完成相关的任务。在课堂上，教师要调节课堂的氛围，要掌握好任务的完成情况，教师必须要在有限的时间内，将知识都传授给学生。下课后，教师要鼓励学生不断探索，对没有做完的任务要积极地做。无论是课前、课中、课后，教师都要认真回答学生的提问，以满足他们的好奇心。在实施"任务驱动"的过程中，教师所扮演的角色多种多样，但归根到底，教师是课堂的"主导者"。

任务驱动教学法的环节包括如下四个方面。

①创设情境。"任务"是任务驱动教学法的线索，而"任务情境"是建构主

义的基本要素，任务驱动教学法实施的第一步就是创设实际的问题情境，使学生能够置身真实的情境中进行自主探索式学习。所以在设计任务前的准备阶段教师要花费大量心血和时间，搜集相关资料精心为学生选择课堂任务，同时要将设计的任务与理论知识、技能知识、企业岗位要求紧密连接，使得三者相辅相成，从而使课堂教学顺利进行。教师课前要与学生进行一定的沟通，向学生抛出问题并布置相应的课前任务，督促学生进行课前预习。通过任务情境的创设，帮助学生回忆旧的知识从而促进新知识体系的构建。此外，教师在任务设计阶段要考虑和筹划多种问题产生的可能性，制定问题防御措施。展开任务的关键，是教师将理论知识与实际结合，创造学生能够在以后的工作中遇见或者与学生实际生活密切结合的情境，以直观化、形象化的教学形式引导学生，促使学生激发想象力和创造力，从而使学生能够唤醒原有的认知结构与经验"同化"或"顺应"新学的知识，强化实际操作技能。例如，在情境创设时可以采用真实的企业案例，让学生利用软件推广营销平台进行营销推广活动；自主策划营销主题计划；团队主办营销技能大赛，这样可以更好地激发学生的学习兴趣。

②确定任务。这是任务的关键环节，教师在选取任务的同时要让学生面临真实任务的实际问题，在一定程度下体现了任务真实性的原则。在确定任务的过程中，教师也要确保任务具有意义、可完成性、层次差异性、动态性，这样学生才能够在任务的解决过程中更新知识域，在教师的讲解与分析中，独立地将新旧知识进行衔接，通过问题的解决构建知识体系。课堂上，教师最重要的工作就是将学生所要学习的任务进行详细的分析讲解。在具体分析学生的实际情况以后，对任务的目的、数量、难易程度以及各环节应关注的因素等进行有针对性的分解，帮助学生梳理任务的思路。同时，在任务实施前，应对具体的陈述性知识进行讲解，使学生能够清楚学习目标，在实际操作的过程中掌握理论知识。此外，教师在分解任务的时候要严格把控任务尺度，将任务简单化，不宜对任务进行过度讲解，保证学生能够独立思考自主探究，否则，学生会认为任务缺乏挑战性，丧失研究乐趣。在任务展开前，教师可以有针对性地对学生已经存在的问题进行讲解，防止因课堂时间有限造成部分学生的问题没有得到解决。

③协作、自主学习。任务的主题是教师作为一个线索的指引者，而不是直接告诉学生应该如何解决问题，例如，搜集哪一类型的资料，从哪里能够获取相关资料。而完成任务的主体是学生，学生通过自主搜索与情境任务有关的资料或者进行团队分工合作去完成任务。一方面强调发展学生的自主学习能力，培养学生的创造力，另一方面强调学生合作交流学习，培养学生的团结协作能力与语言交

际能力，通过不同观点的交流使学生养成善于接纳他人创新的能力。任务的内容多种多样，相对应的任务完成形式也应该有所不同，任务量较大的时候可以选择多团队合作方式。学生在小组交流合作中既能够锻炼解决问题的能力，又能够与其他团队合作，学到他人优点，提高语言表达交际能力。在任务实施过程中，教师的主要工作是观察学生的任务进展和巡回指导。在指导过程中教师要给予学生适当提醒，防止学生因问题较难而中断任务，在任务开展前，要调查学生的学情进行合理分组，在小组分歧较大的情况下，教师要及时处理问题，帮助学生顺利完成任务。对于个人任务，在课后教师要鼓励学生反馈任务成果，这时教师要多关注"学困生"。在进行小组任务时，可以通过组内选举，轮流进行汇报成果，锻炼每个学生的总结和交际能力。在汇报过程中利用多媒体进行总结分析交流，汇报的内容可以多种多样，可以展示任务内容、任务流程、任务分配、体验感受等，当然教师也可以在任务汇报过程中提出问题引起学生猜想，学生也可以提出在完成任务过程时的疑问和创新点。当同学汇报结束时，教师和其他学生可以提出疑问和见解，汇报人进行答辩。在答辩过程中，锻炼高职学生的思维能力。

④效果评价。教学效果的评价的主体一般有两个，即教师和学生。效果评价有助于教师和学生共同进行反思。完成任务之后，首先，由学生小组进行互动展示内容；其次，进行学生的自评及互评，包括在任务完成过程中学生对于自我表现的满意度及对于小组合作成果的评价；最后，教师对学生的评价进行总结，并对学生在解决问题的过程中的行为表现和任务的完成情况给予综合评价，即对学生所学知识的意义建构的评价。

任务驱动教学法的应用在我国比较广泛，在高职院校电子商务专业课堂上运用任务驱动教学法，以它特有的吸引性、层次性和职业性实现了平等化教学，提高学生实践操作能力，同时能够让学生从被动地学习转化为积极主动地学习，也让教师的备课方式和课堂角色进行了转变，能够调动学生学习的兴趣，还能提高学生的能力。任务驱动教学法在高职电子商务专业课堂教学中的对策。

①提高学生课堂的参与度。高职学生大多高考失利上来的学生，对于学习，他们学习能力普遍性都很差，在他们其中，也有一些学生成绩较好，对学习有一定的兴趣，需要教师对这些学生好好培养。所以教师在对学生进行教学的时候，首先要求教学之前，对自己所带的班级进行学情分析，针对班级的情况来选择适合学生的任务。教师在进行教学的时候，需要给学生分配任务，要求学生能够参与进来。在任务的布置上，要根据学生的实际情况和特点来分配任务，尊重学生

的主体地位。通过观察，发现一些能力较强的学生完成任务是比较快的，而且准确度是非常高的，更为重要的是，这些学生需要教师的引导才会参与课堂活动来完成任务。要想带动整个班级的学生来参与教学任务，此时，就应该发挥"小先生制"的优点，给学生创设一个好的情境，鼓励学生参与其中，教师先维护好课堂秩序，在学生做任务面临困难的时候，教师要及时给予学生帮助，积极地引导学生。"任务"作为开展活动的主要线索，具有重要的作用，教师在教学中要深入企业，加强与企业的沟通和交流，了解企业用人单位的岗位要求，了解用人单位对电子商务专业人才的需求状况，包括对人才在相关岗位的能力要求，将企业的相关实践要求融入任务设计中，提高任务的真实性和可操作性，创设与网络营销课程问题密切的情境。例如，教师可以结合当前热门的案例设计任务情境，使学生通过探究任务掌握本课程涉及的网络营销中的理论知识；也可以结合当地知名企业为企业设计营销策划活动，提高学生的学习动机和自主性。任务的设计内容要具有目标性，难度要契合学生可接受的程度，教师要把控任务量就要深入了解学生，准确定位任务的学习目标。在设计任务量时要充分考虑学生的层次性，对于任务的难度和数量要进行具体的分类，从而通过达到学习目标获得满足感，在教学中教师不仅要研读教材，紧扣教学目标，还要选择丰富的素材充实任务内容，保证任务具有趣味性，学生才能更好地融入情境中，在追求趣味的同时，也要保证任务设计的科学性和层次性。通过任务设计吸引学生注意力是首要条件，那么基于学生实际，关照学生学习的诉求是教师课堂效果能否取得良好成效的关键。在任务驱动法的教学过程中，学生是学习的主体，高职学生具有十分鲜明的心理特性，他们有着自己生活经验和认知规律。马斯洛需求理论提到，每个人自我实现需要各不相同，在自我实现中发掘潜能，实现预期想法。在应用任务驱动法的课堂上，教师设计的任务除去要明确教学目标之外，还需要重视学生的自身需求和已有的知识经验，将教学目标、学生的已有经验以及对事物的熟悉程度等之间建立联系，其目的是贴近学生已有的知识结构。例如，在《网络营销》课程中，如何把病毒式营销与学生的生活相结合，在对学生们认知了解的基础上，发现他们对于网络营销的认识基于网上购物的认知较多。如今流行的某购物平台就是一种典型的病毒式营销案例，该平台砍价的方式是借助微信平台，创造链接，激励人们不断传播，让人们对它印象深刻，因此我们可以把这种病毒式营销作为例子在课堂上进行讲解。与教科书中的理论知识相结合，使学生能感受到所学知识与现实生活的联系，从而产生共鸣和兴趣。

②发挥教师主导作用，提高教师任务参与度。在任务驱动教学法中，教师的主导作用体现了教师对于实施任务教学的重要性，教师在任务实施中发挥着引导任务、协调学生的重要作用。因此教师要深刻把握自身主导地位和学生主体作用的结合点和平衡点，提高自身对任务的参与度。在任务进行的各个环节中，教师的参与都极其重要。在任务设计阶段，教师要花费大量的心血针对课程内容对"任务"进行设计，因此在任务设计前，教师要及时与学生进行沟通，了解学生的关注点和兴趣，及时地对任务进行调整，使学生在课堂中能够"学有所用"。学生学习效果还受到合作分组的影响，因此在任务开展前，教师要进行学情调查，了解学生的个体差异性，根据学生的知识结构和性格差异，进行合理的分组，使个体在小组合作中能够充分发挥作用。任务实施过程中，教师要充分参与到其中，加强巡回指导，在学生遇到难以解决的问题时及时给予帮助，确保任务能够顺利进行。在课堂"失控"时教师也要及时对学生偏离课堂的行为加以制止，以免影响整个课堂教学。任务完成后，教师要与同学共同进行评价反思，在评价环节要尽可能兼顾到每位同学。

③正确认识任务驱动教学法，合理安排教学内容。电子商务专业课程的理论性较强，为了使得该课程取得良好的教学效果，在使用任务驱动教学法来进行教学的时候，选取的课程内容要符合高职学生的特点，更重要的是要与学生就业相关，这样设置的内容更有目的性，便于提高学生学习的兴趣。虽然，从任务驱动教学法的定义与作用来看，任务驱动教学法适合高职电子商务专业课程的教学，但这并不是说所有课程的教学内容都适用于这种教学方法。所以在进行备课的时候，教师要根据教学目标和自身的教学能力，结合学生的实际情况选择教学内容，采用正确的方式进行教学，才能使得该教学法在电子商务专业课程中达到应有的教学效果。在安排教学内容的时候，教师要注意用学生原有的知识去学习新知识，在学习知识的时候，需要给学生创设一个良好的真实的情境，把生活实例引入课堂教学内容，目的是激起学生学习的兴趣，更为重要的是，这样能够唤起学生原有的旧知识，让学生在旧知识的基础上来学习领悟新知识。例如，在讲电子商务物流的功能和构成要素、物流的分类内容的时候，如包装这个知识点，就可以运用该教学法来进行教学。所以教师要先给学生布置任务，让学生结合自己的实际生活来完成，在这个过程当中，遇到不会的问题，要积极寻求教师的帮助，这时教师充当的是一个帮助者和指导者的作用。在完成"电子商务物流"课程一些教学任务之后，教师可以与学生进行合作，让学生之间进行交流，互相学习。对于学生做得好的部分，学生与教师应及时做出评价，同时还要对完成较好的作品来

进行点评，借此机会，给学生讲解一些在完成任务的时候应该要注意的问题，然后来选择适合学生的任务。

④完善任务教学组织形式。任务教学组织形式不仅包括小组的分工还包括课堂教学。分组也是任务驱动常用的方法之一，特别是对于电子商务这个专业，大多数的任务需要有合作的精神。例如，网络营销中关于活动的策划和执行需要人员的相互合作，能根据活动的主题策划相应的方案。一方面对于任务的分组教师要经过相应的调查，了解学生的学情、性格特征、避免因分组问题造成任务的中断。确保在任务的实施过程中每个学生都有不同的任务，化被动学习为积极学习。另一方面在课堂教学中教师要注意把握课堂教学管理的"度"，要张弛有度、收放自如。当然在任务实施过程中也要营造民主的课堂教学管理机制，根据学生的性格特征；在开学之期就与学生约法三章，例如，课堂教学的维护、惩罚激励机制任务负责人的遴选、规范课堂教学管理制度，培养学生的自我控制能力，同时课堂上教师也要对干扰课堂问题的行为及时制止，防止蔓延。因此在任务驱动教学中也要加强对学生德育教育的引导，将任务教学与德育教育有机结合，使其在潜移默化中形成自律的品质逐渐改变自己。优秀的课堂教学对于任务实施的顺利进行尤为重要，因此在实施教学方法中教师要顺应时代发展，培养网络营销的特色模块，加大课程的实践，发挥1+1大于2的作用。通过巧妙的设计任务来吸引学生关注是课堂能够顺利进行的首要条件。为了使学生尽快进入课堂，教师在上课前几分钟可以通过设置课堂导学，利用微课、提问、创设情境等多种形式，对课堂内容以及学生要完成的任务等所要学习课程的知识进行引入，创建教学情境。在课堂教学中，教师可以借助各种教学辅助工具，激发学生兴趣，引起学生的关注。例如，有关网络营销课堂教学中，讲解"病毒式营销"这部分内容时，教师可以课堂导入的部分，通过创设情景，导入新课。在课前通过微课的形式，播放有关病毒式营销的成功案例，让学生明了病毒式营销在我国的发展过程以及如何进行。播放关于病毒式营销的视频，吸引学生注意力，进行教学任务：认识病毒式营销的操作过程。在讲授这一课程内容时，演示病毒式营销的必要的三要素，如"病原体""易感人群""渠道"等相关知识，吸引学生眼球，从而设计找出案例中的三要素。通过在课堂上设计体验病毒式营销的环节，让学生感受到病毒式营销的特点以及病毒式营销不等同于传销。任务驱动法是在创设情境背景下进行的一种教学方法，教师可以根据创设的情境适当地加入游戏来进行任务的设置，高职学生本身比较活泼，不喜欢一些死记硬背的知识，如果在任务进行的过程中，通过游戏的方式，把任务趣味化，提高学生的学习兴趣，使学生更加主动学习，

激发学生的学习动机。例如,在"电子商务基础"课程的实操内容,让学生对自己的网店进行布置,可以分为店铺的文案设计、美工设计、客服、物流等几个部分,在这个过程中,教师可以设置小游戏,通过把班级看成一个小型企业的情景下,进行分工,形成一个比拼,通过游戏的方式来对学生进行奖励,可以更加调动学生学习的积极性。这时候进行布置任务——写一段文案,文案优美者小组奖励一颗星;网页美工设计,获得同学评价好的小组奖励一颗星。以此类推,小组比赛获得星星,可以课后向教师进行奖品兑换。其实每个学生都渴望拥有可以展现自己的机会,通过游戏分工的方式,不仅可以让每一个学生参与其中,也有了学生展现自己的途径。

⑤加强锻炼专业教师的实践能力。首先,在上电子商务专业课程的时候教师要做大量的准备工作。要不断积极地去引导学生,教会学生如何去做任务,这样可以锻炼学生的能力。其次,教师想要借用任务驱动教学法提高自身的能力,还要使得课程在教学效果中取得不错的成果,必须要求教师改变自己的角色,转变自己的地位。在教学开始之前,教师就需要准备好自己的教学内容。再次,把任务驱动教学法用在电子商务专业课程中,需要专业教师具备丰富的专业理论知识,并且课程教学时间比较长,需要教师鼓励学生积极参与任务活动,教师起着指导性的作用,要多让学生做实践操作的活动。因为这样做,不仅对学生有利,对教师更有利,可以让教师在自己的岗位上展现自己真正的教学水平与能力,不断提升自己的素养。最后,使用任务驱动教学法不仅需要教师具备一定的知识量,还要有教学实践能力,不能只要求教师以知识够用的标准来进行,让教师通过教学和做实践任务来把握。而电子商务专业课程的理论性较强,知识体系比较大,很多知识点与学生以后的工作岗位挂钩,它的课堂教学时间和学生的动手能力有所减少,出现这种情况与教师的实践能力是息息相关的。因此,提高教师的实践能力是相当重要的。

⑥加大对专业教师的培训工作。职业教育的发展得到了国家政府的大力扶持,国家推出了很多政策来支持职业教育的改进,这足够说明我们国家是非常重视职业教育发展的;尤其是对高职院校教育的发展问题,政府是高度关注的。因此面对高职院校的教育教学工作,积极建议教师使用新的教学方法来进行教育教学工作。我们都知道高职院校的教师的来源与背景受到很多方面的限制。在高职院校从事教学工作的教师,大多数都是刚从某职业技术学院和师范学校毕业的,毕业后直接到学校工作,这些教师是新手教师,既没有什么教学经验,也缺少很多相关的专业工作经验和职业技能,还有一部分教师认为使用任务驱动教学法进行电

子商务专业课程教学时，产生的教学效果不是很明显。学校没有给专业教师进行专业的培训，所以很多教师缺乏这方面的技能。因此为了解决这一问题，学校加大了与企业的合作力度，对电子商务专业的教师进行全面和深入的培训，而且学校还要向政府申请资金支持，为社会培养有用人才的人才。总而言之，正是因为职业教育的发展促使专业教师干专业的教学工作，需要专业教师具备充足的知识与技能，这样能够使得专业教师在教育教学的过程中，可以用更形象更具体的方法再现教学工作的内容，使得任务驱动教学法能够在电子商务专业课程中能够更深入地进行，加强对专业教师的培训力度工作。因为只有这样，让专业的教师进行培训，可以丰富教师的理论知识，还能提高教师的教学技能，同时，还能让教师的自身素养得到提升。让教师的教学工作能够跟随时代的发展而发展变化。

⑦注重科学的考核评价形式，优化课堂评价机制。任务驱动法应用过程的最后环节是课堂评价，学生在完成教师设计的任务后，教师需要及时地对学生任务完成情况进行评价，同时学生应该对教师进行反馈，进而了解到学生对知识和技能的掌握还存在哪些问题以及知识获得程度。任务评价是教学实施重要的环节，它上连学习目标，下接教学活动。对学生的学习效果具有较大的影响。在课程的视域，评价也是课程的一部分，通过评价，教师可以了解学生在任务过程中的困惑点，判断学生的目标达成状况，及时对教学做出调整，学生也可以根据教师评价及时对学习策略做出改进。完整的任务评价应该包括学习目标、评价任务、评价实施和评价工具四个部分，因此在任务评价时教师要制定相应的参考量表，根据任务的不同调整评价权重。首先评价学习目标时参考与教学目标的达成度、与任务含义的标准度、预期的任务学习结果，根据目标设计评价任务，其次评价任务就是评价学生怎么做、如何做、做了之后达到了怎么样的效果。任务评价实施时，评价要从多主体多角度进行任务的评价。可从学生完成的任务作品成果、搜索的材料是否合理、作品是否进行了自主创新、团队合作中承担怎样的责任。最后教师根据评价的结果，进行汇总分析，使学生可以在评价过程中借鉴他人的成果，根据教师的评价改进任务的不足。在评价过程中，学生也能够从多方面获得启发，促进同学间的相互学习，发现自己在学习过程中的不足。评价是最有效检验任务完成效果的方法，评价的主体可以是教师和学生，也可以是家长和企业，而评价的方式也可以多样化。但是长期以来，评价主要是依靠教师对学生的评价，通常是以教师对学生进行课堂观察与主观测定为依据，且多以学生期末成绩作为评价标准，这样一来，评价结果或多或少的会受到影响。这样评价有失公平，所以教师在评价中应多注意对学生学习过程的评价，以及任务结果的综合性评价。

首先，要使评价成为一种有效方式，促使学生和教师认识自我、提升自我、管理自我、激励自我。学生是任务完成过程中的主体，因此他们应该参与到课堂评价中，他们更清楚是否完成了对教学内容的学习。学生参与到评价中，有利于教师与学生沟通学习情况，从而有助于教师教学水平的提高，与此同时，也可以让家长参与进来，既可以让家长看到学生的进步，也可以让学生更加努力去完成任务。比如可以建立一个班级公众号，在上面可以让学生展示他们的成果，可以制成投票链接，让家长共同参与，做到家校共育。其次，不仅要重视学生的主体评价，也要重视企业评价。由于高职学校是面向社会培养的，是以满足社会需求为目标的，那么我们也可以让企业参与进来，在企业承接任务，让企业对学生的任务完成情况进行评价，通过线上或者现场评价的方式，对学生的完成情况进行反馈。这样主体多元化的评价，可以让学生多方面地认识到自己的学习程度，也可以让教师更好地去认识和评价学生，做到"三全育人"。

比如"公司需要在网店上对新商品口红进行上架"，教师可以根据这个任务，设计一节实际操作的教学内容。课堂导入——教师把口红拿出来，让学生对其进行描述，对口红的色号、质地、性价比有相应的说明，然后明确本节课教学目标需要针对口红的上架，进行实操训练。设计任务前准备——教师对口红这一商品有一定的了解，学生已具备需要基础知识。实施任务前准备——对学生进行分组，请学生对自己的小组进行命名，把小组看成一个网络店铺。任务实施过程——首先，确定小组组长，小组长对小组成员进行分工，安排不同的工作，可以分为网页设计人员、文字描述人员、美工设计人员、商品拍摄人员、商品上架操作人员。其次，通过小组合作完成本次任务，在任务完成过程中，所需要的工具：口红、摄像机、电脑。任务展示环节：以小组为单位，对本小组所完成的情况进行讲解，在小组合作中出现哪些问题以及最后完成的成果进行展示。课堂评价环节——教师对学生的完成情况以及实施过程中的问题进行评价和总结。学生对其他小组作品进行评价以及自己小组的作品进行一个评价。教师借助网络平台，把学生的任务完成成果发送给企业，企业就可以针对学生的成果展示进行评价。教师创造链接，把学生的成果创造链接发送至家长群，让家长也进行参与。针对此次的任务，形成一个教师、学生、企业、家长共同参与评价，增加学生的实践经验。最后，重视形成性评价，尊重学生主体差异性。在教学过程中，教师要注意学生的积极性，保持他们的学习热情，提高他们的满足感。高职学生是比较活泼好动的，他们总会产生一些自己的看法，并且每个学生都渴望得到教师的关注，因此教师在教学过程中，注重高职学生个体间的差异，进行形成性评价，注重学生学习过程中综合素质的培养，重视学生的课堂表现。例如，"网店客服"这门课程学习过程中，该课程主要内容包括四个部分：售前准备工作；售中问题处理；售后问题解决；与客户关系处理。学生对客服工作的理解仅是售中问题处理时与客户沟通，针对"网店客服概述"这个任务时，班里的某位学生对客服工作较为熟悉，他了解作为客服要懂得如何进行售货，如何应对卖家的询问以及商品的特征等，教师可以在该学生完成任务过程中，让学生去展示自己，鼓励他介绍客服的相关工作，与同学进行沟通交流，与同学相互学习激发学习热情，教师也应该适当给予表扬，注重任务完成过程中的评价。当教师评价与学生自身的表现情况形成成正比时，学生的学习热情才能被鼓励，感觉自己的努力被肯定，获得了满足感，因此教师应该重视在教学过程中的评价。

三、提高电子商务专业学生课堂参与度

学生的课堂参与度对高职院校电子商务专业课堂教学的发展有着非常重要的作用，国家现在要大力发展职业技术教育，非常重视学生的发展，希望能够为社会培养更多优秀的人才，因此在教育教学过程中，教师要重视学生的课堂参与度，看重学生在课堂上的表现，这样有助于了解学生的情况，促进学生的发展。

四、完善电子商务专业课程体系

①构建以电子商务专业工作过程为导向的课程模式，注重建设电子商务理论与实践一体化的课程体系。构建以工作过程为导向的课程模式，明确其课程开发的基础是职业工作过程。对于职业教育来说，课程是技术应用的内容载体，而实践表明，技术应用在传统学科体系的课程中的表现并不佳，在以工作任务为导向的课程体系中则表现得更好。以此来看，以工作过程为导向的课程模式更利于高职院校的发展。以工作过程为导向的课程模式包括项目课程、学习领域课程等，这些模式共同的特点在于注重理实一体化，打破了长期以来理论与实践割裂的局面。以工作过程为导向的课程模式是以工作过程，职业岗位为逻辑起点，将"工作"作为一个整体，强调理论与实践的交叉融合，关注工作过程的整体性和完成工作任务所需要的创造能力，突破了原有以学科知识体系为逻辑起点的学科三段式课程模式。

②创新电子商务专业课程教学体系。

第一，完善课程开发机制。课程开发是一项系统工程，其涉及政府、学校、企业、行业等多方利益主体。高职院校专业建设能否对区域电子商务产业发展发

挥作用,关键是看电子商务专业的课程结构及实施情况。国家在完善课程开发机制上承担着不可推诿的重要责任,高职院校则需要基于国家宏观的职业教育课程体系建设方案,结合区域特色和院校发展情况进行电子商务专业课程的二次开发,包括组建专业的课程开发团队、建立完备的课程开发机制、完善课程论证机制、构建科学的课程评价机制,全方位全过程保证课程开发的质量。

第二,明确课程价值取向。在课程价值取向上,一些受到任务驱动理念影响的应用实践研究更容易受到政府和企业的青睐,这一导向为职业院校课程开发和设计指明了新的导向和原则,高职院校可适当将"解决实际问题"作为课程改革价值取向。

第三,优化电子商务专业课程结构体系。高职院校要依据电子商务专业建设情况设计课程模块与教学大纲,完善通识课程、专业课程、发展课程等课程体系。首先,要做好对学生基本知识技能和文化素养培养的课程设计,包括文化素养教育、道德教育、法制教育等。其次,要基于电子商务专业划分,为不同专业的学生设计不同的体现专业特点的课程模块,并基于学生经验差异和目标工作岗位情境规划课程结构,保证学生电子商务专业性的发展,尽可能提高人岗匹配度,为职业生涯发展奠定扎实的基础。最后,要根据学生的个人的兴趣和未来发展、职业发展的需要,整合教学资源,有意识地提供多样化的特色课程供学生选择,鼓励学生主动提高自己的人力资本能力,促进学生的职业生涯发展和个性化发展。

第四,调整电子商务专业课程内容设置。课程开发的价值取向通过课程内容的设置浸于整个课程教学体系中,电子商务专业课程内容的设置不仅要与电子商务专业培养方案密切相关,还要紧密贴近新技术、新工艺、新流程等。职业资格证书被认为是提高职业教育认可度的重要举措,电子商务专业课程内容设置要避免出现"学术理论知识导向",应利用"工作技术知识导向",将职业资格证书与课程教学内容有机融合,促进"产学研"一体的有效循环。

第五,创新电子商务专业教学方式。课程体系变革的效果需要以教学方式的创新为手段得到提升,课程传授中的教学模式、教学方法、教学环境等内容都要基于课程调整进行相关的转变。以院校人才培养理念为指导思想,以电子商务专业建设情况为依托,以电子商务专业课程体系变革为准则,以学生需求为参考,创新电子商务专业教学方式,使电子商务专业教学过程真正成为工作实践能力训练和核心素养养成的激发过程。

第六,多元主体参与课程开发过程。高职院校电子商务专业课程开发主体单一是长期存在的问题。确定课程目标、选择课程内容、开展课程评价等环节都离不开行业企业、学校、教师、学生等多方主体，课程建设不是单独某一个主体的事，因此凝结多方主体力量对课程建设意义重大。德国的"双元制"、美国的合作教育以及日本的产学合作教育等，都展示了学校和行业企业共同开发职业教育课程的运行模式是高等职业教育发展的前提和归宿。企业作为职业教育的利益主体，决定了其在职业教育中有不可或缺的地位。在电子商务专业课程目标的确定上，需要实现电子商务专业课程目标与电子商务专业岗位或岗位群所需要的电子商务专业职业能力的对接，企业可以为电子商务专业课程目标的确定提供参考方向。在选择课程内容时，也需要企业人员的参与，通过与企业技术人员的沟通交流能够使所开发的课程更好地符合社会需求。同样在课程评价中，电子商务行业企业作为课程消费链的终端环节，是课程评价中极其重要的特色主体。教师和学生与课程的关系最为紧密，对课程有着最切身的感受。但教师和学生对于课程开发的参与度较低。教师参与课程开发既是权利也是义务。一方面，应该赋予教师参与电子商务专业课程开发的权利，鼓励教师为课程开发献计献策；另一方面，要提高教师开发电子商务专业课程的能力，鼓励教师多与电子商务专业课程专家学者、企业专业交流，掌握一线实际需求，获得课程的最新消息。在以人为本、以学生为中心等理念的贯彻下，学生的需求成为重点关注对象，学生在解释自身所学课程和教材的优劣上处于最佳地位。学生参与课程规划和课程评价时，学习成绩将明显提高，这意味着在课程规划上学生的想法和反馈尤其重要。所以应该让学生参与课程开发，这样能在一定程度上减少课程设置的不适应性，真正体现学生的需求，同样也应该注重学生在课程评价中的作用，不断实现课程的优化升级。

③优化电子商务专业课程结构，做到理论与实践并重。高职院校电子商务专业的课程，是围绕电子商务职业岗位或岗位群所需要的高层次技术技能人才应该具备的知识、能力及素质结构设计的。高职院校培养的电子商务专业人才需要有更加丰富的电子商务专业理论知识储备，更加系统的电子商务专业知识体系，更加熟练的电子商务专业技术技能，因此架构科学合理的课程结构需要做到理论与实践并重。

五、提升电子商务课堂教学教材质量

习近平总书记在2016年全国高校思想政治工作会议上明确指出，"教材建设是育人育才的重要依托。建设什么样的教材体系、核心教材传授什么内容、倡导什么价值，体现国家意志，是国家事权"。作为课程建设重要支撑要素的教材建设会影响职业教育课程建设向纵深发展，必须引起重视。为了避免内容选取的盲目性和内容质量不高等现象，应该采取如下策略。

一是规范教材选用制度。目前，学校对教材选用制度的重视度不够，将教材选用看作教师个人的事。而教师在选用教材时往往倾向于选用熟悉、易教授的教材。对此，学校应该高度重视教材选用工作，可以从完善教材准入制度、建立信息反馈机制着手，实行三级管理制度。严格按照教师申请、教研室审议、所在学院核准、学校教务部门审定的程序，对打算选用的教材进行严格把关。此外，也可以通过收集学生评价、教师反馈等对教材使用情况进行定期检查，及时停用、更换不合格的教材。

二是教材内容要"新"。内容选择是教材编制的第一道关卡，也是知识进入教材的"入口"，它决定了哪些知识可以教给学生以及需要教到什么程度，即知识的广度和深度以及难度，但在行业标准、教学标准、人才培养方案中均没有给出准确的答案，因此高职教育专业课教材在内容选择上出现了许多不确定性。在普通教育中，教材是课程标准的直接体现，对普通教育教材的最低要求是与课程标准保持一致，那么在职业教育中，同样需要建立一个具体而具有操作性的准入标准，来保证教材的质量。此外，高职教育专业课教材的内容选择应遵循理论知识必要有效、实践知识先进实用的原则，精选职业知识，剔除重复过时、错误无用的知识，时刻聚焦内容的正确性和职业性。有些教师会出于备课、讲授方便等原因，选择一些熟悉度高的固定教材或陈旧教材。电子商务行业发展很快，因此在电子商务专业教材内容的选择上，一定要注重"新"。应该大胆抛弃陈旧的课程内容、落后的教学方式、传统的辅助工具，而将先进的理念、科学的教学方式、先进的设备引入课程学习、实践教学以及课外竞赛中。教育部印发的《职业院校教材管理办法》中提到，专业课程教材要充分反映产业最新进展，对接科技发展趋势和市场需求，及时吸收比较成熟的新技术、新工艺、新规范等。电子商务专业教材内容要随电子商务产业发展政策而变更，高职院校要注重与企业之间的联系，关注产业发展动态，教师要及时接受前沿理念，掌握新的教学方法，教材内容才能常讲常新。

三是教材立好"主心骨"，以职业逻辑为主，教学逻辑为辅。组织是由诸多要素按照一定规律组成的系统，那么教材的内容组织就是将内容按照一定的方式进行编排形成的联系，就是指教材整体的编排顺序以及各章节内容的构成情况。依据现代课程理论，教材内容组织受到"社会、学科、学生"三个基本因素的影响，处理这三个因素时侧重点不同，会形成不同的内容组织方式。社会因素要求围绕社会问题设计教材,不能脱离社会环境独立组织教材内容;学科因素在职业教育中应转化成职业因素,它要求内容组织要体现不同岗位对应专业的职业特色,反映出工作任务的内在逻辑;学生因素要求内容组织符合学生认知发展规律和学习规律,促进学生能力的发展。高职教育专业课教材的内容组织需要遵循两重逻辑:第一,职业逻辑,不同职业领域的工作任务和工作流程都大相径庭,高职教育专业课教材必须重视工作任务,理清相关职业能力,围绕相应的工作流程,以职业逻辑为教材主线组织内容。第二,教学逻辑,包括教学规律和学生的认知发展规律两个方面,这是由教材的使用主体决定的。高职教育专业课教材一方面需要遵循教学规律,明确教学目标,突出教学重点,另一方面需要考虑高职学生的学习特点,重视教材的导学功能,科学合理地安排知识,提高学生的学习兴趣。

四是结合学校特色编写教材。因为职业教育自身的特殊性,其区域性差异明显且技术针对性较强,并不是所有的优秀教材都能满足学校专业发展的个性化要求。高职院校有必要增强教材编写能力,结合学校区域特色和专业特色编写出优秀的校本教材。教材编写是一项长期且复杂的工作,仅靠学校教师一个人是无法很好地完成的,应该建立以学校专业教师为主、校本教材管理人员为辅的校本教材编写团队,并且广泛吸收行业企业专家、职业教育专家、出版社编辑参与进来。专业教师熟悉教育规律、教学方法和教材编写的逻辑规范;行业企业能够提供最前沿的信息;出版社明确教材出版要求,掌握出版市场,可以为编写团队提供指导或培训,保障教材编写规范和质量。此外,随着互联网的发展,纸质教材应该向多元专业教学资源升级转化,高效利用网络技术、多媒体技术等现代信息技术手段,探索开发新型活页式、工作手册式等数字化教材形式。呈现是教材编制的最后一道工序,也是教材最先与使用者接触的环节,它限制了教材最终的教学效果。目前,高职教育专业课教材的整体呈现方式越加灵活多样,活页式、手册式等新型教材不断涌现,在具体呈现方式上却缺少关注,在图表的科学性和表达的规范性等基本指标上也有所欠缺。从评价标准的权重系数就可看出,高职专业课教师对于教材内容呈现的规范性和科学性具有很高的期待,希望图表能够符合生活实际,符合事实,不脱离现实,希望文字表达准确,格式使用规范,符合语法规则等。因此,高职教育专业课教材不仅要关注更高层次的图表文的教育功能,更要重视最根本的图表文的科学性和规范性,处理好三者之间的关系,做到严谨性和趣味性并存,发挥出教材的最大效用,形成良好的引导与示范,从而守好教材编制的最后一道防线,为提高高职教育专业课教材的质量提供有力保障。

第四章　高职院校电子商务专业实践教学

近年来，随着大数据与互联网技术的快速发展，电商行业进入高速发展时期。电子商务作为多学科交叉的综合性专业，具有很强的实践性和操作性，因此，实践教学在该专业的整个教学体系中占有大的相当比重。本章分为高职院校电子商务专业实践教学现状、高职院校电子商务专业实践教学改革两部分。

第一节　高职院校电子商务专业实践教学现状

一、高职院校电子商务专业实践教学存在的问题

电子商务专业的课程具有较强的实践性，因此，在教学过程中需要加强学生对实践知识的应用，但在现阶段的教学过程中却发现，很多高职院校缺乏相应的实践教学，教师在教学中所讲解的实践案例多是比较老旧的案例，在实际的企业中很难再现，企业案例匮乏，而且在教学中使用的电子商务的软件也较固定，过于注重技术性的程序教学，与现实社会企业中的需求具有一定的差距。

（一）实践课程体系不完善

当前，高职院校的电子商务专业实践课程体系大多是同类学校间的相互效仿，建设标准以规范性和普遍性为主，缺乏实用性、实战化的自主课程开发。校内实训课程大多依托电子商务模拟软件或技能大赛软件进行，软件之间缺乏关联性，学生无法在实训课程中提高综合技能。实践内容滞后，并没有将电商行业中的先进元素有效融入课程中，使培养出的人才难以满足行业、企业需求。究其原因，很大程度上是由于高职现有电商专业人才培养方案和实践课程标准多由学校制定，行业、企业参与度低，尽管部分高职院校也邀请企业、行业专家组建专业建设委员会参与专业建设，但现实情况是，专业建设委员会仅仅是在实践课程体系设计初期给予指导意见，对于课程实施中出现的具体问题难以提供后续保障指

导、委员会的功能得不到充分、有效的发挥。因此，在实践课程体系搭建过程中往往出现底层逻辑模糊、各实训课程整体融合性较差、学生习得的知识点难以有效形成闭合链条等问题。

（二）实践教学教师缺乏

电子商务专业实践教学的内容复杂多样，对教师的实践教学能力提出了更高的要求，从事电子商务专业实践教学的教师必须具有一定的相关专业背景、学习能力。由于我国电子商务专业仍处于初期发展阶段，专业设立时间普遍较短，福建工程学院、贵州电子科技职业学院、盐城工学院等学校对电子商务专业师资进行调研后得出，电子商务专业存在着严重的师资力量单薄的问题。根据电子商务多理论交叉和实践应用灵活的专业特点，专业教师需要具备广泛的理论知识和坚实的实践基础，以指导学生在电子商务专业学习中独立思考，掌握专业能力，并推进实践教学阶段的学习。然而现有教师对课程设置与专业定位仍不十分了解，需要耗费一定的时间适应专业教学模式。同时，大部分专业教师通过人才引进入校任职，实际教学年限不长，虽然拥有较强的科研能力和丰富的研究成果，但缺乏行业实际运营与管理的一线工作经验，甚至由于校企之间的理念与制度差异等许多不确定因素，难以弥补一线从业经验缺失的短处，导致理论与实践教学内容设置、教学方法落后于行业实际发展情况。此外，在"重理论轻实践"教学方法的恶性循环下，专业教师很难发现自身教学的局限，这不仅抑制了学生专业技能的培养，还制约了工程教育理念嵌入式的实践教学体系的革新，阻碍了专业实践教学人才培养目标的实现。

（三）实践教学内容陈旧单一

在信息技术、大数据及云计算等技术的助推下，近十年来电商行业迅速发展，各个电商平台竞争激烈。为了能够在电商行业中占据优势位置，电商平台根据技术发展趋势不断调整战略布局，持续对平台各项功能及内容进行更新升级，这就要求高职院校的电子商务课程教材要根据行业需求作出调整。目前一些院校教材中的案例、平台管理工具、营销工具等几乎都被电商平台淘汰了，造成学生毕业后无法胜任电商平台的相关工作等情况，因而培养电子商务人才的目标就无法达到，并且教学内容单一，都是以电商理论教学为主，相关的操作训练内容缺乏。此外，近年来由于拼多多平台的强势崛起，形成了三足鼎立的局面，三大平台的大数据应用能力都处于世界领先水平，大数据已经应用于工作的各个环节。在这样的背景下，高职教师仍是按照教材中的旧知识去讲课，教学效果自然也无法达到预期的效果。由于电子商务属于新兴的专业，发展历史相对较短，教学模式尚未完善，相关院校对于电子商务专业的教学缺乏深入探究，教学方法比较单一，因此，取得的效果有限。在教学过程中，教师过于注重理论知识的学习，导致学生普遍缺乏一定的实践能力，而当前行业需要的主要是应用型人才，需要具备一定的实践能力，这就使学校教育和社会需求之间出现了一定的脱节。教师在教学过程中没有组织相应的实践模拟演练，如网络营销、网络交易等，这使得学生无法将理论知识付诸实践，这种畸形的人才培养模式无法有效满足用人单位的需求。

（四）理论教学与实践技能的培养相脱节

高职阶段的电子商务专业是电子商务产业基层应用技术人才的主要培养摇篮，该教育阶段强调教师具备电子商务专业基础知识的系统教学能力和专业技能的实操能力。从行业发展视角看：横向上，电子商务产业的扩大发展，需要更多的基层电子商务技术人才；纵向上，电子商务产业发展速度较快，需要就业人员和电子商务毕业生有较强的实践操作能力和知识应用能力，能够快速上岗，满足岗位要求。然而，从目前高职电子商务专业整体教学现状来看，传统的教学模式没有着重强调学生的实践技能学习，学生的自主学习能力薄弱，对相关专业知识的整体认知不够，学生对电子商务知识学习的主观能动性较差。实践课程在整个电子商务专业课程体系中占比较小，理论学习与实践技能提升脱节，导致学生觉得学习枯燥无味。而单一的教学评价和考核方式也是造成电子商务专业教学僵化的重要因素。因此，面对高职电子商务专业实践教学效果与电子商务产业发展之间的差距，高职院校电子商务专业教学方法的更新和变革迫在眉睫，在提高学生实践能力以及教学方面，要稳扎稳打落到实处。"网上开店"作为电子商务专业的必修课程之一，也是高职电子商务专业学生实践技能学习的基础课程，具有较强的综合性，能使学生准确掌握电子商务企业相关岗位所需的基础职业技能。

（五）实践教学投入不足

目前，我国大多数的高职院校在规模、资金、设备以及师资等方面都存在一定的限制，加上学校对电子商务实践教学的不重视，使得在构建实践教学体系的过程中，为学生配置的硬件以及软件系统不完善，难以满足电子商务专业的实践需要。电子商务专业是一门专业性较强，并且更新和发展速度较快的专业，因此，对实践教学的设备以及技术都有极高的要求，如果高职院校没有清晰地认识到这一点的话，就会严重地影响电子商务的教学质量。

（六）校内实训条件不足

受诸多因素限制，实践教学的资源不足，大多数高职院校实训教学条件和设施较为有限，多数通过教学模拟软件来模仿真实的商业环境以供学生实践训练。电子商务形式和内容更新换代较快，模拟实验平台难以及时升级换代，导致学生在校内模拟实践中学到的内容与企业的真实运营、学生所学技能与社会所需存在较大差异，同时导致学生学习积极性不高。有的电子商务专业甚至没有设置实践课程，也没有相应的仿真实训软件，只能靠案例和不成系统的实践作业，学生学习效果难以保障。

（七）校外实践难以实现

虽然很多高职院校都意识到了校企合作和校外实践教育基地的重要性，各省教育厅也都在鼓励高职院校积极申报和建设相关项目，但是大多数高职院校很难与企业建立长久的、有效的、实质的、良好的合作模式。一是由于学生缺乏实践工作经验和技能，企业需要投入一定的人力、物力和财力对其进行培训，此时的学生无法为企业带来相应的收益。二是学校安排的实习实践时间一般都是按照教学进程表来确定的，很难与企业的用人需求步调统一。三是鲜有电商企业能同时提供大规模的实践教学场所、师资、设备和其他配套设施。

二、高职院校电子商务专业实践教学存在问题的原因

（一）学校层面

1. 教学评价体系不完善

学生是发展中的人，他们在学习过程的每个阶段都会有变化，并且由于电子商务实践教学过程本身就充满复杂性，所以，如果想在测试和评估学生的实践表现的过程中具备准确性，那么就必须不断地去完善我们的实践教学体系。正是因为实践教学体系的不完善，才会出现电子商务专业课程教学的教师在评估学生时使用"平时作业+期末考试"这种单调的评估方法的现象，而不让电商企业中有经验的从业人员对学生的表现进行评估。电子商务是一门高度实用的学科，由于高职院校的教师有一部分并不是从电子商务这个专业毕业的，基本上都没有从事过和电子商务有关的工作，缺少理论知识和实践经验，自身的实践能力比较弱，因此，这种仅靠教师评价的方式较为单一，同时对于学生发展来说，也是不利的。除此之外教师并没有考虑到当前电商企业真正的人才需求。我们可以发现，电子

商务公司在录取工作人员的时候,不仅对学生掌握的专业技能比较重视,而且也越来越重视学生自身的专业素养。教育部发布的相关文件也明确规定,该专业的毕业生应具有6种专业素养:要求学生具有一定的基本文化知识、良好的职业道德和敬业精神,具有良好的人际交往能力、沟通协调能力、团队合作精神和服务意识,具有良好的业务意识、就业和创业能力,具有良好的创新意识,具有独立学习和适应职业变化的能力,具有安全操作、环境保护和电子商务法律法规方面的相关知识和技能。高职院校电子商务专业教师在评估学生的实践能力时,大多是在评估学生的最终成绩,而在一定程度上忽略了非智力方面的因素,如学生的专业素养。

2.教师培训不足

(1)教师缺乏系统的教育学知识和实践经验

首先,电子商务专业的教师大多具有学士学位,这些教师在学校主要学习理论知识。调查显示,75%的电子商务专业的教师毕业后直接进入学校,因此他们没有企业工作经验或实践经验。25%的电子商务专业的教师具有短期公司工作经验,但没有从事过和电子商务有关的工作。其次,很多教师并不是电子商务专业出身的,没有进行过系统的电子商务专业知识的学习,那么,在教学过程中,他们就很容易忽视主动去了解当前电子商务领域比较前沿的知识点,如当前的新媒体、短视频制作、带货直播等新型的电子商务知识。最后,大部分的电子商务专业的教师并非师范专业毕业生,所以基本上没有系统地学习过教育学、教育心理学和教育技术学等方面的知识。由于在电子商务和教育学这两方面的知识都比较欠缺,他们在教学活动中难免存在一些问题,如教学设计、教学方法和教学评估等。

(2)培训内容无法满足实践教学的需要

目前,高职院校对教师的主要培训方式是把电子商务专业的相关教师聚集到一起,进行统一的培训,培训的主要内容就是让教师进行课程基础理论知识的学习,观看优秀的教学PPT,或者给教师播放相关教学方法的使用视频等。这种培训方式,更多的是在走马观花,并没有进行实际操作技能的培训。教师们经过这种无意义的"培训",还是没有办法将具体的实践融入教学过程中。电子商务专业中的实用类课程对教师的实践技能提出了很高的要求,但当前学校给教师培训的方式和内容并不能对教师的实践技能有实质意义上的提升,因此,教师对学校的培训兴趣不高,教师的实践技能难以满足实践教学的需要。

（3）培训时间无法保证

调查显示，高职院校电子商务专业的任课教师，大部分还在担任班主任的职位，这表明教师不仅需承担电子商务专业的相关课程，作为班主任，还需要处理班级的各类事务、对每一位学生进行关心和爱护，这严重增加了教师的负担，大大缩减了教师的学习和培训的时间。同时，我们也了解到，校领导将培训时间安排在课上，这进一步加重了教师的教学任务。权衡利弊之下，学校也只能缩减教师的培训时间、降低培训的频率，只有这样才不会影响教师的教学活动，但是，这在一定程度上也会使教师没有足够的时间及时更新自身电子商务方面的知识，获取电子商务领域的前沿知识和技能。

（二）学生层面

调查显示，高职院校电子商务专业的学生平均年龄为16岁，他们仍处于青春期发展阶段，这个年纪的高职学生处于心理叛逆阶段。在这个年龄阶段，学生体内各种器官和系统的功能迅速增强，并逐渐成熟。到青春期后期，第二信号系统基于主导地位，泛化和调节功能有了重大发展。青春期大脑和神经系统的基本成熟为学生的心理成熟提供了物质前提和可能性。高职院校的学生正处于从不成熟到成熟以及大脑和神经系统的过渡阶段，并且该年龄阶段的高职学生普遍存在着知识面不宽、专业课基础不扎实、水平高低不一的情况，有的学生计算机技术娴熟，很早就能开始实训，进行虚拟网店经营，但有的学生计算机基础较差，甚至连基础的计算机技能都不能熟练掌握。调查显示，该年龄段的学生在学习电子商务过程中会遇到以下问题。

①对学习缺乏兴趣。对学习的兴趣是有效学习的前提，但是一部分学生缺乏对电子商务课程的兴趣和热情。

②缺乏有效的学习方法。许多学生缺乏明确的学习目标和积极的学习态度，并且在学习过程中没有计划和目标。在学习电子商务知识的过程中，无法进行有效的自我监控。

③受周围环境的影响。第一，社会对职业教育的认识尚未达到应有的高度。许多人仍然认为，高职院校的学生大多成绩较差、性格较差，并将职业教育视为收集"低能耗"学生的垃圾站。第二，一些家庭经济条件较好的学生不能吃苦耐劳，看不起熟练工人，造成思想上的懈怠。第三，大多数学校的学籍管理制度不够严格，在教学中难以管理学生，就很难调动学生的学习热情。

(三)教师层面

1. 教师对人才培养计划的定位不明确

（1）教学方案的设计缺乏理论依据

以前的课程更多的是依赖教师的主观经验，这是当前设计教学方案过程中的分歧所在，现在的教学设计要基于诸如教学法、教育心理学和教育技术类的科学理论。要想提高教师实践教学的效果，就必须系统地分析和实践教学有关的每个要素。电子商务专业相关课程在教学方案的设计过程中必须遵循电子商务中的理论知识和实践技能相结合的规律。根据调查数据以及教师的反馈，很多教师依然采用传统的备课方式，而不是使用现代教学中要用到的科学理论进行电子商务专业相关课程的教案设计。除此之外，一些教师为了节约时间和精力，干脆不写教学设计，直接使用教科书中包含的教学方案来进行教学，从而严重忽视了学生的个性化特点。调查显示，高职院校中大约有90%的电子商务专业教师并非教师专业出身，这些教师缺乏系统的教育学、教育技术学、教育心理学等科学理论知识，所以他们无法自如地将这些和教育学有关的科学理论知识应用到自己的教学设计中，同时也很难将实践教学的各个方面整合到一起。

（2）对人才培养方案的了解不够

教师在开展教学的过程中，了解当前高职院校电子商务专业人才的培养计划是开展教学的基础工作。要想顺利展开教学工作，培养出当前电商企业需要的人才，教师就必须知道学校关于本专业人才培养的目标和要求。调查结果显示，大部分电子商务专业的教师在进行教学设计时，不会将本专业的人才培养目标纳入考虑范围。许多任课教师没有本专业人才培养计划的政策材料，也不了解或关注培养计划，因此，很难紧跟实践教学设计的步伐。电子商务类知识更新较快，如果授课教师的实践教学设计未能跟上社会需求，就会导致学生掌握的电子商务知识比较落后，从而使学生不能很好地掌握更高端的电子商务技能和未来的就业发展方向。由于电子商务的迅速发展，很多电商公司对电子商务人才提出了新的要求，例如，当前电子商务类比较欠缺人才的岗位是直播带货、短视频内容制作、新媒体运营，但任课教师很少关注电子商务的发展变化，并不清楚电商企业真正的岗位需求，也无法将当前电商企业的聘用标准作为人才培养的参考，导致培养出的人才与企业的实际需求并不相符。

2. 师生沟通较少

根据教师反馈，在授课过程中，大部分教师对学生的学习基础漠不关心，只是简单地通过考试成绩了解学生掌握知识的大概情况。少部分教师通过一个月的教学，根据学生的课堂表现能够对学生对电子商务专业的理论知识的掌握程度有一个基本的了解。由于每个学生的学习基础存在差异，教师应该首先和学生进行沟通，了解学生的学习基础之后再实施教学，这样才能提高实践教学的效果。大部分电子商务专业的教师通过期末考试的成绩来判定学生的学习基础，在实践教学过程中也很少主动和学生进行交流。根据学生的反馈，大部分学生希望在教学过程中可以和教师增加沟通和互动机会。教师在实训环节之前多与学生交流沟通，有利于教师了解学生的学习基础，更好地指导学生进行实际操作。但是，实际上，教师和学生在实训前期很少进行沟通和交流，这不利于教师在实训过程中准确地唤醒学生的旧有习得，导致学生在进行实践操作时速度很慢，不利于后续实践教学的开展。

3. 教师缺乏参加培训的动力

首先，高职院校组织的教师培训一般不会对教师的薪资、职称的评定、转正等方面产生影响，并且任课教师平时的工作比较烦琐，所以对于他们来说，培训并没有任何实质性的意义。因此，教师不愿意花费更多的时间在培训上面。其次，大部分教师表示自己选择该职业，主要是由于薪资、福利、待遇、工作时间的稳定性，所以参加培训的动力比较缺乏。最后，学校在对电子商务专业任课教师的实践能力进行评估时，也没有将参与培训之后的效果反馈当做评估的硬性指标，因此，也没有获得教师的良好反馈。

4. 教师职业能力定位不清晰

目前，大数据、人工智能等新技术广泛应用在商业领域，对人才也提出了更高的要求，尤其是"1+X"证书制度地实施对新形势下教师教育教学能力提出了挑战。专业群内通常包括几个专业，每个专业在没有组建专业群之前都是各自发展，组建成专业群后，教师们对自己应具备哪些能力才符合专业群的发展需要并不十分了解，教师从学校到学校，从理论学习到理论讲授，参与企业实际项目和任务的只有极少数，受制于原专业思维模式的限制和对专业群建设的理解，教师并没有把心思放在专业群的建设、发展和人才培养上。在对岗位及岗位群进行职业能力分析时，也大多照猫画虎，难以深入，这势必影响整个专业建设的成效。

（四）实践教学方面

1. 校内实践教学环节安排不合理

（1）课程设计缺乏针对性

电子商务是一门实践性很强的新兴专业。高职学生要想学好本专业，实践教学必不可少。实践教学科目的数量众多，这就要求高职院校在对学生进行实践教学时能合理分配各类课程，以达到更好的教学效果。然而，许多高职院校的专业课程体系缺乏针对性和系统性，没有根据社会条件明确职业定位，只是简单堆积实践教学，导致教育内容重复、落伍、不切实际等问题反复出现。高职院校学生是企业一线岗位的储备技能型人才，因此，高职院校在培训时要对相关岗位进行细分指导，有针对性地开展培训，设计符合职业岗位的系统化实践教学。

（2）实践教学模式单一

现在，很多高职院校的教师在对电子商务专业进行实践教学的过程中，仍然采用传统的教学模式，没有及时调整教学方式，更新教学模式，导致课堂枯燥、乏味，无法调动学生的积极性。另外，在实践教学的过程中，许多教师忽略了培养学生的自主思考能力、动手能力、创新创业能力，而电商专业的学生如果缺乏这些能力，会在以后的发展中受到较大的限制。此外，高职院校开展的实践课程大多时间短，部分实践内容滞后，实际项目的设计也是在封闭的环境中进行的，比企业中真实的工作需求和工作流程要简单得多，这些课程也不适合快速发展的电商行业。为了增强教学的实用性，很多高职院校购买了电子商务模拟实训软件，这些软件可以在一定程度上模拟电子商务企业的运作过程。然而，由于仿真软件成本高昂，许多高职院校会选择购买过时的仿真软件，或重复使用同一软件多年，不及时更新，这都不利于学生熟悉实际电子商务工作。

2. 实践教学与企业实际发展相脱节

许多高职院校都存在着建设资金不足的问题，不能为电子商务专业学生提供专门的实践场所，导致电子商务专业的实践教学存在着形式主义的倾向，难以发挥其实际的价值和意义。对于学生来说，没有可以进行有效实际操作的场所，导致部分电子商务专业学生的动手能力比较差，难以满足电子商务企业各人才岗位的需求。除此之外，还有一些学校有电子商务专业的实践场所，但是却缺乏系统的教学计划，导致电子商务专业的实践场所没有办法充分发挥出其应有的价值。还有在校企合作的过程中，一些企业太重视自己的经济利益，他们只是希望学校的学生给他们做免费的劳动力，并没有展开实践教学工作，这就与校企合作初心相悖。

3. 实践教学体系不完善

相关学者认为实践教学体系有两层含义：从广义角度而言，实践教学体系主要是由实践教育活动内部各项要素组成的一个有机联系整体，囊括实践教育活动的目标、内容与条件等相关要素。从狭义角度而言，实践教学体系就是实践教育内容体制，以专业人才培育目标为中心，在制定教育计划时，根据科学正确的课程设置以及一系列实践教学环节的有效配置，创建出和理论教育体制相辅相成的教育内容体系。但是，不管是从实践教学体制的广义含义或是狭义含义，当前电子商务就业岗位和实践教学体系均存有诸多问题和不足之处。如实践教育活动目标模糊、内容不够具体、缺少学生能够运用的实验指导教材等问题，均会对高职院校电商专业学生就业形成不利影响。此外，电商理论课程体制存在的衔接矛盾，亦会对电商专业实践教育体系产生直接影响。国内大部分高职院校均是首次实施课程教育计划，在设定计划时还存有诸多不确定性，只有在课程开始时才会发现教育内容的重复现象非常严重，甚至无法理清教育重点和教育难点，进而对电商专业实践教育开展成效和质量造成不利影响。

第二节　高职院校电子商务专业实践教学改革

一、完善电子商务实践课程体系

（一）深化校企合作，联合办学

在数字经济背景下，随着信息化时代的到来，高职院校的电子商务专业教学模式有了很大的转变，逐步从"面对面"转变为"线上＋线下"的双向教学。针对当前高职院校电子商务专业实践教学质量不高、教育教学模式落后的现象，各大高职院校加强了对自身专业教育模式的改革，提出采用校内外实训相结合的方法。在教学实验任务的安排、小组合作探究、课堂总结、教学总结等方面，积极引导学生参与电子商务的探究活动。组织相关教育、教学活动，可以有效地解决传统电子商务教学中存在的问题和不足，从而促进我国电子商务人才的素质提升。校企合作有利于充分发挥高职院校的专业与人才优势，让高职院校与企业紧密联系、充分对话，实现产业资源、市场需求与产品设计、技术研发、成果转化的深度对接，激发彼此创新、创业、创造的热情。解决技术开发、转移等环节的关键问题，实现校企合作资源的优化配置、为数字经济发展提供有力支持。

当前电子商务企业和高职院校联合办学改善了学生参与校企合作的方式。目前，学生参与校企合作的主要形式是个人体验。高职院校需要花费大量的人力和物力资源来建立实验室和实践培训场所，同时他们还必须在有限的时间内组织学生学习，校企合作改变了当前学校与企业之间的合作方式。企业利用互联网创造网络虚拟实验室，实时为学校展示学生的真实工作状态，让学生在没有学校教师指导下独立完成工作任务，并且能通过公司组织的培训。虽然建立互联网虚拟实验室要耗费大量的人力、物力、财力，但是在特定的时间和特定的条件下，它更具有实际意义，而且它不受时空的约束，实际操作的灵活性和简单性更为突出。因此，经过大量实操训练的学生在就业方面更具有竞争力。

为了解决毕业生就业问题，通过实操强化训练的学生可以参与学校与企业的培训，学校根据培训的重要内容，转变电子商务专业人才培养的思路。例如，学校和公司共享培训的时间，学生前期在学校学习相关的理论知识，后期在公司实习锻炼其实践能力，以提高学生的理论知识和技能水平。此外，还可以在不同类型、不同规模、不同经营状况程度的公司安排实习，增加学生对公司的认识，为未来的正式工作奠定基础。分散进行校企联合培训不仅解决了学生参与校企联合培训的时间问题，而且提高了学生的实际就业能力。

在校企合作、文化分类的基础上，建立相应的评价体系，最终检验校企合作的效果。获得企业所需的职业资格和职业所需的技能被认为是重要的评价指标。学生在实习期间为公司解决了实际困难或自身的工作业绩也可以视为完成了联合培训的标准。

（二）以职业能力为核心，重构课程教学设计

1. 教师要定期修正教学设计

教师在进行教学设计时，要用到一些理论作为设计的基础，同时要结合当前电商企业的岗位要求。高职院校电子商务专业的教师可以在实践教学过程中开展研讨会，共同商议重点的理论知识与相关的实践技能。建构主义学习理论认为，学生是学习的主体，教师要在教学过程中将学习者的原始知识和经验作为新知识的增长点并指导学习者建立新的知识和经验。因此，在开学之前，教师在进行电子商务专业相关课程的教学设计的时候，不仅要看到专业课程里面包含的一些科学知识理论和新的实践技能，同时也要知道学生的知识基础，以及学生之前的学习习惯和学习特点，这样设计出来的教学方案既能满足教师教的要求，也能满足学生学习的需求，具有一定的科学性和合理性。

2.教师要定期调查企业的用人标准

电子商务实践教学的主要目标是让学生具备当前电子商务岗位需要的技术，为了实现这个目标，在进行教学设计时，不仅要严格参考高职院校电子商务教学中的教学标准，还必须考虑到培养出来的人能否满足当代电子商务职位的要求，把这两者结合才能培养出合格的电子商务人才。计算机技术的发展带动了电子商务的快速发展，只有对当前电商岗位对于人才的具体要求进行调查，再对电子商务专业的相关课程进行教学设计，这样的教学方案才能接近企业对人才的要求。以往电子商务公司在选择高职院校的电子商务毕业生时，更加关注学生的技能操作水平。如今，电子商务公司不仅要求学生具备从事电子商务职位所需的技能，而且还更加注意学生的非智力能力素养。电子商务专业教师可以分成两个小组，一组教师可以通过网络搜索当前电子商务企业最新的招聘要求，这样可以了解到最新的电子商务岗位人才需求，另一个小组的教师则可以寻找本地的电子商务企业，对他们进行观察和访谈，记录他们对电子商务人才的要求，把这些调查结果和电子商务专业课程本身的知识和技能结合起来，在设计教学方案时，把电子商务领域内比较前沿的科学知识增加进去，摒弃过时的知识，从而设计出最适合本学校的电子商务实践教学方案。电子商务专业实践课程的教学设计要依据高职院校电子商务专业的培养要求，找出培养人才的方向。同时，在讨论教学设计时，也有必要将教育部发布的人才培养方案纳入考虑范围，如果过于强调培养的人才就是为了满足企业的要求，那么将不利于电子商务人才的全面发展。

3.教师要及时进行教学设计反馈

在进行实践教学时，教师可以让学生对教学设计提出自己的意见和建议，课程结束之后，认真思考学生的意见，找出教学设计的优点，反省教学方案的不足，争取在下次的教学设计中得以改善。同时，教师自己也可以一边进行教学一边对教学设计进行评价。除此之外，学校还可以召开会议，把电子商务专业实践教学的教师都聚集到一起，让教师把教学设计在实施中遇到的问题提出来，并及时地解决问题和有针对性地改正教学设计方案。

（三）改进教学方法，激发学生学习兴趣

1.综合运用多种实践教学方法

为了使学生的综合实践能力得到提高，使他们达到电子商务企业的工作岗位的要求，就必须加强电子商务专业的实践教学。教师在教学过程中如果只使用一种教学方法，就无法提起学生的学习兴趣，也不利于学生综合能力的提高。因此，教师不仅应该关注专业课程本身的特点，还应使用多种教学方法，并且在这个过程中要注重学生身心发展规律以及实践教学的软硬件设施，这样才能不断提升教师的实践教学效果，同时也可以锻炼学生的实践能力。案例分析法、项目教学法、情境模拟法和团队合作法等每种实用的教学方法都有优缺点，每种教学方法的适用范围也不一样。因此，教师在进行实践教学时，要学会灵活地使用多种教学方法，而不是一味地使用同一种方法。在多观摩和学习别人是怎么进行实践教学的同时，教师自身也要多学习电子商务实践的科学理论知识，找出自己的不足之处，然后在课堂上进行调整，找到适合自己和学生同时也适用于电子商务专业的实践教学方法。

鉴于目前高职院校电子商务专业的特点以及学校现有的软件和设备，我们发现以行动为导向的教学方法可以在电子商务教室中更多地使用。在实践教学过程中，有必要加强对项目教学法的运用。项目教学法是一种高级教学法，现在越来越受到重视。项目教学法可以让学生在完成一个项目之后基本了解每个环节的要求以及把握整体的过程，不但有利于学生电子商务的综合实践能力的提高，同时也有利于学生进入企业进行工作。

在电子商务专业的实践教学过程中，有很多地方都可以采用项目教学法。比如，在情人节的时候，学生可以在网上进行一些礼物的销售，高职院校的电子商务教师可以支持学生独立完成这个项目，只进行简单的指导，具体的工作由学生们独立完成，学生在这个过程中可以发挥自己的特长，擅长绘画的学生可以负责商店和礼物的外观，喜欢销售的同学，可以自己制定销售计划，店铺的维护可以让技术精湛的同学去做。通过实践项目，学生们把自己学过的理论知识用于解决实际问题，不仅能加深对理论知识的印象，还可以提高综合实践能力。调查显示，在高职院校里学习电子商务的学生大约是16岁。这个年龄段的学生思维活跃，充满好奇心。因此，为了吸引学生的学习兴趣，我们可以将情境模拟法应用于电子商务教学，情境模拟教学法以建构主义和"教学做合一"等理论为基础。

在实践教学中，教师可以为学生打造一个模拟企业工作环境的情景，学生进行角色扮演，就很容易融入这个情景之中。这不仅可以增进学生对电子商务理论知识的理解，而且可以增强学生的电子商务技能，进而提高电子商务专业所需的综合实践能力。比如，在讲授"客户服务沟通技巧"的过程中，教师可以创设一个线上买小吃的环境，将班上的学生平均分成3个小组，每个小组自己选择要扮演的角色，角色包括买方、卖方和中间人。买方和卖方相互交流。交易结束后，由扮演中间人的小组进行评价，教师和同学们一起将在这个情境模拟过程中能用到的交流的技巧做个汇总。情境模拟的方法很容易让人身临其境，提高了学生参与学习的积极性，可以营造良好的课堂氛围。

2. 使用现代化教学方法

以前，在教学过程中，教师使用的教学手段是"粉笔+黑板"，不仅教学效率低下，学生在课堂上还很容易走神，产生倦怠的心理。现代教学方法可以通过图片、动画、音频、视频等直观形式向学生展示抽象、复杂的电子商务知识，不仅可以激发学生的热情，还可以生动形象地让学生学习电子商务知识，使实践教学达到良好的效果。教师要遵循高职学生的身心发展规律以及教育学的要求，来制作PPT课件，由浅入深，标出重点和难点，合理运用PPT而不是简单做个搬运工，直接把电子商务专业的相关知识复制到PPT上来。

3. 加强与学生的沟通交流

根据建构主义学习理论，在教学中要以学生为主体，教师只是起到引导作用，学生自己动手实践，教师才能知道学生学习的效果。在进行实践教学的过程中，教师要把握好集体与个人的关系，既要注意集体学生的发展，又要关注学生个人的发展，在培训前、中、后期都要多和学生进行交流，在学生遇到问题时及时给予指导。调查显示，电子商务专业每个班的学生人数并不多，因此，电子商务专业的教师要了解实验教学环节中学生对电子商务知识的掌握程度。建构主义学习理论认为，学生本身的旧有习得会对他们学习新知识产生影响，所以在进行实践培训之前，教师应和学生进行沟通来了解每个学生的旧有习得，根据学生的差异性来制定教学设计方案。在培训期间，学生遇到问题时，教师要及时进行指导。实践教学培训结束之后，教师要多和学生交流，让学生对实践课程中自己的表现进行评价。

4. 进行分层实验教学

建构主义学习理论认为，教师在教学过程中，要注重学生之前的已有知识和学习基础，将学习者的原始知识和经验作为新知识的增长点并指导学习者建立新的知识和经验。因为每个学生的知识基础和学习能力都是不一样的，应该分层次地进行实验教学，以便每个学生都能在最适合的学习环境中实现自身的发展。

教师应根据学生的水平进行实验教学，这样才能更好地促进学生对电子商务综合技能的掌握。电子商务教师在进行实践教学的过程中，不仅要突出本门课程的重点和难点，根据学生的水平，创设让学生感兴趣的情境，这样就可以使基础较差的学生也能慢慢进入课堂学习，还要设计不同层次的任务，使不同基础的学生都能在学习过程中获得满足感。这不仅可以使电子商务时间能及相对较弱的学生完成教学任务并增强他们对学习的兴趣，而且还可以满足更高水平的学生对电子商务专业技能的要求。

（四）建设电子商务专业教学团队

在高职院校不断发展的过程中，学校的管理人员不仅要重视战略规划的制订工作，而且要重视专业教学团队的建设。在高职院校中，电子商务是热门专业，也是一个新兴的专业，这一专业能够培养出更多具备互联网思维、能够适应互联网时代的优秀人才。因此，在现阶段的高职院校发展的过程中，相应的管理人员必须要有与时俱进的意识，明白人才的重要性，积极为学校引进并留住人才，并通过多种手段为学校打造一支优秀的专业教学团队。在建立起专业的电子商务教学团队之后，还要让相关的教学工作者对学校当前教学工作的实际情况进行全面分析，制订出更为详细的教学计划，确保目前的专业人才培养模式契合新时代的要求，保证培养出的人才的实际质量。

高职院校通过电子商务专业教学团队的建设，能够从根本上改善人才培养现状。在建立起专业的教学团队之后，教师不仅仅会对目前的教学工作进行分析，同时还会围绕现阶段新时代发展所需要的商务类人才和相关岗位的需求进行全方位考虑。在这一环节中，专业的教学团队能够采用全新的教学模式，或者是加强自我教育力度，在不断研究新教法的前提下推动电子商务专业教学改革工作有序进行。与此同时，作为专业的教学团队，教师之间还能够互相配合，例如，围绕教学中的一些问题展开全面分析，从而不断地查漏补缺。在此情形下，高职院校的电子商务专业教学工作也能够得到有序推进。

二、推进实践教学专业基地建设

（一）搭建产学研平台，加强实训基地建设

电子商务是高度对称的信息流、贸易流、资金流和物流流在相互作用中汇聚的结果。信息的流动一直贯穿并引导着商业活动，现代物流是商业流动的延续，是商业活动中物质流动的真实过程，管理和整合信息流也是必要的。现代物流的特点表现在自动化、智能化、信息网络化和灵活性上。信息处理系统能迅速准确地反馈商品的销售和分发情况，并改善企业的服务水平，电子商务的高效率和现代物流，赢得了客户的信任，使得成本不断降低。加强与业界的合作，制订电子

商务和现代物流专业发展的可行性计划。根据消费者的收入、需求偏好、地理分布和差异化的物流服务政策，合理定位销售区域。此外，精心选定可供销售的产品，确定最适合的产品销售方式。市场竞争就是人才竞争，不断挖掘电子商务和现代物流领域的创新人才，加强对员工培训教育，促进电子商务和现代物流的协调发展。

电子商务实习基地是集电子商务、物流管理、计算机统计、网络营销等于一体的实践教学场所。在实际操作中，通过案例和实际操作等方式，不仅可以强化高职学生的职业技能，增强他们的就业适应能力，同时也是提高学生综合素质的训练场所。此外还可以提高教师的教学水平以及实践技能水平。积极争取校企合作的一系列政策优惠，做好校企合作的知识产权保护与利用服务。积极与各大职业学校进行交流合作。定期邀请行业专家深入电子商务园区进行企业调研，共同打造覆盖产品创新设计、协同生产、标准化物流、整合营销的全链条的职业教育培训、实践、创业孵化体系。同时，建立覆盖产业全链条的对接与扶持服务，以此构建以数字经济为基础的工业4.0产业升级新模板与新标杆。建设覆盖全国的创新创业产业集群，通过这种方式，突破时间和空间的局限，延长产业链条，打通内外经济的双循环，打造高科技创新服务平台。建立高职教育创新链，为当地数字经济发展提供支撑，增强高职院校的创新能力，探索电子商务人才培养新路径。

顺应数字经济产业的发展方向，全方位提高学生的综合素质。同时依照电子商务人员的爱好和特点，确定各自的研究方向，进行不同板块的教学，提高学生的竞争力。全面了解市场对电子商务人才的综合素质的要求，重点培养出企业需要的人才。目前，为了满足市场的需要，我国大多数高职院校都具有专门从事电子商务教学的教师以及相关的电子商务课程。大多数电子商务课程的实施是建立在计算机网络的基础上的。以商业为导向的交叉学科，具有很强的操作性。但是很多高职院校的教师在教授电子商务时只注重理论教育，忽视实践教育，导致电子商务专业的众多毕业生就业竞争激烈，在实际操作中没有任何优势，而大部分高校的电子商务专业学生却没有出现上述问题。

（二）加强实训基地建设，推行现代学徒制

电子商务专业实训基地，旨在快速营造互联网产业人才队伍发展基础环境，提升互联网以及相关人员的实践能力，进一步推动人才与数字经济产业高度融合。电子商务实训基地将重点围绕基地建设、基地发展、课程开发、人才实训等，完

善基地功能、提升基地能力、发挥基地作用,积极打造高质量互联网实训基地,为培养电子商务的发展所需要的高素质产业人才、产业转型升级、区域经济发展贡献力量。现代学徒制是一种现代教育体系,学校和企业通过合作实现教师和教师之间的知识联合传递,培养出一批掌握电子商务技术的人才。数字经济的兴起是现代培训模式"互联网+学习"的表现形式,现代教育体系为电子商务人才培养提供了新思路,不仅促进公司的发展,而且可以找到学生学习的核心兴趣点,实现政府、企业、学校和学生多边双赢。通过学校和企业的紧密合作以及师生的联合课程,现代教育体系学习模式专注于培养现代应用型人才。教学成果在实验室、实训室和企业中最为流行。学校的教师实训室主要由学校管理,大部分的培训设施都由与学校共同培养学生的企业建立和经营。

电子商务专业人才培养的基础在于对电子商务理论知识的深刻了解和运用,对计算机技术和生产性管理经验的深刻了解。高质量的职业培训可以使学生了解岗位的基本职责和操作模式。根据他们提出的建议,所有参与者共同分享经验教训,和后入职的学生进行交流合作,提高学生自身的技能水平。对于电子商务企业来说,进行实际的培训与资源共享各离不开学校的努力,学校通过在校的实操训练,让学生拥有基本的计算机实操能力,加上企业入职前的培训,让学生从新手转变为老练的工匠。从整体上来看,用于员工开放培训的电子商务平台的资源是有限的,这也将成为学校资助方案的一部分。

学校应扩大校内的电子商务实训平台,电子商务企业也可以在合作的学校建一些电子商务实训基地来促进学生的实践能力的提高。信息技术数据服务不仅能促进电子商务行业的发展,也是电商行业兴起、电子商务专业知识学习、实践培训和终身学习的重要手段。企业的物质支持和财政资源激励高职院校培养具有复合型技术的人才,用以辅助互联网、学校、企业的共同发展。高职院校在教学的同时能够确保学生进行有效的学习。学校可以在实时系统中观察学生在企业工作学习的状况,学生可以通过视讯监控进行实时学习。教师可以同训练学员实时了解企业情况,用这个系统解决远程学习的难题,学生可以随时查阅系统内的数据以解决自己的问题。学生也可以在自学的时候上传已有的问题。

三、开展有效的实践教学活动

(一)在电子商务实训课中融入项目教学法

项目教学法在国外已经有了较为成熟的研究成果,我国高职院校若要借鉴现有的发展经验,必须立足于自身实际。唯有因地制宜地制定发展策略,才能从根本上解决问题。

1. 完善实训项目

(1) 细化实训项目

项目不能太大、太小、太难或太简单。要在专业内容和学生学习特点的基础上,明确职业技能需求,并依据学生的认知水平来设置实训项目任务。因此,教师在项目教学中,要对本专业的人才培养及课程教学目标、职业需求等进行认真剖析、钻研,把相关联的知识进行充分融合,科学合理地设置实训项目,确保每一个项目任务都能够推动教学顺利开展。如B2B业务操作可细分为:向销售商订货—销售商发出"订单查询"—供货商给销售商反馈"订单查询"—销售商向运输商发出有关货物运输情况的"运输查询"—运输商给销售商反馈运输查询—销售商给供货商发出"发货通知"—运输商发货—支付网关向销售商发出交易成功的"转账通知"。每一步不仅涉及买卖双方和三方服务的交涉缘由,还能在准确操作的基础上做到及时确认。在此过程中,学生既可以学习到B2B操作的原理,还能掌握其中的细节知识。

(2) 丰富实训项目种类

高职电子商务专业所面向的职业岗位包括网络营销专员、网站策划/网络编辑、网站前台开发设计、网站运营经理/主管、电子商务客服等。每一个岗位大类下又包含了许多不同的二级划分,例如,网站前台开发设计中又包含着网站美工和网页设计师。由于当前国内职业教育发展尚未成熟,许多电子商务专业均单独隶属于某个二级学院,且很少有学校将专业按着不同的岗位细分,不同地区或学校的电商专业培养方向也不尽相同。因此,为了兼顾电商专业学生的全面发展和扩大就业选择范围,教师可利用项目教学法丰富学生的学习内容。例如,在"网店运营"这一课中,在"网上店铺的开设"这一项目下除了可以学习"网站的选择""商品图片的拍摄""发布商品信息"之外,也可同时学会"Photoshop基础"和"网页布局"等美工和网页设计岗位的技能。

2. 完善实训手册,促进实训基地的建设

(1) 重视校本实训手册研发

项目教学法的顺利实施离不开合适的实训教材。根据德国应用技术学院开展项目教学法的过程可知,教师的教案不应拘泥于固定教材,学生可以以工作活页或讲义作为参考教材。然而,目前我国高职院校适合项目化教学的教材很少。因此，在需求难以得到满足的情况下，高职院校应注重校本实训手册的研发，其中实训手册在种类上可以有活页、电子版教材、幻灯片等，以满足不同的教学需要。在形式上，教材培训手册用于学生自主学习，电子版教材和幻灯片供教师在课堂上使用；在内容上，注重市场需求与企业合编。专业教师应将教学内容和行业发展特点融入实训手册中，借助电商企业实际业务设计实训模板来丰富教材内容，同时学习教育部倡导的情景教学、案例教学等配合教学资源开展项目化课程教学。项目实训手册应包括教学目标、项目任务书、步骤分析、设备操作指南、指导方法、理论知识、评价量表等内容。此外，教师还应树立不断更新实训手册的理念，并根据市场变化和行业发展特点及时进行补充。

（2）加强实训基地的建设

从建构主义理论出发，高职院校应以培养学生的创新能力和实践动手能力为根本切入点，以适应行业的快速发展。因此，实训基地的建设就显得格外重要，不仅需要以企业真实的运营模式为实训教学设计依据，在加大资金投入、完善实训设备的同时升级优化现有硬软件设施，致力于打造同电商行业真实运作相对应的校内实训基地，还应当重视教学中与企业的紧密合作，如聘请企业技术专家定期入校培训等，专任教师也应当以工作岗位人员的思想来指导学生学习，促进操作能力的提高。

（二）以赛促学

1. 职业技能大赛

职业技能大赛一般指的是根据国家相关行业的职业技能标准，开展的以主要操作技能和解决实际问题能力为重点的、有组织的竞赛活动。全国职业院校技能大赛是由国务院教育部等有关部门及各有关行业协会组织公司、学术团体和地方共同举办的一项赛事，参赛对象为国内职业院校在校师生，基本包含主要专业群，是对接社会产业人才需求、体现职业教育教学水平的重要赛事。大赛以提升职业院校学生技能水平、培育工匠精神为宗旨，以促进职业教育专业建设和教学改革、提高教育教学质量为导向，坚持以赛促教、以赛促学、以赛促改，赛课融通、赛训结合。各行业协会和知名企业一般在各自领域也会举办技能竞赛，目的是促进校企合作，宣传行业技术规范和企业文化，选拔优秀人才。

2. 以赛促学教学模式

以赛促学一方面是指在教学活动中让学生掌握参与竞赛要求的各项基本技能，通过组织相对应的专业技能竞赛，来开展具有强烈针对性和高度逼真性的实际能力考核。通俗地说，就是以参加技能竞赛为中心开展系列性的技能教学活动。另一方面以赛促学教学模式主要是以竞赛为中心开展教学，在教学内容、教学目标、课堂组织形式等方面借鉴技能竞赛内容，参考技能竞赛形式，利用专业竞赛的规范性和贴近社会企业用工的应用实践性，提高教师教学水平和学生的理论基础和技术技能，利用竞赛的竞争性和趣味性丰富课堂活动内容，通过竞赛的合作性建立起同学之间合作学习的学习状态和师生交流的有效途径。

3. 以赛促学教学模式的意义

以赛促学模式关键在于课程教学与社会实际需求相结合，教师需要引导学生参加相关竞赛活动，学生也应该在参赛过程将专业课知识融会贯通，将所学内容应用于实践，切实提高技能水平和实践能力。教师在指导学生比赛的同时，也能够不断完善课程内容，增强教学过程的应用性、包容性和广泛性，更新课程理论与教学观念，实现赛教融合、学赛合一。

目前以赛促学模式在高职院校被广泛应用，一些本科院校也在积极探索，对于高职院校来说，该模式在专业发展和人才培养中具有重要意义。具体来看，可分为以下几个方面。

以赛促学模式能够帮助学生实现专业碎片知识的整合。各类型的专业竞赛为学生提供了良好的模拟环境，学生在竞赛过程中能够发现理论知识的不足，并且通过团队协作，学生能够互相分享技能、方法以及不同的思维方式等，完善理论知识。

以赛促学模式能够激发学生的创新意识。专业竞赛要求学生发挥想象力与创造力，如全国大学生电子商务"创新、创意及创业"挑战赛要求学生能够从新技术角度寻找创意，学生需要将新技术与专业结合，通过竞赛提高专业水平，提前适应变幻莫测的市场环境。

以赛促学模式能够提升教师教学能力。竞赛项目要求学生具有先进的技术与前沿的知识，这也要求教师有丰富的专业知识并不断更新教学理念。教师的知识储备不能仅局限于课本上的知识，作为专业教师应该从竞赛指导中掌握最新知识动态，在竞赛指导中总结经验，促进现代信息技术与教育教学深度融合，实现"教学相长、竞赛激励"。

4. 以赛促学教学模式下的教学框架设计

（1）竞赛项目与教学项目结合

根据竞赛题目调整教学内容，将竞赛标准与教学目标相结合，将竞赛题目与知识点相结合。竞赛项目一般由行业专家或者用工企业设置，贴合工作实际，更注重工作实际问题的解决。教学项目是课堂实践教学的基础，也是课堂教学的基本单元。职业教育教学项目不仅是知识的传授，更是技能的训练规范，以竞赛内容为主体的教学项目需要整合知识与实践技能，将知识运用到技能的提升中去。以赛促学的教学项目将技能竞赛的要求变为理论知识的反向需求，提高技能标准必须以扎实的理论知识为支撑。竞赛项目在一定程度上也反映了企业的实际技能需求，竞赛项目的实用性与传统教学项目的教育性的有机结合，更能提高教学质量，提高学生的理论和实践能力。

（2）制定合理的竞赛方案

根据电子商务企业对人才的要求，高职院校要制定科学的专业技能竞赛方案，为学生提供专业的竞赛平台，制定合理的竞赛计划，保证竞赛的质量。

第一，在准备阶段制定合理的竞赛制度。要综合考虑学生对专业知识的掌握程度和综合能力，竞赛要具备一定的挑战性，激发学生的斗志，让学生在实践中培养创新思维。竞赛前可以请专业教师或参加过竞赛的学生进行辅导，利用他们丰富的经验为参赛学生提供帮助。

第二，要让参与竞赛的学生充分了解自己的实力，及时解决遇到的问题，针对不足之处进行针对性训练，通过不断训练完善竞赛方案，实现优化提升。

（3）课时整合

传统教学的课时分配将讲授和实践课时区分开来，这样不利于学生及时进行知识巩固。以赛促学的课时分配将讲授和实践课时有机融合，教师带领学生分析题目、分解知识点，学生在教师讲解后自主探究并根据要求进行针对性的技能训练，将原本单一的讲授课时变为学生自主探究、学习小组训练实践的统一集合体。课堂竞赛不仅是对理论知识的检验，更是实践能力的水平的体现。不再区分严格意义上的理论和实践课程，学生可以边学边练，边检验边总结，形成理论与实践相结合的活跃课堂。

（4）形成以竞赛为主题的课堂组织形式

在课堂组织形式方面，要突出竞赛主题，课堂的活动以竞赛为主线。将传统教学过程中教师提问、学生回答的简单问答形式，转换为全班集体参与的竞争合作形式，教师抛出题目，小组组员们进行问题探究，学生思考、讨论后，通过自主学习的方式进行相关知识的学习，进行资料检索，小组成员在规定时间内查阅资料补充知识，在有限的时间内完成解答，将课堂形式变为有序的学习与竞争的有机组合。

(5)教学方式

以赛促学的教学方式借鉴吸收了任务驱动教学法和项目教学法，把竞赛项目的主题分解为若干可完成的具体小任务，学生领取任务后在组内进行任务分解，由教师主导，学生作为任务执行者参与。以赛促学的教学模式需要学生根据教师的指导，完成教师设计的竞赛任务清单，这样可以改变长期以来学生课堂上听课、教师讲授的"一言堂"的授课风格，引导学生主动学习，教师根据学生自主学习程度进行有限度的指导示范。

(6)团队合作的学习方式

在以赛促学课堂形式中，学生以团队合作的形式进行学习，学生平等参与小组学习讨论及问答，在小组中每个学生均有表现参与的机会。团队合作的学习方式不仅能改变教师以成绩和喜好对学生进行提问的情况，学生得到客观公平的对待，也能让学生有更好的沟通协商合作能力。在团队合作的氛围中，学生可以相互促进、相互支持，既能引导学生收获友谊，也能形成良好的学习氛围，在就业时也能更好地融入公司团队。

(7)多元化的教学评价体系

借助大赛的奖励机制，结合大赛的形式，促进教学评价的多元化，要真正反映学生的学习效果、学习水平，提高学生的合作学习能力，仅仅依靠传统教学评价中教师的点评反馈是很难的，因此要结合竞赛的形式，制定出相对合理和全方位的评价体系。要结合教学现状，采取多项指标，结合教师和学生的真实情况，结合电子商务客户服务岗位要求的技能、职业综合素养、岗位应变能力和创新意识等多个方面进行全方位评价，使师生双方都能认识到社会需要的人才的标准。由此将评价设置为组内自评、组间互评、教师评价以及其他评价等几种形式。

①组内自评。学生通过对自我进行评估，能查漏补缺，发现自己的优缺点，通过自我评价养成良好的习惯，树立更清晰明确的学习目标和人生发展目标。

②组间互评。学生在团队小组中互评能够交流经验，更好地配合增强团队竞争力，在交流中能够巩固知识，提高自身的专业技能水平。竞赛小组之间的评价一方面可以增加竞赛评分的公平性，另一方面能培养学生的团队意识和集体荣誉感。

③教师评价。教师在竞赛后，能够给学生更多的指导性意见，提高学生对知识的认同度，教师始终是课堂上的主导者，教师应给予学生清晰的反馈，在竞赛后总结学生的表现，并对学生在团队中竞赛的综合表现给予评价和指导。

④其他评价。除了以上评价之外,还可以在期末考核时,聘请一定的专业人士,如网店店主、网店的客服以及本行业的专家作为评委,对学生进行评价。

5.以赛促学的教学实施步骤

(1)组建团队

参考省市级技能竞赛的要求,组建团队。首先组建恰当的团队小组,小组成员的成绩相对较均匀,男女比例相对恰当,团队内部能相处得较为融洽。团队成员可以不固定,根据不同的任务要求适当调整人员分配。根据学习目标的要求,可以将组员互换后再进行训练,来让每位学生都得到一定的技能训练,使得同学之间有了更多的竞争机会。同学之间形成相应的"小教师"制,彼此相互交流指导,能够不断地增强同学之间的友谊和团队的凝聚力。组队的方式有自由组队、随机组队、异质组队和同质组队等,教师可以根据需要随机变换组队方式。

(2)赛题分析

赛题分析是针对所教授的课程内容,搭建与教学目标和竞赛任务相挂钩的场景,将竞赛的内容与知识点相对应,确立学习目标和学习任务。竞赛的题目在以赛促学的教学模式中起到导向作用,教学设计围绕解决竞赛题目展开,由教师将赛题发放给学生并讲解具体的竞赛规则,引导学生进行赛题分析,在教材中找到与赛题对应的知识点。赛题分析并不是单独由教师完成,而应和学生共同完成,引导学生发现问题,也能在一定程度上提高学生积极性,培养学生主动探究的能力。赛题分析的结果应该要明确赛题要求,明确解决赛题所需的知识点和所需的技能,形成一个知识能力和技能的需求表。

(3)自主学习根据知识能力和技能需求表

学生在竞赛组内分工学习,翻阅教材资料或上网查询相关资料,和小组成员进行讨论,自主学习理论知识,进行初步的技能训练。在知识快速积累更新的信息化社会,学生应当具有一定的自主学习和资料收集整理能力,通过自主学习学生也能提高学习的主动性。

(4)教师补充和讲解知识点

由于所涉及的知识点为新知,仅仅依靠学生自主学习,再加上课堂时间的限制,学生不能全面把握所需知识点,教师需要根据学生的知识需求表完成情况和章节重难点对知识进行补充讲解。

(5)赛前准备

在完成一定的知识和技能储备学习后,根据相关专业的技能竞赛标准制定班级竞赛规则，分配好计分员和评分员，设定好竞赛次序和规则。

（6）赛前训练

高职教育不同于普通高中教学，技能不仅需要理论的支撑，也需要学生具有一定的操作能力和临场反应能力。学生根据竞赛要求，在规定时间内完成比赛要求，需要熟练掌握专业操作，例如，客服需要在规定的响应时间内及时地回答反馈，需要有规范的步骤、流利的话术，在课堂上小组成员可以进行问答训练，通过一定的训练完成竞赛的要求。教师根据评分细则指导学生进行针对性的技能训练。

（7）竞赛结果评比

教师和学生组成临时裁判员对团队小组进行评分，对在竞赛中出现的失分点做好记录总结，教师根据竞赛中的失分项目进行分析，对所涉及的知识点进行补充讲解。

（8）学习成果展示交流

学生在自主学习过程中如果有收获、搜集到的新的知识点以及在竞赛实践中发现能有效提高效率、降低用时的方法，应由教师引导进行交流展示，学生之间相互借鉴学习，实现共同进步。

（三）鼓励学生创业

1. 对高职学生自身的建议

第一，高职学生要树立创业意识。受传统观念的影响，高职学生普遍认为只有去事业单位或企业工作才是最好的选择，找不到工作的人才会去创业，这种错误观念会影响学生创业意识的培养，因此，使高职学生树立正确的就业观是非常有必要的。当今社会就业问题严峻，学生自主创业，不仅能够实现人生价值，还能拉动他人就业。高职学生可以通过观看电子商务、财经类节目，查阅电子商务、创业类期刊，关注政府出台的相关法律条文，拓宽自己的知识面，增加知识储备，激发自己的创业兴趣，培养创业意识。

第二，高职学生要积极配合学校接受创业教育。一方面在课堂学习中，要认真学习专业课程内容，如市场营销、网店运营、物流管理等，掌握扎实的电子商务专业知识，在实践培训中，掌握专业实践技能，为将来创业奠定基础；另一方面要积极参加创新创业活动，如社会实践、创业大赛、创业培训等，在创业实践中不断成长，深化专业知识和技能，将理论知识转化为实战能力，提升自身的综合素质和各种创业能力，为未来开展创业活动做准备。

2.对高职院校的建议

（1）促进创业教育与高职电子商务专业人才培养的融合

基于高职学生的年龄特点和电子商务专业的教学要求，应着重培养学生的动手实践能力，通过解决实践过程中遇到的问题，培养学生的创新思维。在开展创业教育的同时，需要结合电子商务专业自身的特点，抓住优势，对高职学生进行有效的电子商务创业指导。

第一，教学内容融合。将电子商务专业内容与创业课程的内容相融合。开展创业活动最基本的要求就是对自己所要进入的领域了如指掌，这要求学生将课堂上学到的理论知识充分运用到具体实践操作中，不断融会贯通。要达到这一目的，不仅需要学生熟练运用电子商务专业知识和技能，更加重要的是将创业教育和电子商务教育合二为一，形成一种新型教育模式，使学生充分了解电子商务创业，提高学生的创新精神和创业能力。

第二，教学方法融合。灵活运用启发式教学、头脑风暴、情境模拟等参与式教学方法，让学生在亲身实践中得出结论；在课堂教学中，分阶段进行创业教育和专业教学，第一阶段着重让学生掌握基础知识，第二阶段着重培养各种创业能力，第三阶段强化思维和意识，将所学知识与实践技能相结合，让学生亲身体验创业实践过程。

高职教育的课程设置具有较大的开放性和灵活性，十分有利于创业教育与专业教育的融合，将创业教育理念融入日常教学中，使两者相互融合、相互促进。目前高职院校大力推行"产、学、研"建设，对电子商务人才培养方案进行顶层设计，而这与创业教育融入电子商务课程的理念又不谋而合，能够有效促进高职学生创业或就业。

（2）加强电子商务创业实践课程体系建设

构建合理的电子商务创业实践课程体系，将课堂教学与实践教学相结合，把创业培训、计划大赛、专业社团活动等纳入电子商务创业实践课程计划，建立一个动态化的课程体系，锻炼学生的创业能力。

①构建"三步走"的电子商务创业实践课程体系。首先，为电子商务专业一年级新生开设创业基础理论课程，使学生掌握电子商务创业基础知识，让学生对电子商务创业具有初步认识，激发学生对创业活动的兴趣。其次，为二、三年级学生开设电子商务创业技能课程，使学生掌握创业过程中必备的知识和技能，锻炼并提升创业能力和技能操作。最后，为有创业意向的学生开设电子商务创业实

践课程，为他们配备优良的创业师资队伍，为学生的创业项目提供专业指导和帮助。"三步走"的课程体系为高职学生进行量身定制式的课程设计，帮助全体电子商务专业学生受益和成长。

②建设电子商务创业模拟演练载体。一方面，开展创新创业大赛，如网络商务创新应用大赛、电子商务创业大赛、网络商务创新应用大赛、网店运营对战赛等，并组队参加一些省级竞赛，如江西省电子商务创业大赛、江西省"挑战杯"创业计划竞赛等。将校园创业活动纳入实践课堂，重点加强学生的专业实践能力，通过实践课堂营造良好的创业氛围，激发学生的创业兴趣。另一方面，成立创新创业社团组织。通过社团推动电子商务创业演练载体的建设，如成立电商创业俱乐部等，为有创业意向学生提供创业交流的机会，培养学生的创新思维和创业能力。同时面向全体学生开展电子商务创业讲座、创业项目研讨、创业计划竞赛等开放式活动，拓宽学生视野，提升创业能力。

（3）加强电子商务创业教育师资队伍建设

第一，优化创业教师队伍结构。想要创业教育取得成功，务必要优化师资队伍。

首先，创业教师不仅需要具备扎实的专业知识和技能，还需要有创新思维、创业成功经验等。只有具备这些条件，才能保障高职电子商务学生获得良好的创业教育，在以后的创业活动中少走弯路。其次，拟定相关政策，为每组学生聘请一位校外指导教师，校外导师可以是优秀创业者、成功企业家等，为创业队伍汇入电子商务专业人才，提高教学质量，为学生提供切实有效的指导。最后，聘请具有相关研究成果或创业成功人士担任学校的外聘教师，主要开展创新优秀案例讲座、创业履历分享、企业案例分享等活动，向学生传授自己的实践经验，为学生创业规划做指导，填补创业教育知识板块的空白。

第二，提升电子商务教师的创新创业综合素质。一方面，鼓励任课教师深入企业。为调动教师到创新型电子商务企业实践学习的积极主动性，学校可以制定相关政策，规定中青年教师每年至少去电子商务企业实践两次，通过与杰出的电子商务人士交流、合作，丰富自身的实践经验，了解电子商务行业的新变化，为学生传授紧跟时代发展的电子商务知识，提升自身的教学水平。另一方面，学校可以开展教师创业培训。培养电子商务教师的创新思维，更新教师自身的知识库，满足电子商务创新创业发展对教师的新要求，不断与时俱进，满足学生的学习需求。

3.对相关主管部门的建议

当前形势下，高职院校难以为创业教育提供充足的财力，所以，需要政府发挥作用，把职业教育发展放在突出位置，加大对高职院校的扶持力度，加大资金投入力度，充分发挥职业教育在各个行业的价值。

第一，政府加大资金投入力度。增加对高职创业教育的拨款比例，为其提供财力支持，增加高职学生的创业教育经费、创业基金奖励，提高创业教育教师的薪资水平，为高职院校的创业教育奠定经济基础，为培养创业型人才提供支持，推动社会经济的发展。

第二，拓宽资金投入渠道。一方面，学校可以为创业学生设立启动资金，根据创业项目规模，从几千元到几万元不等，鼓励学生的创业项目进行滚雪球式的增长。如果创业成功，可以偿还款项，资金回流到学校的创业专项基金。倘若创业失败，可以免息分期偿还，甚至无需还款。同时，制定资金管理制度，专款专用，杜绝腐败现象，保证创业孵化资金充足，促进高职院校创业教育的顺利开展。另一方面，政府设立创业基金，对接金融机构，对符合条件的高职毕业生提供一定的贷款额度，政府承担一定的贷款风险，如果风险发生，政府的创业基金可以作为还款资金。

四、将教学与职业资格证书有效结合

目前，大部分企业对毕业生是否获取职业资格证书还是比较关注的。为贯彻"以就业为导向、以能力为本位、以专业技能为基础"以及将理论教学与实践训练、职业技能证书考试紧密结合的指导思想，将电子商务专业教学与职业资格证书培训相结合，从学生入学初期就发布相关的职业资格证书考试说明，将职业资格认证引入电子商务教学，有利于构建科学完善的课程体系证书目录，使学生明确自己的专业方向和要求。

（一）职业证书是就业趋势所在

无论是教育部门还是劳动部门，在对职业教育的管理上都加强了职业证书考取的力度和要求，是否取得职业证书，是能否毕业的必要条件之一，同时将职业证书考取的通过率纳入毕业评估内容项，根据通过率进行相应的评分。可见，现在对于职业证书的考取，相应教育主管部门有多么的重视。

同时，根据调查，许多企业都十分重视毕业生是否有资格证书，至于等级并不是那么重要。这样的情况十分有利于高职院校学生的发展，很明显职业证书就是学生就业的敲门砖。根据电子商务的特点和高职生的特点，我们应该鼓励高职院校学生考取多样的证书，以在职业生涯发展阶段可以有更多的机会。

（二）职业证书是学生掌握技能的证明

职业证书的考取，也代表了学生对技能的掌握程度，具有较高的参考价值。我们在设置实践课程体系的时候，为了学生的长远发展，一定不能把这方面忽略了，只有把实践教学与职业资格证书有效结合起来，才能更好地让学生发展起来，迎接后面的挑战。

根据高职院校电子商务实践课程体系中四层实训台阶的构建和企业对职业证书的需求，高职院校电子商务专业职业证书的考取可以包括在基础性实践阶段完成高新技术办公软件操作员考证；在专业特色实践阶段完成图形图像操作员和电子商务员的考证；在应用创新阶段根据学生的兴趣选择完成网络编辑员或者报关员的考证；在最后的创新性实践阶段则是建议学生根据自己的实际需要对自己证书体系进行完善。这样既保证了在基础阶段学生必要证书的考取，又可以兼顾学生在不同方向发展的需要。

（三）课证融通，构建科学完善的课程体系

课证融通是指把职业资格证书的考试内容纳入教学计划中，建立课程教学体系。即是指把职业标准所对应的知识、技能和素质要求贯穿于专业核心课程中，教学计划、课程计划、课程设置、教学大纲等既考虑了专业、课程知识的系统性、连贯性，又涵盖了职业资格证书培训考试大纲中规定的全部内容。采取行业专业证书获取与课堂专业教学相结合的方式，用社会认可、技术含量高的职业资格证书代替校内课程的考核工作，使专业教育与行业标准接轨。

电子商务员考证，无论是省证还是市证，所涉及的知识点都是和电子商务实践课程紧密联系的。电子商务员四级的考试最近也进行了改版，完全与淘宝连接，因此我们的实践教学体系完全可以引入职业证书考核内容，真正做到学为所用。同时科学完善的课程体系是保证教学有效进行的基础，是培养符合社会需求的人才的有力保障。将职业资格认证引入专业教学中，有助于构建以就业为导向、以能力为本位、以岗位需要和职业标准为依据、以工作任务为引领的课程体系。职业资格认证这条主线，有利于学生形成有条理的电子商务专业知识体系，达到岗位所需的职业能力。

(四)引入职业资格证书,保障实践教学的有效开展

要确保实践教学的有效实施和开展,必须给予相关规定上的保障,人才培养方案是学生学习的大纲和依据,我们应该在实践教学过程中不断完善我们的人才培养方案,把职业资格证书的相关内容融入人才培养方案和我们的课程标准中,从而规范我们的实践教学内容,保证电子商务专业教学内容满足职业证书考取要求,与社会需求和国家职业标准相衔接。

五、完善实践教学多元化考评体系

(一)评价主体多元化

评价电子商务专业实践教学质量的主体除了教师以外,还应该多增加一些主体,可以把学生也纳入评价主体。根据本专业的培养目标,我们可以发现,在教学评价中,电子商务企业对于人才的评价也很重要,所以,应该把电子商务企业也作为评价的主体。

评价主体的不同就会产生不同的评价效果,因为每个主体都是基于自身的角度来进行评价的,但是这些评价都具有一定的指导意义。实践教学的教师要作为评价的主体,并由学生和公司作为补充,全面评估学生对电子商务专业技能的掌握程度。以学生为例,对自己实践的学习成果进行评价,可以发现自己在专业技能方面存在什么问题,这样,学生在解决问题的时候就更具有针对性,也会对自身进行反思,为什么在这些方面会在问题,同时,这也是学生加强自律的一种方式,可以提高学生的学习热情。

除了自我评价,也可以让学生进行相互评价,当然,评价的标准可以由教师和同学一起制定,可以让学生们参与到这个过程中,调动他们的积极性,有利于形成更完善的评价标准。不断发展的市场经济促使企业不断调整对岗位人才的要求。所以,把企业作为评价主体之一更具有科学性。根据企业的评价,能有效把握学生当前技能水平与电子商务相关工作要求之间的真实差距,使学生的电子商务技能得到提高,进而找到专业对口的工作。

通过电子商务企业对于学生的技能水平的评价,教师们可以及时地根据实际的情况在进行实践教学时把落后于实际的部分进行修改。这些 企业为电子商务专业提供的大多数实习职位是网络营销和其他工作。学校可以雇用3～4名在电子商务岗位有很多年工作经验的人员进入课堂,请他们帮忙评估学生的电子商务知识和技能水平,找出学生当前水平和企业需要水平之间的差距,让学生找出自

己的缺点，并明确电子商务教师进行实践教学的方向。除了让教师和电子商务企业对学生的知识技能进行评价之外，我们还可以让班里的同学进行自我评价和学生之间相互评价，这样对于学生掌握的知识技能水平的评价才能具有全面性。多元化的评估主体可以对实践教学提供更为全面的反馈，从而解决电子商务专业实践教学中的问题，让实践教学效果得到提高。

（二）评价方式多样化

评估电子商务专业的实践教学时，我们可以使用多种评价方法相结合，比如，结合定量分析和定性分析，并且对总结性评价和过程性评价一样重视。只有将两者结合起来，评价效果才能更加全面，具备科学性和准确性。

1. 竞赛考试

电子商务专业类的课程是非常具有实践性的课程，同时课程里面也掺杂了很多复杂的其他学科的知识。准确掌握电子商务实践技能不仅能满足本专业的人才培养方案的要求，同时，也能满足电商企业的需求。学生通过参与电子商务比赛，赛前不断练习的准备过程也是教师进行实践教学的过程，在一定程度上也可以达到教学的目标。根据学生比赛的结果，也能测试出教师平时实践教学的效果。教师可以将比赛的结果作为对学生评价的内容之一，甚至可以把这个结果作为考试成绩的一部分，这样做既能使实践教学的效果得到检测，又能让学生和教师之间的关系变得更加亲近，同时也可以让学生更积极地主动参与比赛，投入更多的学习激情。

2. 通过证书测试

学生在电子商务专业认知这一方面存在局限性，市面上和电子商务专业相关的证书各式各样，考取证书的费用也是五花八门，各种证书在质量上也存在高低不一的情形，教师可以在这方面提供指导性的建议。电子商务专业的任课教师在进行实践教学的过程中应筛选市场上各种电子商务专业职业资格证书，并通过检查证书的质量，找到更实用更适合高职学生的证书，鼓励学生积极参与这些资格证书的考试，为了刺激学生考证，教师也可以给予一些奖励，比如，一些学生已经拿到了电子商务专业方面的资格证书，教师可以让学生可以免去一门课程的考试。

3. 观察记录评估

在教师进行实践教学的过程中，要结合各个方面去评估学生的表现，要让评估的内容具有完整性，所以单一的定量方法在这个过程中就不适合，应该使用定性评估方法来对学生进行全面评估。使用观察和记录的方法来评估整个电子商务专业课程的教学过程，对于学生在实训课上的各种表现进行观察和记录，以此作为评估的依据。这种评估方法不仅可以弥补总结性评估的不足，而且可以检验电子商务学生的专业素养，如沟通能力、工作态度和合作能力等。非智力能力很难通过笔试进行测试，因此观察记录方法更具优势。这种评价方法可以提高师生对岗位专业素质的重视程度，帮助高职院校电子商务专业学生在日常学习中重视职业素质的培养。

（三）评价内容完善化

1. 竞赛和考证并进

通过对高职院校电子商务专业人才培养目标的查阅，我们可以看到，学校鼓励将电子商务比赛和考取证书加入实训教学过程中来。教师可以在实践教学的课堂中，在比赛的内容里面添加学生要掌握的电子商务专业技能，同样的，也可以在实践教学中增加一些考证书需要的内容，这样，教师在实践过程中，既可以锻炼学生的基础技能，又能讲解比赛和考证所需的内容，学生在考试和比赛中都能取得好成绩，一举两得。并且，这样做还能使枯燥乏味的教学内容变得丰富多彩，也容易使实践教学系统化。评估学生在证书考试和比赛中取得的成绩，也能让学生意识到自己的技能水平有没有达到企业的需求。

2. 将学生的专业素养纳入评估之中

当前，随着电子商务企业规模的不断扩大，在评估高职院校的电子商务专业的毕业生的过程中，这些企业认为学生不仅需要具备电子商务专业的理论知识，还必须具备实践技能，而且，对学生的电子商务专业素养这一块也越来越重视。可以看出，目前工作中不仅仅是智商的比拼，情商在目前的工作竞争中也占据了比较重要的位置。在高职院校电子商务专业的教学标准中有提到，电子商务专业的学生需要具有良好的独立自主能力、沟通表达能力、团队合作能力等与情商有关的品质。电子商务专业的学生如果具备了良好的情商品质，那么也能成为他们之后工作的加分项。在对学生进行实践评估时，把非知识能力（如专业素养）纳入考虑之中，检测该学校电子商务专业学生的智力和非智力能力，有利于促进学生的整体发展。

第五章　高职院校电子商务专业人才培养现状

本章分为高职院校电子商务专业人才培养的现实性、国内外高职院校电子商务专业人才培养现状、高职院校电子商务专业人才培养的影响因素三部分。

第一节　高职院校电子商务专业人才培养的现实性

一、高职院校电子商务专业人才培养的必要性

（一）高职学生信息素养提升的需要

随着计算机网络的发展，大数据、物联网、云计算技术的应用日益广泛，企业对电子商务专业人才的信息素养和职业技能的要求也越来越高，高职院校信息技术课程的教学内容和教学形式已不能满足学生学习的需要，因此，构建以岗位需求为导向的信息技术课程内容体系，与信息社会无缝接轨，满足电商行业对人才的需求成为必然趋势。在当今世界信息化发展的背景下，信息素养嵌入人才培养目标中已经成为学校教育的普遍趋势，以适应多样化的信息社会和多样化的劳动力市场需求。

电子商务专业作为培养掌握计算机技术、网络技术等现代信息技术的电子商务活动经营或管理人才的基地，在互联网＋背景下更应该注重教学过程中的信息素养能力的培养，为学生信息素养培养奠定坚实的基础。

从国家到地方出台的系列改革文件中，也都明确指出新时期高职教育的课程内容体系应"紧贴市场，紧贴职业"，根据市场动态需求把学生培养成为社会需要的人才。如何把社会需求融入高职院校电子商务专业的信息技术课程内容体系中，满足其对学生信息素养能力的要求，促进区域经济发展，成为亟须解决的问题。

（二）电子商务专业人才需求状况的需要

随着互联网时代的到来，我国电子商务得到了蓬勃的发展，它已经成为21世纪贸易活动的基本形态。我国已经全面启动了 5G 网络以及三网融合的实质性推进，把我国的电子商务行业推向了高速发展阶段。电子商务企业在网络发达的时代下很有优势，通过电子网络交易平台进行销售，可以降低经营成本，高效率地完成商务活动，从而提高企业的经济效益。

《2021年度中国电子商务人才状况调查报告》显示，在被调查的企业中，47.02%的企业急需淘宝天猫等传统运营人才，46.53%的企业急需新媒体、内容创作、社群方向人才，57.43%的企业急需主播（助理）、网红达人方向人才，26.73%的企业急需客服、地推、网销等方向人才，23.76%的企业急需复合型高级人才，如图 5-1 所示。

对此，赢动教育创始人兼总裁崔立标表示，主播（助理）、网红、达人方向人才需求增长迅速，已经连续三年上升。和 2020 年相比，该比例又上升了 10.49%。同时，对复合型高级人才的需求也非常大，达到 23.76%。

不过，由于高职院校人才培养无法跟上电子商务这种快速发展的节奏，无法满足社会、企业对商务人才的需求，尤其在发达地区，人才紧缺现象很明显，相关复合型电子商务人员和管理者明显不足，从而阻碍了我国电子商务的持续稳定发展。

人才需求数量	
淘宝天猫等传统运营人才	47.02%
新媒体、内容创作、社群方向人才	46.53%
主播（助理）、网红达人方向人才	57.43%
客服、地推、网销等方向人才	26.73%
复合型高级人才	23.76%

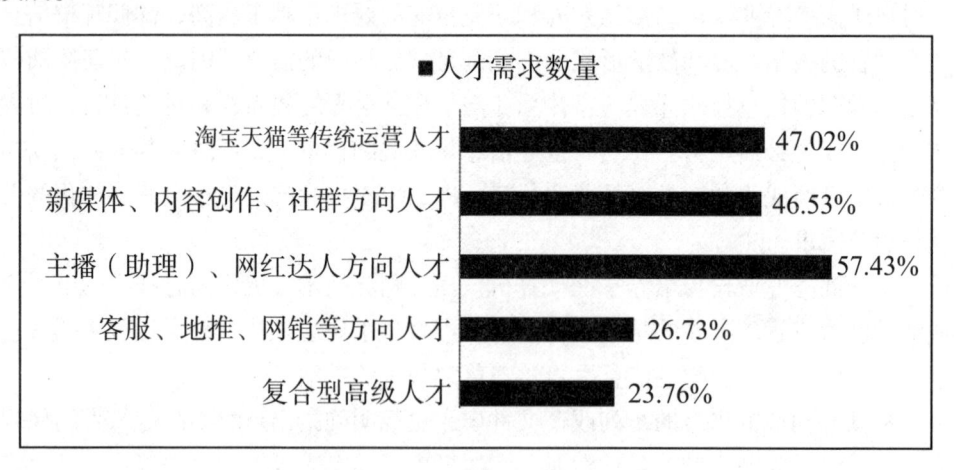

图 5-1　企业人才需求量

（三）乡村振兴要求加强电商人才培养

党的十九大报告中第一次提出实施乡村振兴战略，主要包含了五方面的内容，即"产业振兴、人才振兴、文化振兴、生态振兴、组织振兴"。以农村电商促进乡村产业发展，是一条实现乡村振兴的有效路径。

但是目前农村电商发展遇到的最大的瓶颈就是电商人才的严重缺失，一部分青年农民虽然接受过初中等教育，有一定的基础知识，但仍远远不够。因此，这对高职院校培养的应用型电商人才提出了较高的要求和任务。

从 2017 年农村电商发展情况来看，农村网民数量不断增多，农产品电商交易额增长迅速，并且农村贫困县的网商零售额增长明显。另外《中国电子商务发展报告 2017—2018》中也明确指出，通过电商进行扶贫效果明显，到 2017 年，全国 830 多个国家级贫困县实现了网上零售额 1000 多亿元的突破。农村电商的发展情景越来越广阔，在很大程度上为农村人口提供了就业岗位，解决了大量的农村失业人员。但在乡村振兴、乡村经济发展的同时，对振兴技术和振兴人才提出了要求，因此解决农村电商人才紧缺问题是重中之重。

根据 2010—2020 年《中国农村互联网发展调查报告》中的有关数据，我国农村网民规模在 2010 年为 1.25 亿，而到了 2020 年增长到 3.09 亿，10 年间农村网民人数成倍增长，如图 5-2 所示。

除此之外，农村互联网普及率也有快速的提升，从 18.6% 增长到 55.9%。而当前我国农村居民总量约为 5.5 亿，因此从农村人口总量来看，无论是农村网民规模抑或是农村互联网普及率都有很大的提升空间，这就需要信息技术的不断渗透，这也表明当前农村市场仍然具有较大的开发潜力。农村电商成为活跃城乡市场的重要渠道。

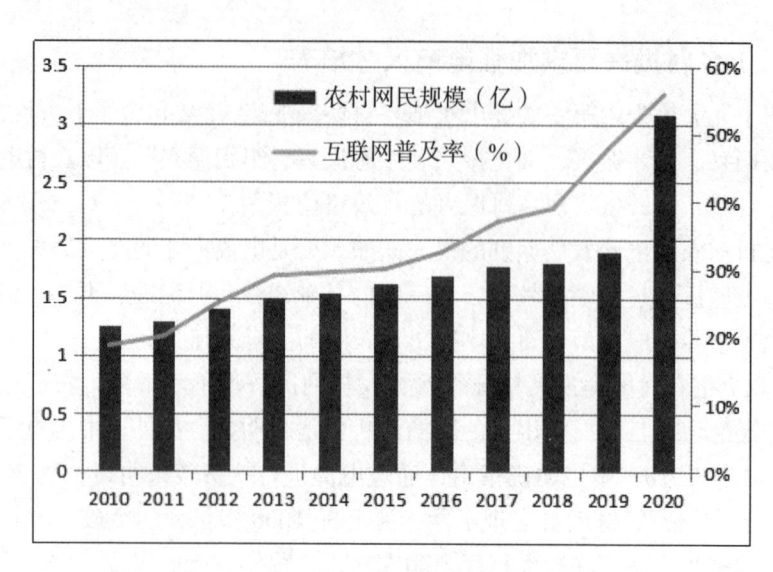

图 5-2　2010—2020 年农村互联网发展情况

2021 年全国县域数字农业农村发展水平评价报告显示，2020 年全国县域农产品网络零售额为 7520.5 亿元，占农产品销售总额的 13.8%，比上年增长了 3.8 个百分点。农村居民更加注重个性化、品牌化、多元化的消费体验，农村市场的消费潜力不断释放；城镇居民通过电商选择全国各地特色优质农产品，减少交易环节，同时不受地域、时间限制，方便快捷。2020 年，我国电商物流农村业务量指数保持增长态势，全年均高于电商物流指数。农村电商促进了农产品上行和工业品下乡，开辟出了一条促进城乡商品"双向流通"的重要渠道。

农村电商成为发展农村数字经济的突破口。电子商务从流通端切入，逐步向农业产业链上游延伸，渗透到农业生产、加工、流通等环节，推动农产品在生产、组织、管理、加工、流通、储运、销售、营销、品牌、服务等环节互联网化，提升全要素生产率，节本增效，优化资源配置，促进农业全产业链数字化转型。

2020 年，全国各类返乡入乡创业创新人员达到 1010 万人，比 2019 年增加 160 万人，同比增长 19%，是近年来增加最多、增长最快的一年，形成了农民工、大学生、退役军人、妇女四支创业队伍；1900 多万返乡留乡人员实现了就地就近就业。据统计，返乡入乡创业项目中，55% 运用信息技术，开办网店、直播直销、无接触配送等，打造了"网红产品"；85% 以上属于一二三产业融合类型，广泛涵盖产加销服、农文旅教等领域。

虽然各项数据都在持续增长，但现阶段农村电商人才整体缺口较大和人才质量较低的问题同时存在，尤其是急需创新型人才和综合型人才。在大多数地区存在着电商人才引进难、招收难、驻留难的问题。同时熟练掌握信息技术、电子商务企业运营和管理、产品品牌的市场推广经营的人才更加稀缺。

一方面，加快培养电商人才，引导电商人才返乡创业，是成为新兴职业农民的一种表现，也对他们接受职业技术教育和培训提出了要求。新型职业农民不同于以前的普通农民，他们更加需要先进的应用型知识和实践技能，同时，也需要具备先进的职业理念、创业精神和现代化的管理能力。新型职业农民还需要更加积极开放的思想为他们的工作提供精神保障。这就要求电商人才不断接受职业技术教育和培训，提高他们的专业技术知识，增强创业技能和本领，拓宽创业信息渠道，方便自己创业就业，成为新型职业农民，实现自己的价值。

另一方面，加强培养电商人才、促进农村电子商务发展可以推进城乡融合，从而有利于实现乡村振兴。城乡融合是实现乡村振兴的有效途径，主要体现在城市和农村在资源和技术领域的整合。电子商务的兴起和发展加快了城乡融合的发展历程，对促进区域经济的发展和我国经济整体繁荣有着巨大的意义。特别是目前农村电子商务的飞快发展，加快了农业相关信息的传播速度，增强了市场交易信息的交流能力，拓宽了农产品的销售渠道，有利于"工业品下乡"与"农产品进城"，加速了农产品和消费品在城乡之间的流通，同时提高了农民对现代信息技术的应用能力，逐步满足了农村、农民的生产和消费需求。

而人才是发展的决定性因素。当前网民的数量越来越多，但是从事电子商务、熟悉电子商务的网民屈指可数，我国急需一批同时精通物流和电子商务专业相关知识和技能的综合型电子商务人才。这就要求高职院校要承担起责任和使命，做好高职院校电商专业教育的基础性工作以及向高等教育过渡的衔接工作，不仅要注重电商学生的基础理论知识，还要加强对他们的技能训练，提高他们的技术水平，培养出一批同时具备现代电子商务技能和网络营销专业知识的技术技能型人才。

（四）服务业的发展要求加强电商人才培养

高职院校开设电子商务专业的主要意义在于培养高素质的电子商务人才，从而满足现阶段市场企业以及行业对电子商务专业人才的需求，提高整个电子商务领域的发展水平，从而推动电子商务专业人才实现进一步优化以及创新，为下一阶段电子商务领域的进步奠定坚实基础。

高职院校开设电子商务专业的重要性主要体现在：当前我国电子商务高速发展，并逐渐取代传统实体商贸行业，成为我国社会经济发展的主要支柱，但由于我国电子商务化发展时间较短且缺少积累，多数电子商务专业毕业生在毕业后就业困难，与现有的电子商务发展势态不相匹配。

因此，如何提高电子商务专业人才的培养质量，提升学生就业率成为当前学校在电子商务专业人才培养过程中所必须重视的问题。通过融入创新元素，并结合市场需求对高校电子商务专业领域的学生人才培养模式进行改进，利用理实一体的教学模式对学生进行综合性的培养，提高教学的质量和效率，实现理论＋实践的双重发展，为下一阶段学生毕业后快速对接电子商务企业相关工作奠定坚实的基础，从而为整个电子商务行业发展注入新鲜的血液，提高行业发展的速度，成为高校人才培养的重要方向。

随着我国数字经济的迅猛发展，我国电商行业正经历着由传统电商转型为数字化电商的阶段。跨境电商、互联网金融、移动互联网等业务飞速发展，内容电商、社交电商、直播电商等运营新模式不断涌现，企业对人才的需求越来越多元化，迫切需要具备新知识、新技能的新型电子商务人才。随着时间的推移，数字经济变得越来越重要。

电子商务专业是一门复杂的专业，其中涉及技术、经济、商业和管理等多门学科。到目前为止，国内外还没有公认的职业课程模式，国内和国际教育工作者正在积极探索和构建专门的电子商务课程系统。社会经济的快速发展导致社会对电子商务专业人员的需求迅速增加。面对强劲的增长势头，电子商务专业机遇与挑战并存。随着电子商务市场的发展，一方面，电子商务的人才需求缺口毫无疑问创造了一个良好的就业形势，使得电子商务专业在职高和中等职业学校中的地位显著提高。另一方面，由于教育资源的限制，高职院校无法与本科院校平等竞争。电子商务专业建设也有特殊性，如果专业定位不当，培养出来的学生也无法像高校毕业生那样具备研发能力，甚至连基本的应用技能都无法掌握，那么即将面临缺乏工作机会和就业困难等问题。随着电子商务行业的飞速发展，电子商务专业的人才需求不断增长。

2021年普通高校优秀应届毕业生人数已经达到900多万人，同2020年比较增加了35万人左右，就业形势逐渐严峻。因此，对电子商务专业的人才的要求会更加严格。在人才竞争日趋激烈的趋势下，高职院校需要了解电子商务行业的市场需求，为电子商务企业培养真正需要的人才。就国内的整体情况来看，电子商务行业中高层次、高水平的人才匮乏，电子商务行业内鱼龙混杂的情况时有出现。

《党的十八大以来经济社会发展成就系列报告之五》指出，党的十八大以来，我国加快转变经济发展方式，经济结构持续深化调整，产业结构不断优化升级，服务业实现快速增长，在国民经济稳定发展中的重要性日益显著。2012—2021年，我国服务业增加值从244856亿元增长至609680亿元，按不变价计算，2013—2021年年均增长7.4%，分别高于国内生产总值（GDP）和第二产业增加值年均增速0.8和1.4个百分点。2021年服务业具体增加值及同比增长值如表5-1所示。2012年，服务业增加值占GDP的比重为45.5%，首次超过第二产业，2015年起保持在50%以上，2021年达53.3%，高于第二产业13.9个百分点。2012—2019年，服务业对国内生产总值的贡献率从45.0%增长到63.5%，提高了18.5个百分点。2020年受新冠肺炎疫情的冲击，聚集性、接触性服务业受到较大影响，服务业对经济增长的贡献率降至46.3%，但仍稳居三次产业之首。此后服务业在抗击疫情的过程中呈现出强大发展韧性，2021年贡献率增长至54.9%，为我国经济持续稳定恢复提供了重要支撑。

2021年批发和零售业增加值为4563.0亿元，比上年增长9.4%；交通运输、仓储和邮政业增加值为1652.4亿元，增长8.0%；住宿和餐饮业增加值为913.5亿元，增长13.3%；金融业增加值为2288.0亿元，增长4.5%。

表5-1 2021年我国服务业增加值及同比增长统计

行业	增加值（亿元）	同比增长（%）
批发和零售业	4563.0	9.4
交通运输、仓储和邮政业	1652.4	8.0
住宿和餐饮业	913.5	13.3
金融业	2288.0	4.5
房地产业	2945.4	2.4
信息传输、软件和信息技术服务业	1000.7	15.7
租赁和商务服务业	1414.5	7.7

根据人力资本理论的内容，在经济发展过程中对高职电商专业的学生进行职业技术教育，有利于提高学生的人力价值，增强他们的技术水平，推动他们就业，从而可以进一步促进经济的快速发展。新时期经济实现高质量发展离不开现代服务业这一重要推动力量，它是依托电子信息技术和网络技术等现代化科学技术，

结合现代金融业和电子商务服务业等发展起来的新型服务业，具有高科技水平、高素质员工和高发展质量的特点，因此电子商务的发展对现代服务业的发展具有重要推动作用，同时这也对高职电商人才的培养提出了较高的要求。

其实不难发现，我国服务业的发展离不开电子商务的推动，反之服务业的发展也为电子商务的发展提出新的机遇和挑战，大量的专业电商人才竞选上岗，才能更好地推动电子商务的发展，促进我国经济水平的提高。但是，目前电商人才的应用型技能和知识远远满足不了电商服务业的发展需求。因此，电商人才需要更加主动积极地改变自己的受教育现状，在高职接受教育时就要努力提升自己的专业技能和素质，争取更好地适应电商服务业的岗位需求，发挥自己的价值，推动电商服务业发展。

二、高职院校电子商务专业人才培养的可能性

（一）高职教育改革人才培养的转型

近年来，各大电商企业的发展战略发生转移，农村成为电商战略布局的关键因子。阿里巴巴推出"千县万村"计划，京东发布农村电子商务"星火试点"计划，重点聚焦于县级服务中心和"京东帮"服务店建设，苏宁云商早在2015年就开始规划建设苏宁易购服务站。农村市场的巨大吸引力促使各大电商巨头加速"抢滩"，使高信息素养电商人才需求出现较大缺口。

随着时代的发展、科技的进步，我国农村电子商务一直呈高速发展趋势，以贵州省为例，截至2020年，全省农村电子商务经营主体、运营平台、支撑体系、人才培训机制等农村电子商务生态圈基本成型。农村电子商务交易额占GDP的比重超过5%，特色优势产品电商化率超过30%，电商人才需求量达到15万人左右，建成20000个村级电商综合服务站，1000个农村电商运营服务中心＋电商产业园＋创客中心，农村电子商务服务网点覆盖80%以上的乡村。

上述背景下，企业对电商人才能力的要求随之改变。高等职业教育应紧跟社会经济发展对人才需求的转变，培养能满足社会需求的具备相关职业能力的人才，为实现乡村振兴培养高质量人才。

（二）电商人才培养的技术支持

我国现阶段着重加速5G、大数据、人工智能、物联网等网络信息技术的开发与建设，尤其是5G与人工智能技术的发展，不但提高了我国电子商务企业经营效率和服务水平，而且为电子商务开发、扩展了新的增长点，即智慧零售。

2019年2月28日，中国互联网络信息中心在北京发布第43次《中国互联网络发展状况统计报告》。《中国互联网络发展状况统计报告》显示，到2018年12月，中国互联网用户为8亿多人，中国移动互联网用户数量超过8.1亿，通过手机上网的互联网用户大约占98%。2018年，互联网的覆盖范围进一步扩大。贫困地区网络基础设施也逐步建成，"数字网络鸿沟"明显缩小，居民进入网络的门槛进一步降低，我国网购用户的规模超过了6亿，且网民使用率占到约73%。

以百度、阿里巴巴、腾讯、京东等为代表的龙头电子商务企业在人工智能与其他科学技术的帮助下，为电子商务的发展提供了技术支持，使得人们的消费方式发生了翻天覆地的变化，引起了人们由传统的购物方式向电子网购新方式的转变，并且使得人们的支付方式更加便捷，进一步推进了电子商务行业的蓬勃发展，从而释放了大量的电商工作岗位和机会，带来了大量的电商专业人才的需求。

一方面，互联网科技的发展，促使电商岗位增多，这客观上要求高职院校不断培养更多的优秀电商人才来满足电商企业的需求。

另一方面，科技的进步与发展，使得高职院校不断更新电商专业的授课方式和授课内容，提高了课堂模拟电商交易的可能性，使得教学更直观形象，便于高职电商学生学习和吸收专业知识，为高职院校培养电商人才提供了技术支持。

（三）电商人才培养的政策依据

到目前为止，我国已经颁布了一系列加强职业技术教育以及加强培养电商人才的相关文件和政策，例如，国家颁布的《现代职业教育体系建设规划2014—2020》《国务院关于加快发展现代职业教育的决定》等，明确提出要加强高职院校对综合性应用型人才的培养，而目前电子商务对应用型的人才需求较大，因此这些政策为高职院校培养电商人才提供了依据。

此外，我国各个省份也对电商人才的培养出台了一系列的支持政策。例如，福建省商务厅针对福州市电商行业的发展早在2014年就出台了《关于电子商务专业人才的培训工作方案》，强调电商在校生要加强自己的技能训练和综合素质的提升，毕业之后能够直接上岗；2016年又出台了相关政策，强调随着技术的发展，学校要实时更新教学目标和培养方案，顺应发展趋势，加大对跨境电商人才的培养，促进跨境电商的发展。宁波市人民政府在2015年发布了《关于加快培养电商人才的若干意见》，具体指出职业学校对电商人才的培养起着基础性作用，要注重学生的实际操作能力，要加大政府对学校的资金支持和师资培训，发展壮大电商平台，引导更多的毕业生在电商行业就业创业。

这些关于职业学校加强电商人才培养的政策和文件，很大程度上鼓励了高职院校加强职业教育的积极性，保证了学生能够学有所依，学有所用，不仅促进了电商专业学生自身条件的发展，也为电商行业的发展培养了技术技能型人才。

第二节 国内外高职院校电子商务专业人才培养现状

一、国内外高职院校电子商务专业人才现状研究

（一）国外电子商务专业人才培养研究与现状

1. 国外关于电子商务专业人才的培养研究

国外职业学校通常不开设电子商务专业，而是将电子商务知识作为一门课程，而不是重新设立一门专业。

在美国，电子商务课程是针对企业和社会发展的需求量身定制的，课程的内容是针对时效性、实用性技术而量身定制的。课程建设和发展以满足企业的需求为目标。但是，这种模式限制了个人的职业发展，没有其他因素可以促进个人的长期发展。在美国，职业教育与企业、市场联系紧密，特别注重实效。

因此，高职教育是以社会和企业的发展需求为主要依据去设置电子商务课程的，主要强调的是实践性、实效性和技能性。完全以企业的需求目标为电子商务课程发展与建设的导向，什么是企业迫切需求的，学校就把什么作为教学内容和教学目标。但是，这种职教模式很容易引发一种不良的后果，即完全以企业的需求为导向，类似职业培训的高职教育，会造成学生很难适应本专业以外的领域，限制了学生未来职业规划的多元化，例如，学生就业之后想转投其他行业之时会发现难度异常大。很明显，这种模式不能满足个体职业长期发展和规划的需要，制约着学生的职业健康发展。

德国的职业教育被称为"国家承认的职业教育"，在满足企业利益和社会名誉的同时，注重对学生可持续发展的培养。德国职业教育推行了"双元制"课程

机构模式，具体可以分为三个阶段：第一学年注重基础课程的开设而并非普通文化课程的开设，第二学年的重点是职业大类而非专业大类，第三学年将职业大类的学科内容放在设置的突出位置而不是专业大类的学科内容。这种三段式课程结构由联邦职业教育研究所直接进行研发。德国倾向于将理论与实践相结合，采用三段式课程结构模型，并通过技术培训给予学生极大关注。

在日本，课程结构是将专业划分为高职院校和专修学校，以课程代替专业来稀释课程和专业之间的界限以覆盖所有的社会职业课程。这种课程建设模式既兼顾社会需要又有其独特特点，对高职院校学生来说，既能学到理论知识又能使能力得到锻炼。

综上所述，所有国家都在最大程度地平衡职业学校的专业和市场发展。电子商务作为一个新兴事物，没有办法详细描述电子商务的具体构建模式，但是相关教育都将学生的实践和应用能力培养作为重点。但是两者结合的程度不够，所以成效还不是十分明显。

2. 国外电子商务专业人才培养现状

在美国、欧盟、日本、韩国等西方发达国家和地区，电子商务比较普及，特别是在欧盟，有一定规模的企业几乎都开设了电子商务交易平台。据2015年的统计，欧盟从事电子商务的人员达到130万人以上，由于欧盟国家之间交往密切，企业基本实现了互通有无，国内电子商务人才和跨境电子商务人才基本没有区分，企业没有专门的跨境电子商务人才。在美国，由于企业的国际化程度比较高，企业也没有对电子商务人才进行区分，基本上电子商务人才也同时从事跨境电子商务业务。

总之，国外电子商务人才环境良好的局面与国外高校、企业、政府的共同努力密不可分。在1990年后，国外的电子商务在全球迅速发展，国外高校逐渐重视跨境电子商务人才的发展。在欧美国家，美国哈佛大学认为要明确办学目的，重视能力培养。一是调整和修订教学教材，教材中要突出创意教学，为电商人才提供兴奋感和向往感，减少学生不重视甚至放弃该专业的情况。二是开设小班教学，更多地促进学生和教师的交流，增加每位学生参与课堂讨论的机会。三是设立科研项目，让学生积极参与研究，从而加深对电子商务的理解。四是实行校企合作，推动成果转化，政府鼓励将高校知识转化为经济增长的引擎，支持高校与企业合作，帮助企业发展。

此外，在美国，不少的高校已经自主与企业建立合作发展的关系。例如，斯坦福大学、哥伦比亚大学、纽约大学与曼哈顿电子商务经济兴起和繁荣紧密相连，其中斯坦福大学利用闲置的土地建立了电子商务创业园，专门用来研究电子商务和科研项目。在英国，牛津大学和剑桥大学对电子商务人才的选拔非常严格，不仅注重学生的学科成绩更注重学生的人文素养，提倡精选教学内容，让学生通过自主学习与参加各种电商活动来提升自己。除了高校对电商人才培养之外，跨境电子商务人才职业教育也非常受各国重视。以英、美、德、澳4个发达国家为代表，它们都非常重视跨境电子商务职业教育。

在职业教育培养目标方面，英国职业教育注重培养"自我管理""交往沟通""技术运用""设计与运营"等能力。

美国倡导通过职业素养、职业训练、职业领域等各方面的系统培训，来帮助就职人员获得电子商务行业系统的知识和技能。

德国将"职业能力"作为跨境电子商务人才培养的核心内容，重视就职人员对工作环境的应对变通能力。

澳大利亚引导就业者通过以往工作经验的积累来加强工作岗位中所需的职业技能，以此来应对不断变化的跨境电子商务市场。

跨境电子商务师资队伍方面，国外职业教师最低要具有本科学历，同时要接受专业的训练，但在不同的国家又有区别。英国采取法制化的教师标准，通过严格的职前考察、可持续的培训来培养高质量的职业教育教师，进一步提高了职业教育质量；美国对于跨境电子商务教师的要求使必须大学本科毕业或者是研究生，"打造双师"培训，提高教师综合素质从而服务于学生；德国对职业教师的要求较严，职业教师的专业技能需要达到大师级别，还需要不断地学习和培训；澳大利亚要求职业教育教师必须具有3～6年的电商工作经验，各类资格证书齐全。以上各国对跨境电子商务职业教育教师的要求都是从重视跨境电子商务人才质量的基础上出发，以期能够通过高质量的师资团队做好跨境电子商务职业教育培训。

目前，国外跨境电子商务发展环境较为成熟，人才状况比较乐观，基本上都是从高校培养和职业教育这两方面实施人才培养方案。与国内相比较，国外的人才培养体系较为成熟，值得学习与借鉴。

（二）国内电子商务专业人才培养状况

1. 国内电子商务专业人才培养现状

随着"一带一路"倡议和"东盟贸易"的实施，国内需要大量的电子商务类人才，尤其是具有跨境技能的电子商务人才。

（1）跨境电子商务人才缺口大

被调查企业中，人才比较稳定，能够满足企业运营需求的占25%；处于招聘常态化，每个月都有招聘需求的企业占36%，业务规模扩大，人才需求强烈，招聘工作压力大的企业占32%；企业人员流失率高，招聘难度大的企业占7%，有70%的企业存在人才缺口。虽然每年有近10万电商专业毕业生，但由于电商行业飞速发展，特别是大量的传统企业向电商发展，对人才的需求量加大，人才缺口很大。

（2）行业快速发展导致人才需求压力大

被调查企业中，21%的企业认为企业处于创业期，存在诸多的问题，19%的企业把问题归于企业人力资源管理体系不完善，30%的企业认为人力资源压力源自企业快速成长，30%的企业把问题归于电商行业竞争加剧。特别是近几年，电商企业大规模发展，工作量逐步增加，压力加大会导致新进员工不断流失。

（3）企业人力资源管理难度增大

形成这一现状主要是因为90后员工成为电商企业的主流，他们"追求个性、追求独立人格、以物质经济主导、要求尊重公平"的行为特征给企业管理带来很大的挑战。而且电商发展迅猛，门槛不是很高，很多企业都处于创业期，在企业制度、企业文化、激励体系等方面不健全。电子商务行业呈现出发展迅速、工作节奏快、压力大、加班频繁、离职率高的特点。教育部于2010年批准北京交通大学、北京邮电大学、浙江大学等13所高校招收电子商务专业学生，于2011年开始招生，到2017年，全国共有334所高校和660所高职院校开办电子商务专业，年招收相关专业大学生近10万人。但电子商务专业人才的就业对口率不足50%，2016年被教育部列为黄牌专业。

经过分析，当前我国跨境电子商务涉及电子商务与国际贸易等多方面的知识，对从业人员有较高的要求。由于教育部未设置跨境电子商务专业，人才匮乏成为各地跨境电商所面临的最大问题之一。中国电子商务研究中心的数据显示：目前，跨境电商企业的人员招聘多倾向于国际贸易专业的学生（70.1%）；尽管国际贸易专业每年都有大量毕业生，但依然有85.9%的企业认为目前跨境电商人才存在缺口。

2.高职院校电子商务专业人才培养实践现状

（1）人才培养目标

电子商务作为一个交叉学科，涉及经济、管理、计算机科学等学科，注重计算机等信息技术在商务过程中的应用。高等学校电子商务专业以培养面向世界、未来和现代化，具备德、智、体、美、劳等基本素质，掌握现代经济、管理和信息技术等相关知识，具备从事网络环境下企事业单位所需的商贸购销、商务管理或商务技术支持等现代化商务实践、教学科研等工作能力的复合型、专门化人才为目标。各个高职院校依据电商教指委文件要求，依据专业所在院系的不同，选定经管类或工程类作为电子商务人才培养方向，制定了本校电子商务人才培养目标。

（2）专业能力培养

各个高职院校电子商务专业人才培养目标存在着差异，这也导致了他们对学生专业能力的要求也有所区别，但大都涵盖以下几个方面：系统地掌握管理学、经济学、计算机科学、电子商务的基本理论和知识，具备现代管理和信息经济的理念；掌握信息技术和网络信息服务综合技能；掌握电子商务系统构建和实施知识，具有电子商务的设计与开发能力；掌握商务运营、营销管理的基本方法，有较强的商务运营能力等。

（3）主干课程设置

依据电商教指委的要求及各高校对电子商务专业学生培养的要求，各高校都制定了本校电子商务专业人才培养的课程体系，其中大多涉及经济、管理、计算机等相关的课程。

二、高职院校电子商务专业人才培养存在的问题

（一）院校方面存在的问题

1.人才培养目标与社会需求存在差距

目前，跨境电子商务人才培养模式虽然随着时代的发展和信息技术的日新月异，在原有的基础上，有了一定的发展，但是由于受到之前传统国际贸易、电子商务专业人才培养目标和计划的影响，跨境电子商务人才培养目标不明确、人才定位与行业需求相脱节。人才培养目标不明确主要表现在人才供给和需求不匹配，

当前很多高职院校的跨境电子商务人才培养目标过于粗略，过分重视知识体系的学习，而忽略了能力的训练，导致该专业的学生不能很好地将所学知识与电子商务贸易实践相结合，他们的知识大多停留在理论层面，理论缺乏实践的指导。而且跨境电子商务人才定位不清晰，人才定位直接影响人才的市场竞争力，跨境电子商务人才培养模式没有注重对学生能力的培养，只注重知识的灌输。

首先，人才培养目标定位不够明确。教学内容没有侧重点，就是把商务知识和计算机知识简单结合起来教学，从而导致学生在学校里没有学到什么有用的知识和技能，学得不精，这种教学方式不适合电子商务专业人才的培养。学校没有创新教学思路，依旧在讲授传统商务相关知识，并没有将互联网信息技术渗透到商务知识中。还有一些高职院校就是把教学重点放在计算机网络技术的运用方面，很多学生相当于在学习信息技术知识，对商务知识一窍不通。在电子商务人才培育中，由于缺乏明确的培养目标，教学内容缺乏针对性，导致这些人才在进入社会后并不能促进未来电子商务行业的发展。从对企业的调查来看，目前企业需求较大的岗位是一线营销和运营，但大多高职院校并没有根据学校实际和区域行业需求确定明确的岗位培养方向，甚至有些学校更偏向于培养技术型人才。

其次，人才培养目标与实际培养效果存在脱节现象。从对毕业生的调查来看，高职电子商务专业毕业后一直从事电子商务的毕业生仅占30%，大部分转行或者升学。毕业的学生在电子商务岗位上存在"低不成高不就"的状态，电子商务发展迅速，基础岗位的人才需求减少，需要具有较强自主学习能力和能够快速适应新变化的人才。

最后，人才培养目标落后于社会新需求。新零售的出现使社会对人才的需求发生改变，特别是技术岗位和营销岗位对电子商务人才的要求日渐提升。但高职院校电子商务专业当前的人才培养目标定位并未及时调整，滞后于社会需求。

总而言之，"互联网+"背景下，跨境电子商务专业培养出来的人才不能满足企业对于人才的需求，虽然每年都会培养不少的跨境电子商务专业毕业生，但是能满足企业需求的人并不多，人才供给和市场需求不相匹配，从长远来看，不利于我国电子商务行业的可持续发展。

2.人才培养定位与社会需求之间存在偏差

电子商务行业发展得如火如荼，但电子商务的专业发展相对滞后。该专业从获批至今约有20年，作为典型的交叉类与应用型学科，各大院校人才培养定位与模式各有不同，然而所面临的核心问题十分相似，即培养出来的学生多是脱离真实电子商务行业岗位的泛泛之才,缺少一技之长及核心竞争力。同时,人才培养方案的制定缺乏时效性,无法与市场同步,人才输出远远赶不上电子商务行业的发展需求。通过对多所高职院校电子商务毕业生的实习和就业的调研,多数学生反馈初入职场面临的最大问题就是理论知识不落地,与实际工作脱轨,其根源在于学校的人才培养模式与社会需求之间存在较大偏差,在制定人才培养方案时,缺乏深入调研及实际论证,对于具体工作岗位要求和职业素养要求不够了解,导致人才培养目标宽泛而笼统,人才培养方式依旧侧重于知识的灌输而非综合实践能力的培养,很多学生缺乏竞争力,毕业后的工作起点相对偏低。

3.人才培养课程设置不合理

(1)课程体系设计思路不清晰

部分学校由于人才培养目标定位模糊,在专业课程体系的设计中只是按照专业基础课、核心课、技能课等模块填充课程,并没有合理展示知识、素质、能力等的递进关系。

在课程设置和教学内容方面,存在教学内容不符合实际、课程体系不能满足企业需求等问题。电子商务发展较快,如果教学内容以及理论体系无法及时更新,那么将会和社会的真正需求相背离。高职院校培养出的人才,将无法满足社会的需求。

伴随着信息化进程的不断推进,教科书中的很多内容往往都表现出一定的滞后性,这样培养出来的学生自然得不到企业的青睐。例如,在某技工学校的电商专业设置中,课程主要侧重于计算机软件等方面的知识,在经验以及实践能力的培养上存在明显不足。电子商务企业对人才的要求并非掌握简单的基础知识即可,而是比较注重实战经验。

(2)实践课程比例偏低

在对毕业生的调查中,只有29%的毕业生认为学校开设的课程对工作有很多帮助,能够培养学生能力的实践课程的比例较低,未满足教育部在2019年发布的《关于职业院校专业人才培养方案制订与实施工作的指导意见》中对"实践性教学学时原则上占总学时数50%以上"的规定,学生毕业后较难满足社会对这方面人才的要求。

(3)课程设置滞后

电子商务专业的学生在进入社会后,其各方面的综合应用能力能帮助他们更好地应对各种工作困境。不过,一些很多高职院校在开展电子商务课程时,并不重视培养学生各方面能力，由于课程设置的不合理，很多技能类课程都被安排到了第二学年的学习计划中，而且相关商务课程的开设也比较晚，例如，市场营销课程被安排在最后一学年的第一学期，一般而言，很多高职院校的学生在第三学年就要开始实习了，在校学习时间也会更少，这样就导致很多学生既没有学好技术类课程，也没有掌握好相关的商务管理知识。高职院校的电子商务专业的学生既没有计算机专业学生高超的计算机技能水平，也没有掌握专业商务知识，甚至还不如市场营销、商务英语等专业的学生掌握得多，给他们的就业带来了很大的压力。

电子商务专业的特征决定了其不仅需要专业理论知识奠定基础，更需要建立基于真实环境的专业实训教学体系，以此培养学生的商业敏感度及实战技能。然而现有的课程体系依旧和传统学科一样，"广而全，多而杂"，缺乏专业发展特色，更未体现出职业教育与普通教育之间的区别。高职院校普遍采用的课程体系是"互联网技术＋商务管理相关知识与技能"，而电子商务的主要岗位包括运营类、技术类、销售类、设计类、客服类等，且新兴岗位不断涌现，学校专业课程体系与企业岗位难以匹配，且理论知识相对陈旧，教材中有些观念和技术相对落伍，最近几年，高职院校电子商务专业不断增加实践课程比例，然而所依托的平台多数是虚拟仿真软件，与真实的工作环境相差甚远，学生的学习积极性较差，实操能力的提升幅度有限。多数专职授课教师并非电子商务专业科班出身，又缺少电子商务一线工作经验，虽然对行业动态多有关注，寒暑假也会参加相应的企业实践，但无论是从时间方面还是参与度方面，都如蜻蜓点水，对于企业岗位的了解不够深入，无法在课堂上带给学生实时的行业资讯、切实有效的就业实践指导以及专业技能方面的针对性培养。

目前较多本科院校延续原有的国际经济与贸易、电子商务、商务英语、国际商务等专业的培养方法培养跨境电子商务相关人才，将跨境电子商务人才培养纳入相关专业人才培养方案中，但整体教学体系的设置依然以原有专业为主，只在专业选修课中适当增加跨境电子商务相关课程，导致这些课程缺乏衔接性，课程的交互性在教学中也没有得到良好的运用，学生所获取的知识比较零散。这在一定程度上值得我们去思考专业的设置和人才培养方案与市场需求之间的匹配程度。

4.人才培养内容陈旧且单一

虽然我国高职院校就电子商务开设了相关的教学课程，但在电子商务人才培养过程中大多数教师所使用的教学模式仍以讲授基础知识以及基本理论为主，利用灌输式教学方法对学生进行填鸭式教育，虽然能够按照国家教学标准快速完成教学任务，但是在该教学模式下，学生缺乏相应的实践经验，只能在电子商务领域纸上谈兵，不能及时有效解决实际运营过程中出现的各种问题，从而使该专业学生表现为理论知识能力较强，但综合能力水平较低，这与现阶段我国各电子商务企业对人才需求的标准不相匹配，影响学生就业率的提升。造成这种情况的主要原因是高职院校在该专业教学过程中不重视教学模式的创新及发展，所使用的教学体系、教学模式内容陈旧，即使会在学生最后学习阶段让学生参与实习工作，但学生的实习往往流于形式，没有注重对学生综合能力的培养以及实践能力的锻炼，导致学生对电子商务的认知仍处于初级阶段，学生综合水平无法得到提升，进而影响学生未来在该领域的发展。

（二）教师方面存在的问题

随着"互联网+"技术与专业课程的融合以及跨境电子商务行业的飞速发展，高职院校电子商务专业对于师资队伍的要求也在不断提高。然而，师资队伍建设与电子商务专业的发展之间存在不同步的现象，因为教师主要来自国际贸易专业以及经济专业，他们的专业基础知识虽然扎实，但是电子商务专业是一门近年来随着国际贸易发展而新兴起的专业，很多专业教师没有实质性参与过电子商务活动，因此，他们对于电子商务行业的运营、发展和动态还不够熟悉，理论知识与实践关联还不够紧密。师资力量的不坚实导致教师对于电子商务人才的知识传授不到位、理论实践相脱节。

1. 缺乏对电子商务专业人才培养的理念的创新

众所周知，电子商务作为一门在信息产业基础上诞生的商业运作模式，在现阶段信息技术不断发展的背景下，其内容也在不断丰富，所以必须结合电子商务发展现状，对教学模式内容进行创新优化，才能够保障基于该教学体系下所培养的学生能够快速进入工作状态，提高学生的就业率。但是，大多数教师在实际教学过程中不重视专业人才培养模式的创新以及改进，仍从始至终采用传统的教学模式，按照传统的教学程序和教学步骤对学生开展教学，所使用的教学方法也相对落后，无法激发学生的学习兴趣，致使学生学习积极性下降、学习状态不佳、学习热情不足，影响学生能力的提升，不利于学生在电子商务专业领域的发展。

现阶段，高校电子商务专业领域教师的教学水平有待提升，大多数教师对电子商务的认知仍处于第一阶段，只是能够概括电子商务的概念以及具体的发展和应用措施，对于社会背景下电子商务的发展状态和发展情况没有进行过多的了解。在此基础上，如果要求教师强行对电子商务人才培养模式进行改进优化，很可能会因为教师本身教学水平较低、缺乏优化经验而导致电子商务人才培养模式无法得到有效改进，致使该模式下的人才培养水平下降，对学生今后在该领域的发展造成不利影响。

  从师资数量看，高职院校电子商务专业普遍学生较多，专任教师较少，有些专业课程由其他专业的教师讲授。从专业背景看，教师拥有电子商务专业背景的比例较低，不少教师都是国际经济与贸易、计算机等相关专业的，对于电子商务的认识相对较浅，对新零售等行业新发展的认知更是不足。从职称结构看，高职称教师的数量低于国家标准。从教学水平看，虽然大多数教师教学经验较为丰富，但实践性教学水平还比较低，接近60%的教师都没有相关岗位经验，实践教学方法流于形式，本质上仍是采用传统理论教育的模式。导致上述现象的原因有以下几点：首先，电子商务的快速发展导致人才需求增长，高校电子商务专业毕业生大多选择在企业工作，从事高职教育的较少，因此专任教师中本身是电子商务背景的教师较少。其次，大多高职院校对"双师型"教师的评定条件是要有"双证书"——既要有教师系列职称证书，又要有电子商务行业的职业技能证书，也就是要兼备理论教学和实践教学的素质。但是无论是职业技能证书还是职称证书的获得都需要时间和经验的累积，存在难以并行的困局。例如，有多年职业经验的人进入高职院校后需要累积3～5年的教学经验才能评定教师系列的职称。再次，教师缺乏提升专业素质的自觉性，仅着眼于完成教学任务，对当前行业的发展动态不了解。而且不少学校电子商务专业教师较少，教学任务繁重，能够进行自我提升的时间和精力不足。最后，学校缺乏教师岗位技能提升培训机制。当前校企合作针对教师方面的培训或实践项目相对较少，教师缺少对外交流和提升的机会。

2. "双师型"教师队伍建设薄弱

  当下，我国职业学校中的教师群体超过130万人，具体而言，中职院校方面的教师群体超过83万人，而高职院校中的教师接近50万。"双师型"教师的数量稳步提升，其中，中职学校"双师型"教师的占比达到了31.5%，高职院校"双师型"教师的占比达到了39.7%。这是职业院校教师队伍的基本情况。

  《国家职业教育改革实施方案》（简称《职教20条》）指出，多措并举打造"双师型"教师。在2019年，职业院校的教师人员，一般来说最低需要具备3年的工作经历，同时需要满足高职和以上学历水平；一些技能型人才，可以相应地降低学历门槛。2020年开始后，应届生不具备直接参与教师招聘的资格，这说明了有工作经验特别是有企业经验的重要性。然而，具有电子商务实战经验的教师是开展电子商务人才培养最重要的资源，也是目前高校最缺乏的资源。

（三）政府方面存在的问题

1. 电商人才职业技术教育的制度不健全

根据人力资本理论的内容，政府对电商专业学生的职业技术教育承担着重要责任，如果政府没有及时承担起责任，一定会对电商人才的职业技术教育产生不利影响。部分高职院校的教师和领导反映，政府对电商人才职业技术教育缺乏健全的制度保障，这对学校进行教育造成了很大的不便。

首先，缺乏完善的监管制度。虽然政府已经颁布实施了电商人才职业技术教育的文献政策和法律法规，但尚未实施。在这个过程中，由于缺乏有效的监管体系，这一政策不能得到落实，也不能惠及电商人才。

其次，相关法律制度不健全。目前对电商人才加强职业教育的法律规定较少，内容也比较片面。

最后，评价制度不健全。政府没有完善对电商人才教育的评价制度，导致政府缺乏参与学校对电商人才的考核。

2. 对电商人才职业技术教育的投入不足

政府对人力、物力和财力的合理投资是保障电商专业学生在校接受职业技术教育的基础，也是在高职院校落实各项职业教育政策和法规的最重要手段。

然而根据调查发现，目前各级政府虽然已经做了大量工作，但学校中的电商人才实际收到的人均教育补贴并不多，每年都有不少学生因为接受职业技术教育需要承担更多压力继而放弃接受教育。

另外，政府对学校投入的师资力量较少，"双师型"教师资源欠缺，导致学校无力承担电商人才的职业技术教育，造成电商人才人才资源的流失。而且，政府投入资金不平衡。对中东部高职院校投入的远远比西部的多，对城市内的高职院校投入的比农村的多，导致高职院校的职业技术教育水平畸形发展。

（四）学生自身存在的问题

1. 学生参与职业教育积极性不高

电商专业的学生参与职业技术教育的积极性不高，很多在校的电商专业学生并不能全心全意跟随教师完成上课和课下的教学任务，总会出现旷课、逃课等多种情况。普遍学生认为理论知识的教学对他们而言是没用的，到了工作岗位应用理论的机会几乎没有，因此他们更加认为在校参加理论学习是浪费时间的表现，从而导致大部分的高职电商专业的学生理论知识薄弱而动手能力较强的鲜明特点。

2.学生对自己的职业定位不清晰

很多时候，一些高职院校在人才培养方面，并没有对学生将来的岗位进行相关定位。因此，许多毕业生对于电子商务专业的实际应用领域和发展前景欠缺了解，而且，很多学校并没有将教学内容与实践企业所需岗位内容相结合，培养目标与企业需求背道而驰。虽然毕业生在简历里写了电子商务专业以及所修的课程和学分，不过招聘单位不会直接写"电子商务"职位，而是写具体的职位名称，例如，信息调查、国际贸易、网络计算、行政管理等岗位。对于企业而言，这些工作岗位电子商务专业学生也可以胜任。但是很多学生并不了解企业的岗位工作内容，也不知道如何撰写简历来凸显自己的优势，更没有优秀的面谈能力，导致就业困难。

3.学生缺乏明确的职业规划

大多数高职学生没有清晰的职业规划，对未来从事的工作以及就业方向很迷茫，导致他们在学校期间无法合理地利用学习时间，无法更好地充实自己以及提高自己。另外他们对自己在接受职业教育方面投入时间和精力较少，主要表现在课下不主动学习与电子商务相关的其他课程，不积极参加社会或者培训机构的相关技能培训，导致他们的职业技能较弱，知识面较窄，知识量较少。

第三节　高职院校电子商务专业人才培养的影响因素

一、高职院校电子商务专业办学定位与人才培养目标

（一）高职院校电子商务专业办学定位

质量是教育的生命线，要想提升人才培养质量，首要问题就是进行科学的办学定位。办学定位是指高校从长远发展的角度出发，结合学校自身条件、共同愿景和分类标准而对学校发展方面做出的角色确定。学校办学定位的主要内容包括

办学类型定位、办学职能定位、办学层次定位、发展目标定位、培养目标定位、服务面向定位、办学规模定位和办学特色定位等八个方面。

正确科学的办学定位是高职院校改革和发展首先要解决的问题，它决定着学校未来发展战略和规划的制定，决定着学校人才培养目标的规格、方向和质量。因此，在高等教育高质量内涵式发展的新形势下，如何找准自己的发展方向，确定自身的发展规划与战略，是高职院校头等重要之大事。按照新一轮审核评估的要求，学校办学定位要坚持社会主义方向，贯彻落实立德树人根本任务，符合国家和社会发展需要，符合学校自身发展实际，突出办学特色，引领和统率学校人才培养各项工作。

（二）高职院校电子商务专业人才培养目标

学校人才培养目标是人才培养的总纲，是一个整体性的、长远的培养目标，在学校人才培养工作中其起到统领作用，是制定专业培养目标和毕业要求的依据。按照新一轮审核评估要求，培养目标要符合学校办学定位，满足社会经济发展的需要，符合学生全面发展的需求。

因此，学校的人才培养总目标应与学校办学定位相符，人才培养特质要鲜明，要能体现出具有学校特色的人才培养综合特质；专业培养目标要与学校办学定位和人才培养总目标相符合，满足国家、社会对人才的期望和要求，满足学生个性化发展要求，应说明毕业生面向就业的专业领域、职业特征以及应该具备的专业能力，专业能力与毕业要求要具有对应关系，并在培养方案中明确说明。

二、高职院校电子商务专业的教学活动质量

（一）高职院校电子商务专业的理论教学活动质量

课程教学活动质量是学校的生命线，是影响人才培养质量的重要环节，对提高人才培养质量具有十分重要的意义。对于一所高职院校来说，在一段时间内，想要大幅度提高师资队伍基本素质和学生入学时的基本素质是很困难的，相对来说，通过加强管理，建立课程教学活动质量保障体系，来促使课程教学活动质量的大幅度提高还是具有现实意义的。因此我们应该对课程教学活动质量评价体系进行重点构建，评价体系的具体内容有以下几点。

一是教学目标要有适应性，要能体现出因材施教原则，能够明确课程教学目标和要求。

二是教学内容要有科学性、逻辑性、学术性、思想性。科学性要求注重基本

概念、基本原理、基本技能的教学与训练。客观准确，逻辑严谨，重、难点突出，教学内容整合好；逻辑性要求注重知识的发生、发展过程，思路清晰，关注知识的关联、演变和扩展；学术性要求合理补充相关前沿知识，体现学科专业发展趋势，客观介绍不同学术观点。渗透科学方法论、认识论教育；思想性要求理论联系实际，体现课程教学中的人文精神、科学精神和学科思想。

三是教学实施要求启发性、生动性和技术性。启发性要求营造民主、和谐、互动的良好氛围，运用多种教学方法，引导学员自主探索、思考；关注学员接受状况，实时调整教学方法。生动性要求教学组织实施灵活；说理透彻，举例恰当；普通话标准，语言生动、富有感染力。技术性要求积极运用现代教育技术，媒体选择合理、运用时机恰当。

四是教学效益要求充实性和有效性。充实性要求时间分配合理，信息量适度。有效性要求学科知识技能达到要求，学员提问、回答问题的积极性及质量高。学员对讲授内容理解掌握好，获得进一步发展能力。

五是教学态度要求责任心和严谨性。责任心要求教书育人，勤奋敬业，熟悉本专业人才培养方案，对课程标准有准确的理解，课堂教学组织与管理严格，作业题有利于学员理解和运用所学知识。严谨性要求治学严谨，教姿教态端正，着装规范。

六是教学风格要有创新与个性，要求教学风格个性鲜明，课堂设计有创新。

（二）高职院校电子商务专业的实践教学活动质量

电子商务专业毕业生处于就业率不高的尴尬境地，其中很重要的一个因素就是在实际的教学中，学生对实践教学环节反响最大，认为无论在教学内容或是教学方法上都跟不上实际的需要，进而给就业带来一定的困难。目前很多高职院校的电子商务专业的师资力量薄弱，实验设施不能满足教学需求，实践教学建设落后，迫切要求改进电子商务专业实践性教学环节。为此，高职院校必须了解电子商务专业人才市场需求，明确电子商务人才培养定位，注重应用型、创新型、复合型人才的培养，提高电子商务专业学生的信心。因此，在电子商务实践教学方面必须进行相应的调整，强化实践环节的训练，培养具有知识更新意识和创新能力的毕业生。通过实训强化、提高学生适应社会、适应市场的工作能力。

电子商务专业的核心能力主要包括电子商务流程模拟能力、网络营销能力、商务网站建设与设计能力、商务模式创新能力。为了提高学生的这些能力，可以通过演示和实训，增强学生对专业知识的感性认识；充分利用社会资源，为电子商务实训提供广阔的空间；积极建立中小企业电子商务学生实践基地，开发建立基于工作的电子商务平台等。

三、高职院校电子商务专业的师资队伍素质

（一）师德师风

师德师风是衡量教师能力素质的第一标准，是高职院校的教师队伍建设的第一要务。师德是教师的职业道德，师风是教师的行为作风。师德师风，就是教师的职业道德修养及其所表现出来的思想和工作作风，是教师思想觉悟、道德品质和精神面貌的集中体现。良好的师德师风，对高职院校的教师队伍建设和人才培养发挥着积极的推动作用。新一轮审核评估明确要求，学校要把教师思想政治建设放在首位、把师德师风作为评价教师的第一标准，要求学校强化师德教育，加强师德宣传，严格师德考核管理。

因此，高职院校要提高加强师德师风建设的自觉性和主动性，制定和完善符合学校实际需要的政策和规章制度，积极构建师德师风建设长效机制，通过突出党建引领、选树先进典型、加大宣传力度、完善评价考核等方式，使师德师风建设工作渗透到高职院校教学、育人、科研、管理、服务等工作当中，形成建设合力，推动师德师风建设常态化、长效化。

（二）教学能力

教师教学能力是促进高校教育教学改革和提升人才培养质量的保障和关键。高校教师教学能力是指高校教师为达到教学目标，形成个人教育理念，完善知识结构，创建教学风格，提升教学水平，培养学生学习和创新以及引导学生发展所需要的直接有效的心理特征及各种能力和素质的总和，它包括准确把握教学要素的能力、教学设计能力、教学组织与管理能力、表达能力、现代教育技术运用能力、教学交往能力、教学反思能力、教学研究能力和创新能力等。新一轮审核评估重点审核高校专任教师专业水平、教学能力、科研水平和能力，审核学校是否有提升教师教书育人能力和水平的措施。

因此，按照新一轮审核评估要求，学校要通过建立教师教学能力培训体系、搭建教师教学活动交流平台、完善教师激励评价机制等措施全面提升教师专业水平和教学能力，建设一支高素质创新型的教师队伍，保障立德树人根本任务的落实和高等教育质量的提升，为国家和社会发展培养更多优秀人才。

（三）教师教学投入

提高人才培养质量的关键在教师，而教师教学投入很大程度上影响着教师教学质量。所谓教师教学投入，是教师在教育教学活动中所投入的时间、精力和情感的总和。一般情况下，教学投入与教师教学质量呈正相关，即教师投入的时间、精力和情感越多，教学质量就会越高。新一轮审核评估将"教师教学投入"作为重点考察的项目之一。

因此，按照新一轮审核评估要求，学校要建立教师投入教学、教授全员为高职院校学生授课的激励与约束机制，加强对教师的情感教育，鼓励教师尤其是教授、副教授开展教学研究、参与教学改革与建设，不断提升教师的教学能力，从而提高教育教学质量。

（四）教师发展

教师发展是提高人才培养质量的根本保证，学校有责任为教师提供有助于其高效开展工作的环境，形成有利于教师发展的支持服务体系和激励机制。按照新一轮审核评估要求，学校应提供各种形式的专业培训、技术支持和咨询服务，鼓励教师积极探索教育改革和教学创新，促进教师发展和能力提升。

学校一定要高度重视教师的培训与职业发展情况，将习近平总书记关于教育的重要论述作为教师培训的重要依据，加强教师教学发展中心、基层教学组织和青年教师队伍的建设，提升教师教学能力、实践能力、科研能力、信息技术应用能力等，确保师资胜任教学要求。同时建立和完善教师考核评价机制，鼓励教师潜心教学、用心育人。

四、高职院校电子商务专业的生源质量与毕业生就业质量

（一）高职院校电子商务专业的学生入学基本素质

由于扩招，各个高校不同程度地降低了录取分数线，造成了学生来源质量的下降。学生的水平参差不齐，给教学带来了很大的难度，加上师资力量的匮乏，"入口不同"的学生要想达到"出口相同"，非常规教学所能达到。因此影响人才培养质量的第二个重要因素是学生入学时的基本素质。

学生入学时的基本素质主要包括学生入学时的基础知识、学习技能、学习策略、认同感等因素。

基础知识包括高考入学总分、英语入学分数、专业课入学分数。

学习技能包括图书馆利用情况、网络课程利用情况。

学习策略包括自习课利用情况和学习效果情况。

认同感主要是指学生对所在大学的认同感,主要包括该所大学的知名度、学生对教学条件的满意度、学生对宿舍条件的满意度、学生对食堂条件的满意度等。

(二)高职院校电子商务专业的毕业生综合素质

高职院校电子商务专业的毕业生综合素质评价对其行为的塑造和自身素质的养成起着非常重要的作用。学生的综合素质评价体系是引导学生朝着一定方向努力的航向标,是检测教学水平、教学质量和教风、学风的探测器,同时对改善学习风气、规范学生行为、指导学生成才、提高人才培养质量等起到很好的作用。

毕业生综合素质考评是指在毕业前对学生进行评价,以检查本科阶段的学习是否达到了业务培养目标的要求。综合素质考评的内容主要包括思想政治素质、科学文化素质、岗位专业素质、身体心理素质等。思想政治素质又包括理论水平、敬业精神、法纪观念等。

科学文化素质又包括电子商务基础理论、电子商务计算机应用能力、电子商务英语水平、人文知识与素养、通用学科知识、科学精神与学习潜力等。岗位专业素质又包括管理知识与能力、电子商务专业理论、电子商务职业资格、电子商务专业实践与发展潜力、科学研究与创新能力等。身体心理素质又包括体育运动和心理学知识、健康意识、身体体格、心理承受与适应能力等。

五、高职院校电子商务专业的专业办学条件

专业教学条件建设是开展教学活动的基础。没有教学条件建设,谈不上课堂教学和课外教学,也谈不上理论教学与实验教学,更谈不上人才培养质量的提高。人才培养质量的提高是需要花大价钱的,不是口头上表表态就可以达到的,是用金钱支撑起来的。因此,一所高职院校的电子商务专业教学条件的建设情况在某种程度上甚至可以决定着该专业的人才培养质量。

教学条件建设即包括硬件条件建设,也包括软件条件建设。为方便构建专业教学条件建设情况评价指标体系,将教学条件建设主要分为教育教学经费、教学设施建设与管理、教学信息化建设与管理。

(一)教育教学经费

管理教育教学经费是教学资源建设和日常教学运行的基本保障,主要包括教育教学经费投入、教育教学经费使用、奖助学金和培养经费管理等。按照新一轮审核评估要求,学校要规范教育教学经费的管理和使用。

一是建立教育教学经费优先投入的长效机制，教育教学经费的投入应满足日常教学需求，保证高职院校电子商务专业教学质量持续提升，保证教育教学改革的持续开展和不断推进。

二是严格经费管理与使用，教育教学经费投入和使用要公开、透明，使用合理规范，经费分配合理。

三是完善经费管理制度，制定强化经费管理的规范性措施。

四是完善经费使用的监督机制，学校对经费使用进行监督，确保专款专用，并对经费使用进行绩效分析和评价。

（二）教学设施建设与管理

教学设施作为教学条件与资源的重要组成部分，在满足办学需要、保障教学正常运行等方面发挥着不可替代的作用。

教学设施主要有教室（含智慧教室）、语音室、计算机机房等课堂教学设施，实验室（含工程实践中心）、实习基地等实践教学设施，图书馆、体育设施、校园网等辅助教学设施。因此，学校要按照新一轮审核评估要求，严格做好教学设施的建设与管理。

一是要加大经费投入力度，使课堂教学设施与实践教学设施的规模、硬件和软件建设要满足教学与科研要求。

二是要制定相应的政策措施推动提高教学设施利用率，建立并严格执行规范、合理的教学设施日常运行及维护制度。

三是要提供数量充足的实验室和实习实践基地，满足教育教学需求，并制定相应的管理办法以保证设备利用率和更新率。

四是要建设好图书馆、体育设施、校园网等辅助教学设施，满足师生需求，并制定相应规章制度保障其利用率和开放率。

（三）教学信息化建设与管理

信息技术对高等教育发展和人才培养质量的提高具有革命性影响，必须予以高度重视。教学信息化建设与管理主要是指教学信息化条件及资源的建设与管理，主要包括信息管理系统和在线教育学习平台的建设与管理。因此，学校要按照新一轮审核评估对教学的信息化建设的严格要求，做好相关的建设与管理工作。

一是学校要建立和完善信息管理系统，实现对学生信息、课程资源、教师资源、教室资源的统一调配、资源共享，系统要同时具有兼容性、可靠性、安全性、稳定性的功能特点，能够保障用户信息和数据安全，持续稳定支持全校学生的选课和查询操作等。

二是学校要打造学习资源丰富的在线教育学习平台，平台能够记录学生学习过程，有利于形成性评价和终结性评价的开展，有利于信息交互和反馈，方便资源共享等。

六、社会经济的发展变革

（一）跨境电商对电子商务行业人才需求的影响

对于跨境电商而言，数字经济的版图不断革新，5G时代大幕开启，海外局势由于新冠肺炎疫情的原因不断调整。在这样的大背景下，国内跨境电商已经完成了从粗放型运营到精细化运营的转变，加上全球数字化网络的发展趋势，跨境电商运营开始遭遇人力壁垒。由于21世纪互联网的全球普及，外贸行业快速发展，全球网络零售行业快速发展，中国跨境电商交易规模持续增长，为中国企业创造了巨大机遇。

外贸新业态的发展造就了很多就业机会，但与此同时，新事物的发展也要求高职院校的电子商务专业学生适应环境的变化，加强对外贸新业态的学习。随着跨境电商产业的发展，需要具备相应的专业技能和相关技术能力。传统的外贸企业转型升级，新兴的跨境电商企业的快速发展，都迫切需要一大批电子商务人才，尤其是具有国际贸易与电子商务特点的电商企业，对电子商务人才的综合要求更高，因此，在一定程度上来说，单一的人才培养模式难以适应企业的"通才"需求，成为跨境电商发展的瓶颈。

目前我国电子商务人才发展呈现三个特点：第一，人才短缺问题仍然突出。调查显示，近年来有比较大规模招聘需求的企业比例高达80%。展望未来，全球行业转型将需要大量多元化的人才，从传统电商行业到数字电商行业，甚至是中间阶段。第二，对短视频等人才需求高。表明新媒体、内容创作、社区和视频处理的需求在快速增加，而对诸如顾客服务和后勤等重要岗位的需求却在不断减少。同时进行数据分析和人才提取紧密匹配需求。第三，对管理技能要求高。团队人才问题已经成为电子商务企业面临的最大问题。特别是那些毕业以后进入劳动力市场的人，他们的思维和行为方式与以前大不相同，如何有效地提升学生自身能力为今天的人才培养方案中提出了新的问题。

(二)数字经济对电子商务专业学生专业技能的影响

显而易见，一些跨国电子商务企业对人才提出了更高的标准。这使得高职学生们需要掌握基本的后勤技能、企业技能、技术材料、法律、政策规范等高度发达的理论。专业知识通过综合管理、减少费用和提供高质量服务，在货物、设备、资产、人员和信息方面提供最好的性价比。

在数字经济中，知识与信息是核心要素，而信息技术则是其重要的技术支持。因此，在数字经济时代，数码技术已成为与听、说、读、写同等重要的基础能力，具备一定的信息技术能力，能制作、储存和管理电子文档、电子表格、数据库、多媒体等数字信息，并能利用信息技术和网络技术处理工作中的有关问题。

(三)实体经济数字化转型对教师教学能力的影响

实体经济的数字化转型，要求电子商务专业教师提高专业实践水平，不断学习和掌握新的技能和知识。培养优秀的电子商务毕业生的关键环节是教学，电子商务专业教学的关键在于教师的教学能力。目前，电子商务专业教师的教学能力还存在问题。

第一，职业发展目标不明确。调查显示，大部分中等职业学校教师专业发展意识不充分，只传授知识和技术，不谋求专业发展，没有长期个人规划，对"双技能"教师的认识不够充分，将考试得高分视为专业发展的目标，而忽视了学生的主观性。

第二，职业技能水平不高。在现行的师资素质标准下，推进师资队伍的专业化是不现实的。首先是缺乏明确的能力水平。高职院校实行专业师资素质统一的教学标准，不能考虑专业教师的特点，即使是提高教师的专业培训水平也不能达到预期的效果。此外，很难从专业能力的角度建立教师的专业能力标准，因此专业质量标准必须以专业教师为基础设计。然而，这一标准不应该仅由专业教师讨论，还应由整个专业领域的相关专业人员和专家讨论，而且应是可行的和可操作的。此外，职业培训途径不明确。随着职业教育的改革和发展，职业学校教师的职业培训任务日益紧迫，虽然国家教师职业培训制度已经初步建立，可以积极利用各级职业培训的教育和社会资源，但其执行问题或多或少难以沟通。职业学校教师的培训方式，教师的数量反映在学校提供的专业培训上。

第三，职业体系的培训内容不确定，没有固定的教材，培训课程不完善。职业学校电子商务专业教师应由具有特殊知识和能力的教师担任，可以在相关领域，包括技能、计算机、实验设备、制作工具和其他使用技巧,引导学生学习和开展科研工作等等。中国教育部为加强职业学校教师队伍、提高教师实践能力制定了明确的标准和要求。

职业学校的电子商务职业培训侧重于电子商务的专业和技能方面,培训要求学生发展很强的实际操作和解决问题的能力。然而,要培养出完整、合格、高水平的人才,就需要一些水平、资历高深的教师队伍。实现职业学校教师"全数字化"发展。

职业培训数字化转型是未来的趋势。建立数字教师也是必要的一步。教师应主动了解数字化概念,通过阅读相关书籍,听数字论坛会议,访问学校才能成功地实施数字教育实践。

第四,加强专业技术专家交流数字教育,打造数字教育实践咨询基地和数字校园咨询机构,选出最优秀的基础教师以胜任教学实践。领导数字教育改革,推动数字校园建设,推动所有教师建设数字教育体系,为教师建立一个数字训练框架。为更有效地推动教师数字教育能力的发展,数字教育能力框架应建立在反映受教育者的类型具体特点的数字教育能力基础之上。在职业教育学习的改革中,由知识导向转变为能力导向。基础性概念以教育过程中确定的任务为基础,思考实践逻辑建立数字化教育教师培训体系。

教师数字化能力框架强调,教师不仅要自身具备数字技术技能,还要培养学生掌握技能。此外,高职院校的教师必须能够使用数字技术帮助学生成为合作学习者、问题解决者、创意者以及积极创新和参与的社会成员。在高职院校电子商务学生入职之前、入职之后建立数字教育教师培训体系,确保能力建设和专业发展课程持续提供。充分发挥学校与产业之间的合作,以建设学校与企业之间新的数字资源和工具。学校建立的数字资源和区域优势、数字资源分享在不同学校和不同区域之间,导致高职院校的教师数量减少,确保经过培训的电子商务专业的学生能够满足未来的数字企业的发展需求。

第六章 高职院校电子商务专业人才培养能力要求

高职院校电子商务专业应有自己的准确定位,按照社会的需求和本地区的经济特色对人才进行培养。本章整理了四类电商行业岗位群,即运营管理类、网络推销类、客户服务类、美编策划类,并对社会对这四类岗位群的能力要求进行了整理。本章分为对运营管理类人才的能力要求、对网络推销类人才的能力要求、对客户服务类人才的能力要求、对美编策划类人才的能力要求四部分。

第一节 对运营管理类人才的能力要求

一、运营管理类人才相关概念

(一)运营管理

1. 基本内涵

运营在广义上是指在服务产生和服务创造的过程中,包含组织、计划、实施和控制等各个环节在内的管理工作,这些都属于运营管理的范畴。而在狭义上又包括了市场运营、商务运营、用户运营和社区运营等几个大的方向。管理是指上级人员在现有的条件下,通过执行自身在企业或组织中的计划、领导和控制等职能,进而整合各项资源,通过合理分配人力、财力和物力,最终达到提高生产力水平的效果。

总的来讲,运营管理也称为生产与作业管理,是指对将各种资源转化为服务的活动进行管理。在所有组织里都存在提供服务的活动。有学者认为运营管理涉及以下三种。

①质量管理：建立组织机构，规定职务，明确权责关系，以使组织中的成员互相协作配合，有效实现组织目标，把控质量。

②流程管理：企业内部改革，做到机构不重叠、业务不重复，达到缩短流程周期、节约运作资本的目的。流程管理最终希望提高顾客满意度和公司的市场竞争能力并达到提高企业绩效的目的，依据企业的发展时期来决定流程改善的总体目标，同时也包含了流程的再造。

③技术管理：管理者用自己所掌握的技术知识和能力来提高整个团队的效率，继而完成技术任务。

运营管理是现代管理理论中最基础、最重要的管理职能之一，良好的运营管理可以有效提高服务质量和生产效率，进而实现经营目的。

2. 常用分析工具

（1）价值链与五力模型

五力模型是一种著名的运营分析方法，它可以根据公司的产业结构来评估其竞争地位。这五力分别是顾客购买力、潜在的进入者、供应商、替代品以及同业竞争者的竞争程度。管理者在运用这个模型分析问题时，需要列出每个项目下的各种因素。当购买者只拥有有限信息时，潜在的进入者就会遇到很大的障碍；当市场中可以选择的供应商很多，替代产品和行业竞争对手很少时，公司就会处于很有利的竞争地位。

价值链模型通常与五力模型一起使用。价值链反映了组织活动之间的关联结构，这些组织活动在为顾客创造价值的同时也为公司创造利润，在理解"为实现组织绩效最优化，运营活动必须与其他活动展开跨职能交叉工作"这一观点时，价值链尤为有效。

（2）数据分析与方案研发

帕累托分析、鱼骨图、作业图、散点图以及控制图都是基本的分析工具。帕累托分析应用于 ABC 分析下的库存管理。在负责生产控制的咨询人员考察库存管理问题时这种 ABC 分析是标准的切入点。对于寻找咨询项目的入手点，鱼骨图（又称因果图）是个好方法（当把这种方法用于问题分析时，效果尤为明显。例如，咨询公司在进行员工招募的案例分析时，就可以采用这个方法）。作业图、散点图和控制图都是咨询人员在进行运营咨询时应该了解的工具。

瓶颈分析。在许多运营管理的咨询项目中，都会出现资源瓶颈。在这种情形下，咨询人员必须明确对于某种产品或服务的期望产能以及目前有多少实际产能，以便确定和消除瓶颈。这种差距不一定都很明显，理清这些关系需要使用逻辑分析，这些逻辑分析和在高中代数中学过的经典"数据问题"是同一类型。

计算机仿真。计算机仿真分析已经成为运营管理咨询中的常用工具。最普遍的仿真方法是 Extend 和 Crystal Ball，ProModel（制造系统）、MedModel（医院仿真）和 Service Model 是典型的专业化仿真方法。对于较小的、相对简单的仿真，咨询人员经常使用 Excel。

目前，"系统动力学"分析逐渐成为仿真中的热点。"系统动力学"是一门语言，能帮助我们看清复杂的情况。当各种因素改进或降低系统运行情况时，可以利用因果回路图有效地模拟这些复杂的情况。因果关系环有两类：强化环和平衡环。对在系统中产生重要价值的因素，强化环给予正面反馈和激励。平衡环与强化环的机制相反，会使系统趋向平衡。

统计工具。相关性分析和回归分析在运营管理中是常用的技术。这些分析可以很容易通过电子表格来实现。在咨询公司的方法手册中，假设检验也经常出现。咨询人员在分析数据时还会使用卡方检验和 T 检验。另外，排队论和预测技术是两种广泛使用的统计分析工具。管理人员经常使用排队论来计算顾客排队或者电话呼叫时需要多少服务通道。预测问题同样频频出现在运营管理咨询中，如预测一个呼叫中心的电话呼叫次数等。

数据包络分析是一种新出现的工具。DEA 是一种线性规划技术，用于测量多服务组织的分支机构的业绩，这些组织包括银行、特许经营出口机构和公共代理机构等。DEA 模型将每个分支机构与所有其他的分支机构进行比较，计算出效率比值，即资源的投入与产品或服务的产出之比。这种方法一个重要的特点是，它允许使用多个投入（如物料和劳动时间）和多个产出（如销售的产品和顾客回头率），从而得到一个效率比值。与其他多种运营指标或利润指标相比，这种方法提供了一种更全面、更可靠的效率测量方法。

（二）运营管理类人才

1. 基本内涵

目前对运营管理类人才还没有统一规范的定义，有学者认为，运营管理类人才是在企业中具备较高运营管理才能的人群，并且能够有效组织各类生产活动、开展创造实践活动，继而填补社会需求空白。但还有些学者认同运营管理类人才属于高素质人才的观点，即运营管理类人才是能够为企业发展做出较大贡献的人。

总的来说，这些学者在对运营管理类人才进行界定时，都认为运营管理类人才的管理才能和贡献大小是最主要的，其他学者对企业运营管理类人才的界定也基本相似。在参考了这些学说理论和实践调查的数据结论后，可将运营管理类人才定义为在企业中从事运营管理活动，拥有特定的运营管理知识和技能，能够为企业发展增添助益的人力资源。

2. 重要作用

运营管理类人才在电商行业中发挥着至关重要的作用，因此，高职院校在对电子商务专业学生进行教育培养的过程中，要抓好高职阶段对运营管理类人才的培育工作。

首先，电商行业中运营类人才的目标是实现经济目标、社会目标、行业目标、员工目标和客户目标，运营类人才的工作内容主要包括需求分析和整理、部门沟通与协调、效果数据分析、产品维护和改进、网站策划以及频道内容建设。管理类人才的工作内容主要包括人才管理、企业创新、企业观念创新、企业模式创新和企业文化创新。

其次，运营管理类人才既可以加快电商企业的运转效率，使企业明确运营方向，让员工完全发挥潜能，也可以促进企业树立良好的形象，为社会以及顾客提供优质产品和服务，所以，运营管理类人才对电商行业来说起着至关重要的作用，客观上为高职院校培养运营管理类电子商务人才提出了更高的要求。

二、高职院校对运营管理类人才的能力要求

一般来讲，运营管理类人才对电商行业的发展发挥着重要作用，高职院校培养的运营管理类人才应为初级和中级人才，更加注重发挥他们的基础性作用，为向高级人才过渡做好准备。因此，高职院校要培养学生的推广营销能力、团队管理协作能力、对平台和营销工具的掌握能力和数据分析能力，使他们在毕业后能够胜任相关的工作，能够搜集整理运营的数据和分析市场发展行情，有效率地完成网店日常运营的工作任务。

在相关研究中，笔者选取了多个电子商务运营岗位，通过对相应岗位职责和任职要求进行了文本挖掘整理，总结了电子商务运营岗位的总体状况，如表6-1所示。

第六章 高职院校电子商务专业人才培养能力要求

表 6-1 电子商务运营岗位分析结果

项目名称		内容
岗位类别		运营管理
典型岗位名称		天猫运营、电商运营专员、淘宝运营、天猫店长、电商主管、外贸业务员、跨境电商专员、网站推广 SEO
典型岗位职责及任职和学历要求	岗位职责	1. 负责商城的运营管理，策划网站营销活动方案，并推进执行，完成营销目标 2. 侦测同行业运营情况及市场最新动态，发掘新的商机或商品 3. 负责上下架商品、协助运营方建立在线客服体制 4. 网店的营销管理，分析每日营运情况，包括网店流量、订单等效果数据研究等，统计数据，发掘隐含的问题，有针对性地提出解决办法 5. 及时解决顾客、市场、购买过程中的问题，每周统计运营报表数据 6. 负责网站 SEO 优化，提升网站排名，增加网站知名度和点击率
	任职要求	1. 熟悉淘宝店铺运作模式，精通直通车、淘宝客、淘宝帮派、社区及淘宝内部活动 2. 熟练掌握软文、交换链接、邮件推广、SNS 推广、论坛推广及其他特殊的推广方式 3. 具有敏锐的市场洞察力、超前的运营理念以及创新意识 4. 有过淘宝皇冠店铺、商城店铺店长经验者优先考虑 5. 熟悉网站后台编辑操作，有一定文字驾驭能力，具备基本的电脑图片编辑能力 6. 有一定 SEO 实战经验，了解搜索引擎，熟悉百度、好搜等搜索引擎排名优化，包括站内和站外优化，熟悉排名原理、网站收录、网站流量、网站权重等概念和方法 7. 有一定网络推广经验，能利用各种网络产品，如百度知道、贴吧、百科、文库、微博、微信公众平台、论坛、视频网站等，对网站进行宣传推广 8. 工作细致耐心，有责任心和良好的团队合作精神
	学历要求	大专以上
核心能力		推广营销能力、团队管理协作能力、对平台规则和营销工具的掌握能力、数据分析能力

通过对表 6-1 的进一步分析，可以得出对运营管理类人才的 4 种能力要求，具体分析如下。

一是以推广、营销、策划、执行等为主的推广营销能力，这些能力是运营管理类人才最重要的能力。电子商务是基于互联网的商务活动，互联网虽然有面向全球的特点，理论上说，上了互联网，全球人就都可以知道了，但是在互联网上从事电子商务活动的单位也是数以亿计，要让目标客户在数以亿计的产品信息中看到你的产品、接纳你的产品，则是一件非常重要且有难度的事情，所以，推广营销就是运营类人才首要的能力要求。

二是以沟通、管理、团队、协调等为主的团队管理协作能力，这是第二重要的能力。运营通常是由一个团队共同协作完成的，往往会涉及多种岗位，只有沟通协调顺畅，运营工作才能顺利进行，所以，团队领导要有很好的管理、协调能力，成员也要具备沟通能力和团队协作精神。

三是以掌握平台规则和营销工具为主的重要能力。对于电子商务而言，绝大部分活动都是基于现有平台的，如淘宝、天猫、京东、当当网、1 号店、阿里巴巴、慧聪网、微信店铺、百度搜索等，各个平台都有各自的规则和特点，要想做好电子商务运营管理工作，必须熟悉和掌握这些平台规则。同时，各个平台上也有多种营销工具，如天猫直通车、聚划算、天猫客、天猫论坛、帮派、产品上架时间、收藏排行、关键词、橱窗推荐规则、网站广告联盟、淘宝客、钻石展位等，要优化百度、Google、搜狗、好搜等搜索引擎排名，包括站内和站外优化，熟悉搜索引擎排名规则、网站收录、网站流量、网站权重等运营分析工具。这些工具利用得好，运营可以取得事半功倍的效果。

四是以数据分析为主的能力。电子商务的特点就是信息化程度高，在经营管理过程中有大量的数据记录，如 PV、UV、IP、点击率、转化率、跳失率、客单价等，这些数据可以反映当前运营管理的状况，也可从中发现运营管理过程中的不足之处，认真分析这些数据，对于当前运营管理策略的效果评价及下一步的运营管理决策有非常重要的参考价值和意义。因此，运营管理类人才需要具备良好的数据分析能力。

第二节　对网络推销类人才的能力要求

一、网络推销类人才相关概念

（一）网络推销

电子商务环境的稳健和成熟，为企业营销带来了新的机遇与挑战。它在某种程度上改变了传统推销的特定性和双向性，改变了传统推销的交易环境、交易氛围、推销方式，强化了推销以客户为中心的原则。电子商务时代要充分运用社会性媒体，实现从传统推销向网络推销的转变。

网络推销就是在网络时代的背景下，企业推销人员借助计算机及网络技术，向虚拟市场传递有关商品及劳务的信息，以引发消费者需求、唤起购买欲望和促成购买行为的各种活动。网络推销在现实生活中的形式十分丰富，例如，消费者在淘宝网购时，会发现淘宝首页总是会向顾客推荐一些他近期正感兴趣的商品；新浪微博上，总有一些博主不定期地发送一些产品推广信息；我们登录论坛，总会在相关板块看到一些楼主发布的有关某些商品的测评或使用感受。可以说，网络推销已经广泛渗透到我们生活的方方面面，甚至在一定程度上取代了传统的推销方式。

网络推销与传统推销具备同样的行动目的，就是让推销客体接受推销主体的意愿和观念，购买其商品和服务。就传递信息进行说服、争取理解和被接受而言，网络推销与传统推销是一脉相承的。

（二）网络推销类人才

1. 基本内涵

推销人员是实现企业与消费者双向沟通的桥梁和媒介。他们一方面销售产品，把企业或商品的信息传递给消费者；另一方面收集消费者的需求信息，为企业开拓市场和生产、经营畅销商品提供客观依据。企业的推销员队伍是企业里最重要、最宝贵的财富。一支好的推销员队伍会使企业在激烈的市场竞争中立于不败之地，推销人员是企业生存和发展的重要支柱。

在此基础上，总结相关研究成果，可将网络推销类人才定义为在企业中从事网络推销活动，拥有特定的网络推销知识和技能，能够实现企业与消费者之间的良好沟通、推动企业发展的人力资源。

2.重要作用

当前我国电子商务发展速度越来越快，电子商务与传统商务的核心区别主要体现在买卖双方交易的平台不同，换言之，电子商务是通过电子网络技术实现的交易，因此，通过网络渠道推销商品对电子商务的发展有着关键的作用。

一方面，网络推销类人才利用网络推销为经济的发展和营销的手段注入了新活力，使得交易更加便捷，交易流程更加简明，加速了商品销售的现代化进程，推动了电子商务的发展。另一方面，网络推销类人才在网络上进行的推销活动是消费者主导的、非强迫的理性活动，如果处理得当可以与消费者建立长期的、互相信任的良好合作关系。网络推销促进了电子商务的快速发展，并对网络推销类人才的质量提出了更高的要求，客观上也对高职院校培养网络推销类人才提出了要求。

二、网络推销类人才的能力要求和工作任务

网络推销类人才的能力要求和工作任务如表6-2所示，结合表中内容可以得知，不同级别的网络推销人才对电商行业的发展发挥着不同的作用，高职院校培养的网络推销人才应为初级和中级人才，要更加注重发挥他们的基础性作用，为向高级人才过渡做好准备。因此，高职院校要使学生熟悉电商行业，掌握网络销售的诀窍，让学生掌握文字处理和编辑能力，有一定的学习能力，能够使得他们在毕业后承担起组织电商平台的宣传、推销活动的责任，定时完成对推销成果的归纳与反馈。

表6-2 网络推销类人才的能力要求和工作任务

级别要求	初级人才	中级人才	高级人才
能力要求	熟悉电商行业，掌握网络销售诀窍，具有文字处理和编辑能力，有一定的学习能力	有较高的交际能力、协商能力和创新能力，能够进行网络推广以及开展线下业务	有极强的人脉推广能力、创新能力与交际能力，精通品牌开发与特色定位

(续表)

级别要求	初级人才	中级人才	高级人才
工作任务	负责组织电商平台的宣传、推销活动，定时完成对推销成果的归纳与反馈	负责多个平台的联络和整合工作，能制定有新意的推销策略	开发和推广网络销售新渠道、新平台，独自策划管理网站业务

第三节　对客户服务类人才的能力要求

一、客户服务类人才相关概念

（一）客户服务

1. 基本内涵

（1）服务的概念

对于服务的概念，相关学者进行了一定的分析和研究，给出了不同的描述。服务营销理论之父克里斯廷·格罗鲁斯认为：所谓服务，是由一系列具备无形特征的行为所组建起来的过程；《市场营销管理》则从服务的特点入手，认为对比有形产品，服务具有容易消失、容易变化、不可分离性、无形性的特点，这些特点构成了服务。通过这些特点可以看出服务是和有形产品、营销有明显差别的，有形产品可以进行运输和存储，但是服务是不能的，因此，服务类型的企业就需要比生产有形产品的企业付出更多的努力；服务也具备高度的可变化性，服务的供应方、客户、服务的时间和地点等等都会影响服务的质量，服务的供应方的个人工作态度会影响服务的质量，客户自身的喜好也会让自身的需要出现差别，从而对服务的感受也会出现不同，进而会影响到服务质量；服务的产生往往是无形的，服务最大的特征就是它的不可感知性，并且在服务过程中，也会有客户消费行为随之产生，可以看到，消费和服务是不可分割的。

（2）客户服务的含义

客户服务指的是将让顾客对自己的服务感到满意作为主要目标，并通过各种方式来提升客户对于服务的满意度，提高客户的期望值，使企业获得最高利润的服务。广义的客户服务是指所有直接接触客户的前端部门（如市场、营业厅等）

或后端部门（如采购、财务、策划等）都要有客户服务意识，在决策和做事时"以客户为中心"，包括内部客户和外部客户。狭义的客户服务是指客服部门。服务价值不是由客服部门直接创造的，而是出现在企业整体收入周期的其他环节。企业良好的服务意识和服务质量可以不断赢得客户的满意和口碑传播。同时，可靠的服务质量更容易赢得客户的信任，而信任是营销最好的助推力，为企业的存量客户经营打下良好的基础。

不同行业对于客户服务的理解都是不尽相同的，例如，营销学者认为，客户服务是在了解客户需求、手机客户信息、解决客户问题和制定解决方案的基础上，为客户提供有效、优质的服务。

客户服务是企业在经济发展和商务活动中向客户提供的一切服务，能增强客户的忠实度，最终为企业带来经济效益。

2. 基本特征

服务是个体间相互提供便利的活动。按接触类型可分为：①高接触服务：意为顾客参与了整个公司的推广活动的服务。②中接触服务：指客户接受银行等代理的有期限性的服务。③低接触服务：指公司职员与客户几乎没有面对面的接触的服务。

客户服务又称顾客服务，以产品质量为基础，服务的对象及内容在不断地出现新的变化，既包括现代社会实际经营中对于消费者的当面服务，也包括对于潜在客户的宣传服务。

坚持以客户为中心是客户服务的核心理念，将服务作为发展要素，提高服务水平，做到服务个性化，推动服务水平提升，提高企业竞争力。总体来说，客户服务有三个基本特征：①服务的无形性：商品和服务是最基本的、不可分割的，商品的销售离不开对顾客的服务，所以，服务有无形性的特性。②异质性：由于服务人员的个性差异，客户体验也不同。③企业的生产与消费同时进行：商品的服务先行，生产与销售环节并进。

3. 类型和内容

客户服务有着不同的类型，根据客户服务人员的类型、客户服务的前后顺序、客户服务地点是否固定在一个地方等，客户服务的内容会有所区别。

首先，根据服务人员的类型，可以分为人工客户服务和电子客户服务，人工客户服务主要是以人为服务为主体提供的服务，而电子客户服务主要是由计算机或者软件等进行的客户服务。

其次，根据客户服务的先后顺序，可以分为售前服务、售中服务和售后服务，这三个环节是相互联系的，不能分离开，这几种客户服务分别出现在销售商品前、销售商品中和销售商品后。

销售商品前提供的服务主要是对商品的介绍等，在这个阶段往往需要对客户的相关信息进行收集和整理，对企业的市场环境进行了解，及时把握企业所遇到的机遇。

销售商品中的客户服务主要是销售商品中的一些互动，在这个阶段，企业需要针对不同客户的特点和需求，进行相应的服务，解决客户的需求，为客户提供舒适、满意的服务，这个阶段也是和客户沟通交流比较多的阶段，在沟通交流中，企业员工的服务态度、服务能力都会影响客户服务的质量。

销售商品后的客户服务则主要是根据客户在商品使用过程中的需要而进行的服务，对客户的问题和需求进行跟踪和反馈，对企业产品或者服务提供过程中存在的问题进行及时的处理和响应，在这个阶段中，客户服务的水平会影响客户对企业的忠诚度，企业在这个阶段中所体现出的积极响应问题的态度会快速提高企业的形象，树立企业品牌。

最后，根据客户服务地点是否固定在一个地方，可以分为定点服务和流动服务，定点服务主要是在一个固定的地方进行的客户服务，可能是一个固定的门店，也可能是一个固定的区域，流动服务则不是固定在一个具体的位置进行的客户服务。

4. 相关理论

（1）顾客让渡价值理论

顾客让渡价值是市场营销当中的一个概念，是指在社会市场营销过程中极力地满足客户需求，提高服务质量，提高客户的满意度，坚持市场营销理念，从多方面出发，不断开展工作，使顾客从服务中获得的收益高于其付出的成本。从顾客自身来讲，其所购买的物品的总价值、享受到的服务以及为此花去的时间精力等则是顾客的总成本。例如，顾客在店购买商品时，需要付出的不只是商品的费用，还包括销售人员的服务费、店面的租金费、店内装修费、工作人员售后服务费用等等，这一系列费用的总和才是顾客所付出的费用。此外，顾客的购买成本也包含很多，包括商品本身的成本以及在购买过程中选商品所消耗的精力与所消耗的时间。多种因素的总和才是购买者所真正付出的购物成本。

从顾客让渡价值的角度来看，想要提升顾客对于公司的好感度不是一件轻松的事，这个过程并不是简简单单就能够实现的。

总的来讲，影响顾客让渡价值的因素主要包括以下几方面。

①时间成本是顾客等待获得商品或服务的时间和成本，与顾客满意程度和期望值成反比。在采买持续过程中，时间越短，成本越低，客户采购的总成本越小。因此，企业应当采用各种举措来降低购买者的消费成本，包括对时间和精力的消耗，并对所提供的商品或服务进行优化，以期获得进步，优化服务水平，努力提高工作效率，通过提升产品的质量来降低顾客的总成本。

②精力支出中的精神与顾客的总成本有一个负相关的联系，而提升联系中的"交付价值"，提出一个高效合理的营销策略来降低客户的总成本，是提高客户满意度、优化企业营销结构的重要手段之一。

向客户交付价值的概念为公司的业务路径提供了一个完整的分析思路。在商品的售卖过程中，要不断地提升企业能力，为消费者创造方便有益的消费环境。因此，企业要多方面、多角度、多层次地深入研究，并且需要发展世界市场，改善管理和生产运作方式，改善商业运作方式，加强营销，改善商品市场。例如，进行一些促销活动，利用产品分销、价格折扣等方式来提高销售额。企业的发展不仅需要采取最佳的管理手段，还应该适应管理市场的变化。

在消费的过程中，消费者始终期望自身投入的消费成本相对低一些，又期望自身在购买商品的同时得到更多的东西。同时，公司需要通过改变商业模式，充分评估产品在市场运营中的价值，以最大限度地提高客户满意度和企业竞争力。

（2）客户关系理论

客户关系管理（CRM）这一概念的核心在于形成综合管理模式。客户关系理论专用于对供应链进行管理，一方面是由于互联网在20世纪90年代普及，客户数据通过互联网被大规模地收录，另一方面是人们发现在ERP的实际运用中，客户端即供应链的末端没有得到有效的应用与管理。为了迎合新技术的发展，Gartner公司提出了CRM概念，此概念经过不断的发展与完善，很快得到了相关专业人士的认可。

随着时代的发展与变迁，CRM不再只是一种综合管理模式，它逐渐演变成一种移动客户管理产品。移动技术、身份认证、VPN这些新兴技术被CRM整合到一起，成了Web CRM技术，随着Web CRM技术的日渐成熟，它逐渐取代了传统CRM在企业日常管理中的重要地位。在目前科学技术不断发展的大环境下，人才与科技的重要性逐渐浮现，它们逐渐也成了企业竞争客户的重要方式，并且在市场客户抢夺过程中具有一定的战略地位。客户关怀是在和客户的沟通与联系中，实现利益的最大化，提高客户对企业的满意度。所以，如何维系客户对公司的满意度与忠诚度，并对不同类型的顾客进行差异化、针对性的服务是很重要的。

（3）客户关系维护的理论

开发新客户和关注售前与售中服务是大多数企业认为更为重要的两个方面。这种做法的确能够在短时间内高效地积累客户，为企业带来更多的利益，但是这种策略使售后服务显得十分单薄，客户成了一次性消费的参与者。

不断扩大公司的客户群，才能保证公司利润在多种情况下的持续增长。据调查数据，新客户给公司带来的利润往往高于老客户。一般来讲，老顾客对产品的认可与支持是新顾客所不具备的。所以，企业不断开发新客户的做法，从表面来看并没有利益的损失，但其实企业的长远利益早已受到了损害，这就是著名的"漏斗原理"。而随着科技的发展与信息技术的进步，"漏斗原理"已经无法适应现在的市场，产品同质化的提高以及产品生命周期的缩短使得企业在技术成本上的投入越来越大，且在企业的营销方式也趋于同化的情况下，企业要想维护自身的长久发展，就必须重视对老客户的维护。

企业稳定性的增强也是通过对老客户的维护来实现的，新市场的竞争往往是最激烈的，而新客户的开发不应只考虑同行业的竞争，还要综合考虑经济文化政治等大环境的影响，在周边可选择的产品服务种类较多时，老客户可以充当新客户的介绍人，主动为公司介绍新的客户群。互联网时代沟通便捷，许多新客户在犹豫不决的时候往往会询问周围人的意见。老客户对产品更加熟悉，他们的推荐会比营销更加可信。因此，企业做好客户关系的维护是保持可持续发展的关键。

（4）STP 理论

市场细分理论、目标市场理论、市场定位联合组成了战略营销理论，其中，STP 理论是战略营销理论的关键。STP 理论关键在于筛选与确定目标消费者或客户。STP 理论认为，市场本就是一个综合体，是有多方面需求的消费者集合体，企业无法满足所有需求，所以，企业应当细分市场，根据购买力和消费观念的不同，将市场分为相似的需求群体，称之为市场的子群体。

企业发展的战略思想和产品价值结构会影响企业对子群体的选择，根据其自身实际情况，企业应在子群体中选择具有良好发展前景、具有一定规模的，同时与公司产品和战略相对符合的市场作为目标市场。在产品的市场营销中，企业需要在目标受众所偏好的位置上放置产品，通过市场营销手段使消费者接触了解公司产品，使其产生购买产品的想法。

综上所述，STP 理论是指根据差异性市场营销理论，针对市场的不同产品、不同服务，将市场划分为多个细小领域，再对细分后的市场进行目标市场选择，规划目标市场的发展战略。通过 STP 理论，企业可以确定在某一领域如何定位，使企业在该领域具有竞争性，这就是差异的作用。

（二）客户服务类人才

1. 基本内涵

电商客服人员主要是指通过电话或网络等方式与客户沟通产品信息的工作人员。当电商客服人员的服务能够打动客户时，客户和企业之间就会建立一种相互信任的关系，能极大提高客户的重复购买率。

总结相关研究成果，可将客户服务类人才定义为在企业中从事客户服务活动，拥有特定的客户服务知识和技能，能够提高客户回购率、推动企业发展的人力资源。

2. 重要作用

在电子商务的运营中，无论是新客户还是老客户，都会通过在线客服系统与企业展开一系列的沟通，这就使得对在线客户服务类人才的要求又提升了一个高度。它不仅仅是指坐在电脑前回复顾客的消息和问题，重要的是实现与客户之间的友好沟通，挖掘潜在的客户，而且为电商行业的发展提供各种服务保障。

关于客户服务类人才在电商行业中的作用，最为常见的就是将在线客服系统与订单管理系统和工单系统结合起来。但是，由于电商行业的特殊性，即大流量、高对话量、多类型请求等，在线客户服务类人才必须是专业的，有一定知识基础和技能水平的。

二、高职院校对客户服务类人才的能力要求

高职院校培养的客户服务类人才应为初级和中级人才，要更加注重发挥他们的基础性作用。因此，高职院校要注重培养学生的团队精神以及熟练使用办公软件的能力，提高他们的沟通与协商能力，使得他们能够在毕业后完成统计客服的销售额、协助客服完成销售预期目标、协助解决销售过程中出现的系列问题等工作任务。

对于电子商务客服，笔者选取了大量的相关岗位，对岗位职责及任职要求进行了挖掘，分析出了电子商务客服岗位的总体状况，如表 6-3 所示。

表 6-3 电子商务客服岗位分析结果

项目名称		内容
岗位类别		客服
典型岗位名称		淘宝客服、天猫客服、电商客服、网店客服等
典型岗位职责及任职和学历要求	岗位职责	1. 根据公司提供的网络平台,在线和客户进行沟通交流 2. 在线接受客户咨询,解答客户的问题,介绍公司产品和活动 3. 具备一定的销售能力,邀约客户到店体验产品 4. 整理在线咨询对话数据,定期进行数据的汇总分析
	任职要求	1. 对网店购物流程、网店规则有一定的了解 2. 良好的沟通能力及学习能力,能判别客户的意向,有销售或客服工作经验者优先 3. 性格开朗、有耐心,富有亲和力,能熟练使用Office办公软件及互联网工具,打字速度快 4. 良好的心理素质,能承受工作压力
	学历要求	中专
核心能力		沟通、客户管理、问题协调能力,团队合作精神,熟练掌握客服和办公软件,推广、营销思维

对表 6-3 进行进一步归类分析,可得出 4 类对客户服务类人才的能力要求,具体分析如下。

良好的沟通、客户管理和问题协调能力是对客户服务类人才的第一项能力要求。第一,客服是和客户直接打交道的岗位,客服的一句话会直接影响到客户最终是否购买产品及客户的满意度,所以,善于沟通的客服,不仅可以很容易地让客户了解到商品的情况,而且会使沟通过程很愉悦,很容易让客户产生购买行为;而不善于沟通的客服,则会带来相反的效果。当客户数量逐渐增多时,客户关系管理会变得非常有必要,因为这样很容易形成回头客,而且会使其更容易成为长期顾客,故而对客户信息进行有效的管理及与客户进行适当有效的沟通,也是客服平时工作中很重要的内容。当交易出现问题时,客户第一时间找的就是客服,客服的职责不光是回答问题,而且有责任协调跟进整个处理过程并及时与客户沟通。

具有团队合作精神是对客户服务类人才的第二项能力要求。电子商务活动是团队运作的,当客服人员不止 1 个时,客服本身也是团队运作,不同客服先后接待同一客户时，要能给客户统一的好感觉，不能因为这个客户最初不是自己接待的而推拒，造成客户对服务的不满意。另外，客服也是电子商务运作团队的组成部分之一，与整个团队配合协调是十分重要的。

熟练掌握与运用办公软件及对熟悉电商平台是对客户服务类人才的第三项能力要求。电子商务客服大多是利用通信软件与客户沟通的，如旺旺、旺信、千牛、QQ、京东IM、E-mail等，对这些工具的熟练运用可以大大提高沟通效果。例如，利用旺旺机器人自动回答功能把用户最常见的问题设置好，当用户输入问题后，即可自动获得答案；对历史信息查询功能、客户忙碌或离开提醒功能、邮件管理功能的合理运用可以提高服务效率等。办公软件也是客户服务类人才必须熟悉掌握的软件，它可以用来记录和汇报服务状况。客服工作是基于电商平台的，必须熟悉平台的相关规定，只有这样，当客户问及相关问题时，才能清晰地回答客户。

具有推广、营销思维是第四项能力要求。电子商务团队工作中极其重要的一部分就是推广，客服是直接与客户接触的人员，如果客服具有推广、营销思维的话，在服务客户的过程中就可以自然而然地把产品推广出去，且效果明显。

第四节　对美编策划类人才的能力要求

一、美编策划类人才相关概念

（一）美编策划

美编是美术编辑的简称，是编辑的一种。狭义地讲，美编是指以美术稿件为对象的编辑工作者，也指美术编辑专业技术职务系列中的中级职称。广义的美编是指编辑工作扩大到出版过程中，以出版产品为对象的全部装帧艺术活动（封面、版式、装帧设计、插图、画册等），以及出版过程中从事这种活动的编辑人员。

策划，即策略、谋划或计划，是指为了达到一定的目的，在研究和调研的基础上，遵循一定的方法或者规则，对事物的未来发展进行整体筹划。在进行策划时可以按照一定的程序和步骤来进行，以确保策划过程的科学性和完整性。

目前，美编策划在编辑学中还没有明确的解释。从实践意义上看，美编策划，也就是对编辑选题、市场调研、组稿、装帧设计等编辑的前期行为中有关审美工作做出的谋划和设计。作为编辑的特殊组成部分，美编策划具有超前化、具体化、智谋化的特征。超前化体现在编辑实践活动前对编辑方针、编辑内容、编辑体例等进行有意识、有目的的活动设计，具体化体现在实施编辑活动前对编辑过程的各个环节有一个详细的计划，智谋化体现在编辑者的创造性思维上，它直接影响着出版物的水平。

（二）美编策划类人才

1. 基本内涵

在移动互联网时代，新媒体呈现出由热门转向火爆的趋势，而在此背景下，电商美编策划人员主要是对新媒体（如小程序、头条号、微博及微店等）界面进行图片美化与布局排版的设计师，他们会给大众带来更加舒适的视觉体验，也让信息更快地传递给大众。

总结相关研究成果，可将美编策划类人才定义为具备全面的理论知识和很强的实践动手能力，对电商行业有较强的敏锐度和学习能力，同时具有强大的执行能力，能够推动企业发展的人力资源。

2. 重要作用

电子商务行业的发展离不开美编策划类人才的贡献，美编策划类人才为电商行业的发展提供了各种文案策划和网页策划的保障。

一方面，美编策划类人才具有丰富的思维和想象能力，能够及时捕捉最新的市场需求，为电商品牌提供精美的文案策划，使得品牌能够脱颖而出，占据市场。

另一方面，美编策划类人才有较强的美术功底、产品设计能力和网页制作能力，他们的能力高低直接影响着产品的开发、设计与销售，是电商行业发展中不可或缺的重要人才。

二、高职院校对美编策划类人才的能力要求

高职院校培养的美编策划类人才应为初级和中级人才，要更加注重发挥他们的基础性作用。因此，高职院校要注重培养学生对美工软件的掌握能力，让学生可以部署和美化网页环境，使他们在毕业后能够承担起定期推广项目产品的照片以及制定产品销售文案的工作任务。

对于电子商务美编策划类人才，笔者选取了大量的相关岗位，对任职要求和岗位职责进行了充分整理，其结果如表6-4所示。

表 6-4　电子商务美工岗位分析结果

项目名称		内容
岗位类别		美编策划
典型岗位名称		淘宝美工、天猫美工、平面设计、电商美工等
典型岗位职责及任职和学历要求	岗位职责	1. 负责天猫、淘宝及微商等电商平台店面整体形象设计、网店风格、版面调整及商品展示设计，首页广告图片制作及美化、整体布局、活动广告和相关图片的制作 2. 店铺促销期间的设计排版及促销宣传版面设计，配合推广人员制作推广宣传图、直通车及钻石展位推广图片 3. 实物照片、模特照片的处理；对新产品进行排版、优化店内产品描述，美化产品图片，以提高产品转化率，增强店铺吸引力，提高产品销量 4. 定期更新促销图片和页面、配合店铺销售活动、美化修改产品页面及定期更新店铺主页
典型岗位职责及任职和学历要求	任职要求	1. 熟悉淘宝规则，有相关专业网店装修设计或天猫淘宝网店美工工作经验者优先 2. 具有良好的网页及平面设计能力，对美有深刻的洞察力，熟悉色彩搭配，思维活跃、有创意，有较强的美术功底和良好的构思能力，善于用视觉来表达想法；能熟练使用 Photoshop、AI、Dream weaver 等软件 3. 对拍摄风格有自己独特的认识和见解，能很好地完成产品图片以及活动宣传页面的排版和网页制作等后期制作 4. 有良好的职业素养、敬业精神及团队合作精神，擅于沟通；工作态度认真积极，有自主工作意识
典型岗位职责及任职和学历要求	学历要求	大专以上
核心能力		熟练运用美工软件、创意和美术审美能力、团队沟通能力、推广思维及海报文案策划与执行能力、熟悉平台的规则

对表 6-4 进行归类分析，可以得出 5 类对美编策划类人才的能力要求。

一是熟练运用美工软件。所谓工欲善其事，必先利其器，作为美编策划类人才，必须掌握相关的设计工具软件，如 Photoshop、Dream weaver、CorelDRAW 等设计软件，掌握这些软件可大大提升效果表达水平和做事效率。

二是创意和美术审美能力。熟练运用美工软件固然重要，但要想做出好的图片，这还远远不够，为此，必须掌握与美术相关的理论和知识，如对网页焦点理论的掌握、对色彩的感知能力、处理各种视觉冲突的能力、良好的审美观等，这些都是美编策划类人才必须具备的。

三是团队沟通能力。电子商务通常是团队运作的，美编策划人员作为团队的一分子，必须能很好地理解产品的特点和运营同事想要的图片效果，所以沟通能力、团队精神对美编策划类人才而言至关重要。

四是推广思维及海报文案策划与执行能力。美编策划人员虽然不直接负责推广，但在电子商务团队的整体工作中，推广是极其重要的环节，美编策划人员是间接为推广服务的，在文案设计、图片海报制作过程中必然要融入推广营销意识。

五是要熟悉平台的规则。绝大部分电子商务活动都是基于各种平台的，如淘宝、天猫等，而美编策划类人才负责在这些平台的基础上进行设计。了解平台的相关规定以及平台用户的视觉习惯特征等是美编策划类人才必须具备的素质。

第七章　高职院校电子商务专业人才培养模式分析

本章分为高职院校电子商务专业人才培养模式建立基础、高职院校电子商务专业人才培养模式构建思路、高职院校电子商务专业人才培养模式构建内容三部分。

第一节　高职院校电子商务专业人才培养模式建立基础

一、高职院校电子商务专业先进的教育理念

（一）OBE 教育理念

OBE 教育理念遵从"成果导向，反向设计"的原则，即面向市场人才需求，以学生能力培养为学习成果，以最终学习成果为起点，进行反向教学活动设计。在实际操作中，树立一个明确且具有操作性的成果目标，清晰地将目标落实在教学的各个方面，使教师的"教"和学生的"学"有更为清晰的目标和指向，从而更加顺利开展教学工作。

OBE 教育理念强调以学习者为中心，人人都能成功，高职生过往鲜有成就感，OBE 理念相信每一位学生都可以在学习上取得成功，但不一定在同一时间或采用相同的方法，如果学生有成功学习的体会，将会更加积极主动地学习。总之，反向设计、人人都能成功的 OBE 理念，对高职教育教学有着重要的启发作用。

（二）三教理念

1. 教思考

教学生主动思考，重在培养学生的思辨能力，让学生多动脑、善思考。在知

识发展的过程中，让旧知识帮助新知识搭建桥梁，学生在进行思考和思维转换的时候，基于旧知识能够发现新知识、提出新知识、演算新知识，进而构建出新的知识体系和知识框架。教思考培养了学生从设问到释问的问题意识，塑造了学生从合理质疑到严谨思维的学习习惯，最终提高了学生解决问题的能力。在教学过程中，教师在引导学生的时候发挥作用，触发学生的思考点，让学生学会质疑并释疑。

2. 教体验

教学生自主体验，重在提高学生的领悟能力，让学生勤动手、善体验。在知识形成的过程中，学生结合大脑内部动作和外部动作一起活动，分别进行思维活动和实践活动。教体验让学生基于原有经验和切身体验，形成一些新经验和新感悟，最终得出新结论。在教学过程中，教师要设置符合学生实践特点的项目或活动，在学生了解操作步骤后，让学生产生尝试和挑战的欲望，让学生亲自动手实践，在动手操作的过程中总结经验，获得新经验后再次进行验证，从而获得新见解和新结论。

3. 教表达

教学生善于表达，重在提高学生的交流能力，让学生乐于表达、善于表达。在知识实践的过程中，学生通过已有知识和经验，通过口头语言或书面文字，将解决问题的全过程表达出来，最终解决实际生活中的困境与问题。

在教学过程中，教师对学生进行一定的引导和鼓励，在学生形成自己的思维体系后，让其通过小组展示或者个人表达的方式表达自己的观点和见解，将所学知识表达出来，形成自己的思维框架，提升学生的自信心和表达欲，让他们敢表达、想表达、爱表达。

二、高职院校电子商务专业教学的发展阶段

（一）以网络化为主要特征的第一阶段

网络化阶段有效解决了信息不对称的问题，促进了供给侧与需求侧的高效耦合和精准对接。电子商务所具有的交易便捷和开放的特点，使其在经济发展中的作用愈发突出。

在该阶段，电子商务专业的教学内容一般是电子商务平台运营、网络营销与电子商务相关技术。电子商务平台运营涉及平台规则、客服、物流、支付、安全等，网络营销涉及平台站内营销、搜索引擎营销、社群和新媒体营销等，电子商

务相关技术则涉及网页制作、数据库技术、网站开发、移动应用开发以及相关的图片和视频制作等各个生产环节。

与此同时，电子商务专业也不断和市场营销、旅游管理、国际贸易、金融等专业融合，形成网络营销、旅游电子商务、互联网＋外贸、互联网金融等特色发展方向。

（二）以数据化为主要特征的第二阶段

伴随着网络技术的不断进步、智能终端的不断普及以及数据存储和计算能力的大幅度提升，大数据在商业场景中的应用越发普遍。电子商务在市场调查分析、产品开发、客户关系管理、营销推广、仓储管理、物流配送以及财务分析和内部经营管理等各个方面得到发展，逐渐从经验决策向数据决策转变。对于电子商务从业者而言，需要建立数据化思维方式并掌握相关的数据分析工具与方法。

在该阶段，与电子商务数据分析相关的课程逐渐融入电子商务专业人才培养方案，同时加强了数学、统计学、数据分析编程语言等方面的教学。建立电子商务数据化运营知识体系和能力模型，大幅提高了学生利用数据开展行业分析、竞争分析、竞品分析、消费者舆情分析、蓝海市场挖掘、营销效果评估、销售额预测的能力，使学生学会用数据说话，为从事商务数据分析、电子商务运营、品牌营销等相关工作奠定了良好的基础。

（三）以智能化为主要特征的第三阶段

在大数据和云计算的推动下，现代人工智能得以迅速发展，被认为是继蒸汽机革命、电力革命、信息革命之后的第四次科技革命，使人们的工作和生活方式产生了颠覆式的变革。在电子商务领域，人工智能在智能客服、产品开发、商品定价、销售预测、精准推荐、智慧物流、视觉搜索、智能仓储等方面得到广泛应用，正在成为提高企业经营效率和效益的重要手段。

在该阶段，行业对人才创新能力和学习能力的要求进一步提高，电子商务专业的教学更加强调学生商业思维与大数据技术的融合应用能力，学生不但需要懂得行业和专业知识，还需要掌握人工智能的工作原理和运行机制，数学、统计学、计算机等基础性课程的重要性进一步提升，"夯实基础、强化实践、提升能力、突出创新"将是这一阶段电子商务教学的主要特征。

第二节 高职院校电子商务专业人才培养模式构建思路

一、高职院校电子商务专业人才培养模式构建方向及原则

（一）高职院校电子商务专业人才培养模式构建方向

1. 引进先进的技术及理念

运用移动互联网、大数据、物联网、虚拟现实等新兴技术手段，突出目前信息技术环境下的教学新模式，高标准规划、设计和建设实训基地，从而实现资源共享，不仅为本专业教学实训服务，同时也为其他专业服务，不仅可供本校使用，也可辐射周边领域，为兄弟院校、行业、企业提供技术服务、技能培训、职业技能考核鉴定等。

2. 紧贴实际的业务流程

建立实战化的岗位任务，搭建工作业务场景。让学生在电商实训基地里真实感受不同就业企业、不同电子商务岗位的工作内容和流程标准，实现最大程度的产教一体。依托地方电商企业资源，有效提高电子商务专业人才的培养质量和市场服务能力，建设为自主学习、教学、科研、培训、咨询提供服务的学习交流平台。

3. 坚持校企融合

为促进跨境电子商务持续快速健康发展，助推外贸稳定增长和转型升级，结合行业发展及高职院校发展实际，人才培养要以国家、省、市政策为指导，以校企深度融合培养跨境电商人才为核心，根据跨境电子商务职业岗位需求，校企共同协商制定跨境电商人才培养方案、开发校企优势课程和教材、设计合作课程的教学模式及制定考核评价制度等。

在人才培养方案制定与实施过程中，建立校企共商机制是合作基础，制定校企双元培养方案是实施准则。通过分析跨境电商基层岗位特性，确认岗位核心知识目标和能力标准，建设"学校课程＋企业课程"双元融合的课程体系；探索学校教育系统和企业培训系统相互支撑、相互交融、相互促进的方法；实现教师和师傅共育人才，探索现代学徒制的校企一体育人模式，全面提升高职院校跨境电商人才培养质量，将学生培养成倍受企业欢迎、具有可持续发展能力的人才。

4. 探索构建新型教学模式

引入"智慧教育"概念和思维，打造交互式、智慧化、探究性的实训教学环境，实现理论和实践的深度交互融合。拓展并打通教学实训的全链条，积极建构专业教育资源云平台、实践教学管理应用平台、课程录制编辑平台；打造理论和实践课程的自我更新及共享体系，为技能教学质量的提升提供动力。

5. 完善工学结合人才培养模式

按照"共建、共管、共享、共赢"的原则，以服务地方经济、输送人才为目标。学院坚持产教融合、校企合作、工学结合的人才培养理念，大力培养电子商务产业高质量技术技能人才。

在未来进一步完善电子商务专业实习实训条件，形成综合培养学生4种能力的校内数字化共享实训中心、生产性实训中心、校外数字商务实训基地的实习实训条件。以校企合作项目为导向、以服务学生为中心、以职业能力为本位，完善"135"的开放性实践教学体系，建成具有现代商务专业群特色的职业教育实习实训体系。

6. 以提升学生信息技术应用能力为抓手

电子商务是互联网等信息技术的产物，是交叉性、应用性较强的专业，课程设计应符合高职学生的特点，以提升学生信息技术应用能力为抓手，强调掌握相应的信息技术知识，促进学生信息素养的提高，在信息技术环境中去加强对电子商务的理解和应用，为社会和企业提供更多符合市场发展的高品质人才，推动区域经济的良性发展。

7. 遵循高职院校电子商务专业人才培养模式的特性

（1）高等职业教育质的规定性

高职院校是实现社会工业化、生产社会化和现代化的重要保障，承担着为生产、建设、服务、管理等领域输送人才的重要任务。

高等职业教育与普通高等教育相比，更重视对理论知识和实践能力并具的技术应用型人才的培养。所以，产教融合有助于高职院校在人才培养过程中融入产业及社会发展需求，培养出高素质复合型人才。

（2）高素质技能人才培养的复杂性

高职院校培养的人才要具备较高的素质和较强的技能，能够服务于生产、建设、服务和管理的一线。培养出的高素质技能人才，应以"就业为导向、素质为本位、能力为基准"，理论知识与实践能力并具。

目前我国社会知识更新周期不断缩短，高素质技能人才要具备可持续发展的能力，才能不断适应我国产业结构的升级和科学技术的发展。传统的人才培养模式，大多以学校专任教师在课堂讲授为主，虽设有相应的实训课程，但受到师资理论、硬件设施、教学场地等的局限，实践训练不够深入，导致高职院校人才培养目标与企业用人需求脱节，造成毕业生"就业难"、企业"用工难"的双重不利境地。产教融合人才培养模式打破了传统授课模式的壁垒，成为解决高职院校培养高素质技能人才不可或缺的途径。

（3）高职院校在现代职业教育体系中的主导性

在现代职业教育体系建设中，高职院校在转变经济发展方式、调整产业结构、继续教育、促进职业教育的协调发展等方面扮演着重要的角色。随着经济转型与产业结构调整，高职院校在密切关注传统产业的同时，也着眼于为新兴产业和高新技术产业培养人才。

然而，我国高职院校人才培养模式还存在一些问题，如专业设置过于集中、课程结构不合理、实践教学环节薄弱等。因此，要加快高职院校的改革步伐，建立以"双元制"办学体制为主线，以企业需求为导向，以提升学生综合能力为目标，以产教融合为核心的新型人才培养模式，才能更好地满足社会对高素质技能型专门人才的需要，解决我国产业高质量发展急需人才的客观要求。

（二）高职院校电子商务专业人才培养模式构建原则

响应新时代经济社会高质量发展对电子商务人才培养的新要求，基于00后学生成长的新特点、信息化时代教育教学的新规律，以提升学生实践能力和创新精神为重点，以新一代信息技术为依托，以促进就业、引导就业为导向，以完善的技能教学项目为核心，贯彻"工学一体、产教融合"基本理念，形成专业布局合理、教学效果优良、开放共享的教育信息化实训教学项目新体系，全面提高技能教学质量。

1. 先进性与前瞻性原则

电子商务专业实训基地建设要有一定的先进性和前瞻性，电商实训基地的配套设施设备在电商行业中处于先进水平，采用的技术也应该与最新的技术同步发展。只有这样，电商实训基地才能满足并适应电子商务专业领域的最新发展要求。

2. 实用性与经济性原则

电子商务专业实训基地建设以国家和行业标准为引领，严格基于项目启动、计划、实施、控制、结束的项目运作流程，突出岗位化、职业化特点。以"行动导向"为指导，开展各种职业技能和职业素质训练。在最大限度满足实用性原则的基础上，强调采取最优性价比的建设方案。

3. 统筹整体性原则

电子商务专业实训基地建设必须加强顶层规划和整体关联配套，着眼于专业现状与发展趋势，整体谋划建设，做到设施完善、功能齐全、整体推进，切不可人为割裂专业体系和教学实训体系内在的关联。做到各个实训板块既相互独立，又可以整合互补，实现整体性的教学实训。

4. 遵循特色发展原则

（1）与特色产业相结合培养跨境电商人才

特色产业是企业发展的强大动力，也是优势与潜力所在，跨境电商人才培养要注重依托特色产业，如现代服务业、航空物流业、高端制造业、高科技产业等，通过本地的物流中心、出口加工区、跨境电商产业园等平台，培养服务于特色产业的跨境电商人才，发展和壮大特色产业集群。

（2）打造跨境电商人才培养特色

打造跨境电商人才培养特色，即跨境电商人才的培养以分层分段化、学科交叉复合化、校企共育协同化、实践环境真实化为原则，设计满足跨境电商多层次多岗位需求的特色人才培养方案。

5. 融合共用性原则

电子商务专业实训基地建设要能全面完成专业实训教学任务与职业素养养成，在满足专业正常教学实训要求的同时，加强实训基地的开放性和兼容性；为学生开展第二课堂、自我学习提供场所；也要考虑关联专业的教学、实践、培训需求，充分发挥实训基地的社会化功能，面向社会开展职业技能鉴定和对外培训等活动，以实现设备的最大化利用

6. 信息化创新原则

加强顶层设计和系统规划，建设综合性、融合性、信息化、智能化的电商现代化实训基地。以先进的技术为支撑，以开放式管理、企业化运行、智能化引领的方式，为电子商务专业的发展提供坚实的基础保障。通过有效投入和制度创新、管理创新、技术创新，以企业需求为导向，用新思路、新机制、新模式设计电商实训基地建设方案，打造创新性的电商实训基地。

7. 兼容拓展性原则

结合上述原则，在满足实用性、必要的先进性和融合性基础上，要保证整体方案、核心设备的兼容拓展性。从技术上讲，多采用兼容性的设备和技术手段不但利于当前的项目构建，也利于后期的项目拓展，能支持实训基地建设的灵活升级。

8. 分步实施原则

电子商务专业实训基地建设要统筹设计、量力而行、分期完成。积极进行配套建设和陆续性投入，始终保持实训基地整体动态更新；专业在不断发展、技术在不断发展，分期建设、动态更新是明智有效的建设思路。

二、高职院校电子商务专业人才培养模式构建的要求

2019年，教育部、财政部发布了《教育部财政部关于实施中国特色高水平高职院校和专业建设计划的意见》，强调"在全面提高质量的基础上，着力培养一批产业急需、技艺高超的高素质技术技能人才"。

同年发布的《国家职业教育改革实施方案》明确提出"推进高等职业教育高质量发展""完善高层次应用型人才培养"，要求"高职院校要培养服务区域发展的高素质技术技能人才"。

由此可见，在"双高计划"启动后，高职院校更加明确了技术技能人才培养目标，更加明确了院校为本地区经济发展服务的功能，使高等职业教育向高质量发展。

当前，中国特色高等职业教育兼具高等性和职业性，是高等性和职业性的有机统一，在高等职业教育领域，职业性重点表现在"技术技能"方面，而职业性则更多地体现在"高素质"方面，两者有机结合，共同促进高等职业教育的健康发展。

（一）高职院校电子商务专业人才培养模式构建的素质要求

长久以来，在高职院校内部，对技术技能人才的培养仅靠专业技能与学校的就业指导来实现，只能算是简单的劳动力的培养，忽视了对学生个体内在价值的追求，如果仅将个人的需求等同于职业上的需求，那么这会非常不利于个人的全面发展。

相比之下，在"双高计划"背景下，高等职业教育需要多多关注学生的社会需求，把学生与社会紧密联系起来，着重培养具有一定的独立思考能力、与团队项目合作的能力以及特定的社会适应能力的人才。

因此，高职院校就要加强对学生精神状态的关注，将立德树人作为高职教育的中心环节，落实到人才培养的全过程中。高职教育在我国的地位是完全不可忽视的，学生对自己未来的职业发展也充满了一定的向往与追求。

除此之外，企业对人才的要求也在逐渐提高，基于此，高职院校人才培养素质之"高"主要体现在高职的学生群体要有相对良好的职业精神，具体有以下表现：在工作中爱岗敬业、有精益求精的工作态度以及合作精神、不断开拓创新等；另外，学生群体还要具有较强的职业道德观念与意识。

因此，从高等职业院校人才培养目标出发，在高素质要求下，学校要重视对学生进行心理健康教育，帮助其提高心理素质，为他们顺利就业奠定基础；通过多种途径，让学生掌握一定的心理学知识，使学生学会用科学的方法解决工作中遇到的问题；学校应帮助学生树立正确的三观，并提高学生的职业道德精神，这些都是学生获得良好的职业发展的要求。

（二）高职院校电子商务专业人才培养模式构建的技术技能要求

基于高职院校的功能定位，从高职院校走出来的学生应当服务于区域经济发展，要为当地做出贡献，换句话说，劳动者必须是能够解决实际工作情境中的问题的技术技能型人才。

因此，高职院校培养的人才必须在专业基础理论知识扎实的前提下，具备较强的实践动手能力，利用自己在学校和在社会上所学的知识去实际解决问题。高职院校若想达到此目标，就要把重点放在人才培养方案中有关技术技能教育方面的内容上。

每所高职院校在实际办学过程中都要结合一定的要求，那么，在新时代，高职院校应该结合"双高"的要求，提出符合本校发展的、具有创新性的建设方案，从而有效推动职业教育与普通教育的并行发展。高职院校要加强学生学习和实践的关联性，逐步加强与企业的合作，从而培养出合格的人才，满足社会对岗位人才的特色化需要。

（三）高职院校电子商务专业人才培养模式构建理念要求

在人才培养理念方面，高职院校自身的职业属性决定着其与普通高等院校的人才培养目标有别，其属性要求人才培养应以职业技能为导向。

产教融合需要学生在实际工作中运用理论知识，使其与实际工作有机结合，而非仅限于理论层面。产教融合的理念应该贯穿于学校和企业共同育人的整个教学过程，做到理论与实践相结合、教育与产业相结合、人才与市场需求相结合。

以市场需求为导向,注重学生综合素质和自主学习能力提高的人才培养理念是产教融合所提倡的,使学生能够更好地适应市场需求的变化。

(四)高职院校电子商务专业人才培养模式构建过程的要求

在人才培养过程中,产教融合要求高职院校能够动态地适应产业发展的需要。因此,学校要积极主动地进行市场调研,对市场的用人需求进行预测,并针对实际情况,分类进行人才培养,后续要根据市场的变化对人才培养目标进行动态的调整。在教学内容上,应注意将理论知识与实践活动相结合,将理论知识及时有效地转化为实际操作能力。另外,学校要在政府的牵头下,积极与企业展开合作,共同制订人才培养方案。同时,建设一支"双师型"的师资队伍对于培养高素质的人才具有重大意义,高职院校要加强和加快"双师型"师资队伍建设。同时,教师在对学生进行考核评价时,应摆脱单一的评价方式,从政府、学校、企业三方面分别进行考核,实现产教融合的要求。

(五)高职院校电子商务专业人才培养质量满足利益相关者的需求

1.满足学生个体职业发展的需求

高职教育受学生群体质量相对不高以及高职院校本身发展受限制等因素的影响,在很长一段时间里,在社会上的关注度相对来说不是太高。与普通本科院校的学生相比,高职院校的学生较为特殊,主要是因为他们的高考成绩相对较低,因此社会也一致认为这部分学生的学习能力、认知能力甚至综合素质相对较差。

同样是高等教育,高职教育与本科教育还是有很大差距,在高等职业院校的整体学习与生活氛围之下,高职生可能会存在个人信心不足、自身发展目标模糊等问题,这无疑给高职院校的人才培养工作带来了不小的阻力。国家制定双高政策在一定程度上给高校高质量发展带来了前进的动力,也给高职学生发展带来了更广阔的平台。国家实施"双高计划",既可以初步提高高等职业教育的质量,又可以推动学校的改革与发展。

除此之外,还能够增强社会对高职教育的认可和满意度,帮助高职学生树立清晰的职业规划,帮助学生养成良好的习惯与正确、积极的价值观,以更好实现自己的职业目标。具有中国特色的教育始终强调把人的发展放在首位,一切为了人的发展。例如在党的十九大报告中就再次强调要办好人民满意的教育,因此教育的立足点应该始终落在人的发展上。

那么，在"双高计划"的背景下，高职院校需要经受住考验，其人才培养工作首先要满足学生自身需求。在国家大力支持职业教育发展、社会期待职业教育的背景下，高职院校应该落实"双高计划"，坚持适合职业教育的发展，培养社会所需的合格的人才，逐渐得到社会与民众的信任，只有这样，学生才会逐渐选择高职院校。

目前，行业与企业正在不断加速与升级，此时，世界各国都会面临人才短缺的问题。面对这样的行业形势，高职院校在人才培养工作中的问题越发凸显。因此，高职院校应该主动适应社会发展趋势，与行业企业开展全方位、深层次的合作，使本校的人才培养结构逐渐完善，逐渐提升人才培养质量，使高职院校的学生真正成为适合社会发展的高质量技术技能人才，从而满足国家的战略需要与区域发展需要。

2. 满足高职院校自身生存和发展的需求

尽管我国高职院校在不断改革与发展，但依然存在发展不均衡、教育投入不足、办学条件参差不齐等问题。技术技能人才培养质量决定着高职院校的实力和水平，影响着高职院校的竞争力，关系着高职院校的生存和发展。

由此可见，技术技能人才的培养应该满足高职院校自身的发展需求。高职院校不断扩招，与之而来的是高职院校学生数量的增加以及生源结构的多样化，在多样化的生源下，如何保障高职院校的人才培养质量是每一个高职院校需要迫切关注的话题。学生生源的竞争说到底还是高职院校之间的竞争，归根结底还应该落实到技术技能型人才培养质量上。

在这场竞争中，如果学校没有把握住发展机遇，会面临被市场被淘汰的风险。与此同时，一些高职院校正在向地方本科院校转型，能否转型成功主要看学校培养出的人才质量。高等职业教育处于新的发展阶段，高职院校应始终立足于人才培养质量的提升。

在此基础上，根据地方经济发展的需要，对本校的教育教学机制与教学管理模式等进行变革，着力建设具有地方特色的高质量发展的高职教育。

除此之外，高职院校还应该具有全局性、开放性的眼光，主动放眼国际，主动与国外的职业教育进行交流，从国外职业教育中吸取有利于自身发展的内容，逐渐把握职业教育的时代发展浪潮，逐步推动职业教育的发展。

3. 满足区域经济社会发展的需求

企业的生存与发展离不开利润，企业得以正常运行的前提就是合理使用劳动力、技术、资本等生产要素，利用这些生产要素为市场提供必要的服务，从而满足大众的需求。

其中，劳动力的培养主要在高职院校。高职院校担任着为社会服务的功能，其培养的人才要能够踏入社会，为社会服务。部分高职院校可能会存在人才培养质量不高的问题，把不符合社会需要的学生送入企业也不利于社会的发展。

因此，"双高计划"正是为了解决这一问题，不仅能够为企业输送合适的、优秀的高素质人才，更能够发挥其教育教学等职能。高等职业院校始终以就业为导向，如果高职院校的毕业生在毕业之后不能为企业的发展做出贡献，不能够满足行业的需求，那么自己在高职院校中学到的知识将无法体现真正的价值，这无疑是对人力、物力等的浪费。

高职院校要在"双高计划"背景下，围绕区域经济社会发展的紧缺领域，加强产教深层次融合，着力培养区域经济发展所需的技术技能人才，提高技术技能人才的素质，以适应区域经济社会发展的需要。

4.满足电子商务相关职业岗位的要求

电子商务职业岗位大致可以分为商务、技术、综合管理三大类，不同职业岗位对人才有不同的职业能力需求。如表7-1所示，其基本能够反映电商行业对电子商务人才的主要需求：电商从业人员既要懂得电子商务相关平台和软件的计算机操作方法，还要懂得营销经济学与心理学、能够进行网络推广技术、运营管理等。

因此，高职需要整合自身的优势，实现培养目标的衔接和超越，制定高职一体化的培养目标和课程体系，培养出符合职业岗位要求的复合型的技能型电商人才。

表7-1 电子商务相关职业岗位面向及要求

岗位类别	主要职业岗位	关键职业能力
商务类	网络营销、电子商务客服、电商支持系统推广、电子商务网站策划、网络商务创业、互联网产品策划	网络营销能力、电子商务物流管理能力、内外贸易能力、创业能力、电商运营规划能力等
技术类	电子商务平台设计、电子商务软件开发、网页设计与制作、电子商务网站运营与维护、电商数据分析	网页设计能力、图像及视频处理能力、电子商务系统设计能力、动态程序和数据库开发能力、网络系统安全能力、网站建设与维护能力等

（续表）

岗位类别	主要职业岗位	关键职业能力
综合管理类	电子商务营销顾问 电子商务项目经理 电子商务运营总监	商务管理能力、客户关系管理能力、企业文化建设能力、在线交易结算能力等

（六）高职院校电子商务专业人才培养模式构建方法的要求

从培养方法上看，高职院校要加强与企业的交流和合作，制定人才培养计划，在教学中要重视使学生达到知识与实践的统一，使其在课堂上能及时将所学理论知识应用于实践，注重学习过程中的实践比重，从知识本位转变为能力本位、从重视课堂和书本教学转变为重视生产和实践教学。

要以政府为主导，改变以往单一的教学模式，向多元化的教学方式转变，积极搭建校企协同育人平台，实现资源共享。同时，政府要加大保障力度，确保高职院校和企业合法、有效以及稳定地培养人才。

（七）高职院校电子商务专业人才培养模式构建大数据背景下的新要求

1. 对数据收集与处理的新要求

在大数据背景下，数据信息量在急剧增长，这就需要使用容量较大的数据库进行信息收集和整理，而庞大的数据信息量已经远远超过原始数据库的承载能力，需要构建新的信息系统。

在数据处理过程中，对数据处理的要求也随着信息量的增大而提高，现在的计算能力已经无法满足当今的信息量处理需求。另外，还需要对数据进行深入分析，但是从海量的信息中挖掘有用的信息犹如大海捞针，无形中增加了数据处理的难度。

由此可知，大数据时代的到来给电子商务行业带来了极大的工作挑战。为了解决这一问题，在电子商务教学过程中就需要引入先进的教学理念和技术，例如，数据仓库、数据挖掘、OLAP等先进技术。通过建立新的数据仓库来承载庞大的数据信息量，利用数据挖掘技术提高信息处理效率，借助OLAP技术对信息数据进行全方位的分析，从而保障电子商务行业的稳定发展。

2. 对人才专业技能的新要求

各大企业都有自己的数据库来收集信息数据，但是不能将收集的信息直接作为企业管理的依据，需要聘用技能水平较高的电子商务人才，对收集的信息进行逐步分析和深度处理，这样才能提取出有价值的数据，以便用于后续的决策管理。

越来越多的电子商务企业已意识到这一现象，都在制订大数据战略计划，通过不断引进新鲜血液来建立大数据研发队伍，以此来提高自身团队的技能水平。因此，仅靠收集大量的数据信息根本无法适应行业的发展，只有增强电子商务的核心竞争力、提高对数据信息的分析能力，才能立于行业不败之地。这就需要在电子商务教学中，采用有效的教学措施提高学生的分析能力和问题解决能力。

3. 对课程培养方式的新要求

面对庞大的数据信息量，如果电子商务行业不优化原来的平台构架，极有可能影响平台构架的稳定性，无法满足当今的信息数据处理需求，衍生一系列的系统问题，进而降低平台操作的流畅性，影响用户的体验感。为了解决以上问题，需要实时监控平台的运行情况，对系统构架的各项细节进行维护，并根据相应的问题制定有效的解决方案。在此过程中应注重实际情况，避免生搬硬套理论而无法解决实际问题。

从上述情况可知，大数据背景下，电子商务平台可能会面临各种突发性故障，这就要求高职院校注重实践教学，并将理论和实践相结合，提高学生的知识应用能力，以便在后续的工作中能应对各种突发问题。

第三节 高职院校电子商务专业人才培养模式构建内容

一、高职院校电子商务专业新"订单式"人才培养模式

（一）新"订单式"人才培养模式的内涵

高职院校新"订单式"人才培养模式即"2+1"高职生定向培养模式，它区别于传统的"订单式"培养模式，又与单纯的"2+1"人才培养模式不同。在该培养模式下，学生在完成第一、第二学年的教学课程后，经企业选拔录用后与企业签订协议，从第三学年开始，根据企业对岗位的要求，按照高职院校与企业共同制订的课程计划，完成规定的培训内容，达到上岗要求。

（二）新"订单式"人才培养模式的优势

高职院校新"订单式"人才培养模式的优势主要包括以下几个方面。

1. 有助于深化校企合作，创新合作方式

在新"订单式"人才培养模式下，学生在学校进行两年理论学习后，经企业选拔，与企业签署就业协议，并在最后一年中完成相关岗位技能培训。这样的培养模式有效解决了传统订单式培养模式下学生学习积极性不高、学习针对性不强的问题，避免出现重理论轻实践的现象。这种新的培养模式不仅解决了企业需求与学校人才培养脱节的问题，而且创新了校企合作方式，有助于校企合作的持续发展。

2. 提高人才培养精准度，满足企业用人需求

通过新"订单式"人才培养模式，提高人才培养精准度，实现人才培养和企业用人需求的精准对接。同时该培养模式帮助学生在校学习期间就达到企业的上岗标准，让学生毕业后就能够直接上岗工作，大大节省了企业对学生进行岗位培训的时间，降低了企业培训成本。

3. 推进课程与教学改革

新"订单式"人才培养模式坚持人才培养规格与企业需求相适应、教学内容与岗位任务相适应、能力考核与技能鉴定相适应的培养理念，推进课程教学内容向先进性与实用性靠拢，加大课程改革力度、加深课程改革深度。

4. 实现学校、企业、学生三赢局面

高职院校通过与企业合作，引进企业设备与相关技术人才进行专业教学，能丰富专业教学资源，并提高"双师型"教师队伍建设水平；企业也能解决用工荒的问题；学生不仅可以学到课堂知识，还能参与实际生产，掌握相应岗位的生产实践技术，提升自身技能水平。

（三）新"订单式"人才培养模式的具体实施

1. 公开选拔"订单式"学生

学校与合作企业相互协同进行招生，在招生筹备阶段，企业会安排相关人员参与招生简章的制定，明确"订单式"的招生简章中的招生条件，例如，招生岗位要求、生源地范围、男女比例和身高条件等事项。

企业全程参与招商过程，招生现场配备有企业人力资源经理进行"订单式"

政策的讲解与问题的解答，招生期间还会设有"订单式"招生企业专线，为学生和家长提供咨询服务。招生流程为在学院各班级进行"订单式"宣讲，学生向学院提出申请，经过初审，挑选符合要求的学生进入面试，面试包括机构化面试和无领导小组讨论，面试合格的可成为"订单式"学生。

2. 与合作企业签订"订单式"人才培养协议

协议作为约束校企双方的书面文件，是"订单式"人才培养模式顺利推行的基础，为了让"订单式"人才培养模式实施得更加科学，学校和企业双方须签订一定的协议，协议内容由学校和合作企业共同拟定，由学校一方形成书面文件，协议由校企双方签订后立即生效。

校企双赢的基本原则需贯穿整个协议，协议中对校企双方的责任作了明确的划分，学校按照企业的岗位技能需求教授学生专业知识，企业按照协议在学生毕业后录用考核合格的"订单式"学生。

3. 学校与企业共同参与教学管理

企业需全程参与学生和教学管理，在学生和教学管理中逐渐融入企业文化以及企业规章制度教育，让学生在学校期间就增加对企业的了解以及认同感，以更好地实现企业的人才培养目标。

根据前期签署的校企合作培养协议，合作企业每学期需要委派具有丰富工作经验的企业工作人员参与日常教学环节，包括教研室的教学研讨活动，集体备课和实训教学。成立班级之前共同商议"订单式"学生三年学习期间的教学培养计划、课程标准、班级管理模式、教材的选取和实训的安排等。

4. 顶岗实习

"订单式"学生在入校后的前两年与普通班学生并无区别，先在学校进行理论知识学习，在第三年便组织"订单式"学生参与顶岗实习和岗前培训，在锻炼学生的岗位技能的同时，加深学生对企业文化与工作岗位的直接认知。

5. 毕业验收

"订单式"学生在毕业前要进行除毕业答辩以外的关于企业工作岗位技能考核，最终考核分为学校考核和企业考核，只有考核合格的学生才能成为企业的准员工。考核时会邀请企业工程师参与到考核的全过程中，包括考核标准的制定、考核内容的设置和考核评分，对考核合格同时在校期间理论知识成绩合格和实训合格的同学发出录取邀请，大三上学期便可进入公司进行顶岗实习。顶岗实习结束后，企业会组织与岗位相关的考核，考核不通过的同学无法正式成为企业的员工，考核通过的同学拿到毕业证后便可正式签订录用合同，并到相应的岗位独立上岗。

二、高职院校电子商务专业"现代学徒制"人才培养模式

（一）"现代学徒制"人才培养模式的内涵

现代学徒制是现代职业教育中一种获得社会认可的人才培养模式，在国内外职业院校的实践中取得了很好的育人效果，对现代学徒制的内涵的研究也很丰富。

东南大学教授吴晓认为现代学徒制能让学校与合作企业的合作加强，是以学校教师和学徒师傅的联合传授为主，现代化的人才培养模式。

华北理工大学教授蔡春江等将现代学徒制定义为一种项目培训，在培训中注意职业教育和岗位技能的结合，培训需符合行业统一的培训标准，由国家法律保障培养项目的顺利开展。

华南师范大学教授冯克江在论文中表示现代学徒制的定义有很多，但总结归纳后，发现很多相同的地方：现代学徒制离不开传统学徒制，现代学徒制是在传统学徒制的基础上发展而来的，现代学徒制强调校企深度合作，通过双师共同培养人才。

也有学者对学徒制的发展历史进行研究后发现，学徒制出现的时间是二战以后，代表为德国双元制，学徒制适应经济发展与时代进步，开展的基础是校企深度合作，保障是国家制度。德国双元制在职业教育中的成功，带动了现代学徒制的快速发展，到20世纪末发展已经非常迅速，以旺盛的生命力不断推动职业教育改革。在德国，职业教育与普通教育同样重要，双元制教育在德国职业教育体系占主体地位，在双元制中企业培训是核心，重点培养学生的职业能力，政府高度重视学徒制，投入大量人力物力财力，现代学徒制得到社会的认可，认可度在不断提升。

长春教育学院院长赵有生认为，现代学徒制已经成为一种学校教育制度，在我国，学校的教育与工作培训的紧密结合，企业学徒培训与职业学校教育相结合，是目前典型的新型学徒制度，现代人才培养模式是以技能培养为主的，学校与企业的深度合作是关键，教师与师傅的联合传授是方式方法。

以上有关现代学徒制的观点虽不一样，但本质上大同小异，具有共性。通过总结能够发现，现代学徒制将师傅带徒的方式与学校职业教育相结合，是新型的教育制度和教育形式。总结职业教育发展历程、探知现代学徒制试点的具体实际

情况的基础上，"现代学徒制"在本书中的含义是在政府政策指导下，以学生技术技能积累和职业素质培育为目的，通过国家法定程序的制定，将言传身教学徒培训与职业教育相结合的一种人才培养模式，对校企合作深度有高度要求，学徒在学习中能获得知识与工作技能，产教融合、校企一体化、师傅带徒是该模式的标志。现代学徒制度主要是指将以往的学徒培养的形式和当前学校教育相融合，即企业与学校相互扶持培养人才的教育体系。在此过程中，首先需要让学生在学校受教育，然后按流程接受学徒教育。

在对传统学徒制的继承和发展中，现代学徒制度根据市场的需求培养人才，促进专业知识和实践技能相互融合；并且在学校和企业的合作过程中，能够形成新的教育体系，学生可以边工作边学习，构建工学结合的新模式。现代学徒制的主要目标是培养具有理论知识以及实践能力的高素质人才，通过企业和学校的合作，促进师傅带徒弟的人才培养模式贯穿于整个教育过程。

当前，很多高职院校已经开始了现代学徒制的试点探索，并构建了电子商务专业"一体三合"现代学徒制人才培养共同体。

（二）现代学徒制的优势

现代学徒制以师傅带领徒弟为核心、学校和企业的合作为基础，能直接解决学生实践中遇到的困难，培养学生的动手操作能力。现代学徒制的优势主要表现在以下三个方面。

首先，现代学徒制是一种情境式教学模式，能调动学生学习的主动性，让学生在学习中变被动为主动，置身于情境之中，通过发现问题并及时解决问题，最大限度地使学生集中精力进入学习状态，促进学习意愿最大化。

其次，通过在学校学习和企业实践，提高学生对现代社会的适应能力。在企业实践的过程中，可以巩固理论知识，不仅能让学生体验到学校所学知识与企业实践的不同，同时也使学生了解整个生产的过程，为今后走向社会奠定基础。现代学徒制不仅提高了学生独立工作的能力，而且开阔了学生的视野，使其在实践中不断提升自己。

最后，就业前景明朗。现代学徒制教学已经在很多学校得以实施，使学生的专业知识和特点得到充分发挥。实施现代学徒制的学生毕业后，可以在实习企业就业，可以更好地使学生的思想转变为职业意识，对学生更快更好地融入社会具有重要意义。通过实践技能，学生可以更好地了解自己，不断增强责任感，让自己变得更好。

(三)现代学徒制人才培养模式的具体实施

1. 优选企业

企业对人才素质的要求是影响学校技术人才培养的关键因素。现代学徒制是学校与企业合作进行人才培养的新型职业教育模式。所以,高职学校在开展现代学徒制的过程中,需以就业为核心,瞄准核心岗位,优选合作企业。

结合对试点企业的研究,高职通信类现代学徒制选择合作企业的基本标准如下:首先,需要选择人才需求稳定的大中型机械企业;其次,选择具备一定规模的机械加工民营企业;最后,选择机械人力资源代管企业,其需要具备良好的社会形象以及发展理念。符合前两个标准的企业一般规模比较大,并且组织架构稳定,同时对人才的需求比较稳定。符合最后一个标准的企业,具有一定的整合能力,采用代管整合分配的方式,符合学校班级建制培养的实际情况。

由于电子商务行业对大型设备并无要求,仅需互联网设备,因此可以将现代学徒制的时间和空间设计得更加有弹性。学校可以尝试引入企业,根据企业的需求将校内实训基地改造为校中厂,企业派导师常驻学校,学生足不出校便能够完成企业设置的工作任务,不仅避免了时间和空间上的成本浪费,也规避了学生外出实践锻炼过程中的安全风险,同时也节约了企业的用人成本。学校和企业在实施现代学徒制时,能够从时间和空间上做到工学交替、工学结合。

需要注意的是,学校与企业在制定人才培养方案的过程中应设置严格的管理条例,确保学生随时随地都能够获得安全保障并实现高效学习。

2. 对组班方式进行创新

(1)组班录取

这种方式适用于规模较大的企业,通常情况下,规模较大的企业对长远发展有一定的计划,因此对人才的需求是不间断的。

在此背景下,可开展现代学徒制组班录取。首先需要学校和企业签订合作协议书,合作书中必须明确招生数量,另外需要提升招生宣传的能力。关于现代学徒制实验班,需要签订合作协议,包括学校和企业的协议、学生与学校的协议、企业和学生的协议,从而科学组建现代学徒制试点班。

(2)遴选组班

当前,很多中小型民营企业的规模不大,人才需求不具备持续性,可以开展遴选组班。学生进入高职二、三年级之后,企业到院校宣传,学生根据自己的意愿申请加入遴选学徒;三方签订协议,最后组成现代学徒制实验班级,这种模式可以满足中小企业对人才的需求。现代学徒制的优势在于能够实现招生招工一体化。因此，不管选择哪种模式建立班级，都需要按照流程签订协议，在协议中三方都需要明确学生以及学徒的双重身份，保证学生在学徒期间的权益，同时也是约束学生毕业用工合同的一种方式，这样才能促进招生招工一体化发展。

3. 构建现代学徒制电子商务专业人才培养标准体系

电子商务专业人才培养标准体系主要包括人才培养教学标准、办法和制度两方面。

（1）电子商务专业人才培养教学标准

基于新一轮技术变革和产业变革的背景，结合各个区域电商领域对人才的需求和规格，根据国家人才培养总体要求和职业教育国家教学标准，同时以高职教育层次的"现代学徒制专业教学标准"为制订依据，制订更符合"当地特色"的电子商务专业人才培养教学标准。

校企双方本着"合作共赢、职责共担"的基本原则，开发并制订专业人才培养标准、方案及专业课程体系，共拟教学大纲、教学计划，共拟岗位项目考核标准与办法等，包括教学标准、岗位项目课程标准、资格认证标准、岗位实训标准、导师标准、评价标准、质量监控标准等。专业人才培养体系的构建突显产教深度融合，人才培养的过程突显工学有效结合，人才培养的实施突显校企长效合作，人才培养的目标及规格突显现代学徒制，人才培养考核突显基于产教融合的成果转化。

（2）建立现代学徒制人才培养办法和制度

在人才培养共管体制机制方面，在联合互联网学院与合作企业充分调研的基础上，根据国家发展需要，结合本院专业特色，共同制订《校企合作协议》《招生招工一体化制度》《教学管理制度》《实习实训管理制度》《招生与招工管理办法》《学徒用工合同》《导师管理办法》《学生（学徒）考试评价办法》等一系列办法和制度。"一体三合"现代学徒制人才培养模式的实施，要依据校企实际需求签订三方（学生、院校、企业）协议，保障各方责、权、利，以此通过健全、完善的人才培养制度保障体系、深化产教融合，推进校企合作。

4. 合理进行教学安排

电子商务专业面向电商客服、网店运营等多个岗位。学校和企业可根据行业中的具体岗位，尤其是目前热门需求的岗位，开发一批理实一体化课程。在这类课程中，应将学校教授的理论课程与具体的岗位任务相结合，帮助学生在实践中运用与巩固理论知识。例如，在"客户关系管理"这门课上，学生在学校学习到了客户开发与维护等相关知识，可以在电商客服等岗位中加以运用。而客服的后续工作则是店铺运营，学生接触到运营工作后，又会带着问题回到课堂中，继续学习"网店运营管理"这门课，学习完该课程后，学生可以参加网店运营管理的"1+X"职业技能证书考试。由此将理论学习、岗位实践和职业技能证书有机地串联起来。

5.加强生产实践训练

为了更好地促进现代学徒制在电子商务专业的开展，需要完善校外实习的考核机制，对校内专业发展的资源配置进行进一步优化，保证生产实践基地符合学生发展的需求。随着我国电子商务技术的不断发展，高职院校需培养出符合需求的人才，建设接近企业实际生产项目的实训基地，研发生产性设计项目，提高学生的电子商务素养和创新能力。

三、高职院校电子商务专业"工作室"人才培养模式

（一）"工作室"人才培养模式的内涵

工作室模式是一种以教师团队为主导，强调"做中学"，着重培养学生的实践技能的人才培养模式。这种实践模式把产、学融为一体，最终使学生综合专业能力得到提高。这种模式在跨境电商应用型人才培养核心理念的指引下，通过项目式驱动、任务型课堂设计和综合素养提升等践行方案，理实一体地培育出了大批跨境电商卓越人才。

工作室一方面要实现教学功能，另一方面是要实现服务功能。工作室与企业密切合作，实现"能力＋三创"的人才培养模式。具体而言，工作室是以专职教师和兼职教师两条纽带联系软硬件设施环境构成的教学体系。

（二）"工作室"人才培养模式的优势

①不同于以往的班级教学，工作室教学模式中，工作室为主要的教学单位；这种教学安排，可以让教师了解学生的表现，能够对学生专业能力做出较好评价。②虽然校内工作室相较于企业比较精简，但是工作室的整个运行流程和机制是完善的，可以充分实现教学与企业岗位需求的深度融合，加强学生对工作技能的理解和应用。③从高职院校培养目标来看，其目的是培养一批高素质、高技能的应用型专业人才，而仅通过理论教学是很难培养学生的技术能力的。因此，通过工作室教学模式，让学生在工作室开展具体的实践活动，可以提高学生的专

业技能。④在工作室教学模式开展过程中，教师设定任务目标，让学生自主完成，还可以培养学生的自主学习能力和团队合作能力。

经过上述对工作室教学模式特点的分析，可以很容易看出该模式的优势：一是教师只负责自己工作室学生的实训，可以更好地关注每个学生的学习能力和态度，也能针对学生的个性化特征开展教学和实训；二是将企业引入工作室，能够在产教融合的情形下，利用工作室完成各项实训任务；三是校企合作工作室模式的建立，可以让学生在实训的同时，真正去体会企业岗位和社会现实工作的要求，提前适应社会竞争和发展；四是不同工作室的实训练习，可以让学生充分了解自身，提前制定未来的职业发展规划，而且通过工作室任务的完成，还可以培养团队各成员的集体感和归属感。

（三）"工作室"人才培养模式的具体实施

1. 制定与完善专业特色人才培养方案

制定专业特色人才培养方案，要根据电子商务行业需求和教育部的相关文件，结合专业培养目标，参考电商行业专家和高校教师意见，完成电子商务专业课程设计，让学生充分学习电子商务专业基础知识的同时，掌握较多的专业技能。

2. 推进线上线下混合式课程建设

随着互联网技术的发展和疫情影响，在线教育在教育行业占比不断提升，可以打破传统课堂固定时间的弊端，让学生可以充分利用线下时间完成学习任务。因此为了提高电子商务专业工作室教学模式的可操作性，教师可以采用线上线下混合式教学的方法。目前，作者所在学校已经设置了多门在线课程，而就作者本身而言，也有一门"视觉营销设计"课程在超星平台上发布。

3. 三阶段式工作室教学环节改革与创新

围绕电子商务专业工作室开展三阶段实践教学，可以让学生在充分了解专业理论知识的基础上，完成对专业技能的学习和实训。

第一阶段：工作室导师制。电子商务专业学生入校后的第一学期先学习专业基础知识，然后在掌握了一定专业基础知识后，班级同学分组，由教师带领小组同学进入工作室完成相应的实训任务，开展专业技能实训。

这个阶段，进入工作室后的学生主要由导师负责，工作室导师除了专业理论知识的讲授外，还应对学生的专业技能进行指导和答疑，让学生能够合理支配课余时间，尽快掌握电子商务专业技能。

第二阶段：特色人才培养。从第二学年开始，在每个工作室中择优选择5～10名优秀学生成立特色班，对他们进行重点培养。一方面，可以培养出更多的专业优秀人员，参加各种专业技能大赛，通过产教融合，完成企业各种实践任务，提高专业产能，创造更多的专业成果；另一方面，优秀人员还可以被培养成工作室导师，去带领下一届新生，实现工作室模式的延续。

总之，该阶段特色学生的培养，不仅可以培养学生的创新能力和专业实用性，还能够通过各种专业技能大赛，提高学生的团队协作能力和实践能力。

第三阶段：分方向实践教学。电子商务专业可以完成的专业技能是很多的，学生不可能通过三年的学习掌握所有的技能。因此，从第三年开始可以对学生进行分方向的实践教学。学生可以选择自己比较感兴趣的工作室进行针对性学习，掌握自己比较感兴趣的技能，并能充分发挥该技能，在产教融合模式下，将其应用在具体的企业实训任务中。例如，电子商务专业可以分为电子商务企业运营、新媒体营销、图形图像处理和客户服务等方向。对不同方向下的专业技能进行学习和实训，更能明确学生的未来职业规划，满足企业岗位需求。

4.产教融合，校企合作是人才培养的保障

为了实现高职院校与企业岗位之间的无缝衔接，电子商务企业应该全程参与电子商务人才培养模式的制定、课程设置以及实践教学的指导，并不定期组织专业讲座，从思想上加强对学生的培养。在电子商务专业工作室模式中，基于产教融合和校企合作，引入企业实际项目和任务，加强学生对实际任务的技能实践练习。

四、高职院校电子商务专业"四段递进"人才培养模式

（一）"四段递进"人才培养模式的内涵

"四段递进"是五年制高职电子商务专业常用的一种人才培养模式，因此，这里主要以五年制高职电子商务专业为例。五年制高职电子商务专业的"四段递进"人才培养模式是指在坚持"五年一贯、课程一体、分段递进"的原则下，将"校企合作、工学结合"划分为四个阶段，不同阶段根据电子商务专业属性及教学规律提出不同的具体教学目标和实施步骤，层层递进，不断深入，推进"工学结合"的教学进程，最终实现"一个核心"和"三个能力"的总体目标。

（二）"四段递进"人才培养模式的优势

工学结合的"四段递进，学训交互"实践教学体系包括基本技能训练、职业技能训练、专项技能训练和综合技能训练四个递进式实践层次。

实施校企共育的实践机制，符合经管类专业实践要求，遵循了学生对知识认知和技能提升的螺旋式上升规律，以培养学生职业能力和素质为主线，融实训项目于人才培养全过程，将专业教学过程与企业经营管理紧密结合，使学生专业学习与岗位实践交叉进行，为学生提供更多时间熟悉和掌握不同岗位的工作流程和专业技能，增强了学生的岗位适应性和就业竞争力。

（三）"四段递进"人才培养模式的具体实施

1. 第一阶段——行业引领

行业引领主要包含以下两层含义。

第一层：行业对学生的引领。在五年制高职电子商务专业学生入学后的第一时间，首先安排学生前往知名电子商务企业对整个电子商务业务流程进行参观感知，初步了解电子商务行业轮廓，为后续学习奠定基础。

第二层：行业对学校人才培养方案及课程体系的引领。在这个阶段主要对学生开展必要的文化基础课程与专业基础课程教育，提高学生的综合素质水平和能力，从而实现"一个核心"的目标。

2. 第二阶段——理实结合

学生在经过前两年的"行业引领"与专业学习后，第三年直接进入校内电子商务模拟实训室，对所掌握的各种电子商务概念、环节、流程等进行仿真训练，通过仿真性的模拟实践将学到的理论专业知识与技能有机地结合起来，真正做到学以致用。

通过这种"理实结合"的形式，切实提高学生的"三个能力"之一——实际动手能力。本阶段校企合作的重点是借鉴企业的实际工作环境及专业要求，共同建设校内实训基地。工学结合的任务是仿照企业真实流程进行专业技能训练及行业考证训练，实现专业教育与职业资格证书的融合。

3. 第三阶段——项目实践

在专业教师的引领下，学生向企业申请合适的项目或子项目，在企业专家的指导下反复进行项目实践，培养先进的电子商务理念、完善丰富个人的知识结构，切实提高"三个能力"中的第二项能力——综合解决问题的能力。

4. 第四阶段——实习就业一体化

在五年制高职教育电子商务专业的最后一年即第五学年，学校根据学生所掌握的知识、能力、个人特长、爱好，再次与相关电子商务企业合作，根据企业业务要求进行专业选择性的订单培养，让全体学生都能够全身心地投入各自感兴趣的电子商务领域，去进行顶岗实习。通过参与具体的商业项目策划、商务网站运营管理、电子商务系统开发以及网络营销和商务谈判等一系列商务实践活动，充分地将理论与实际联系起来，边实习边就业，从而实现实习就业一体化，最终实现"三个能力"中的第三项能力—电子商务创新能力。

本阶段校企合作的重点是根据企业的需求，结合学生专业能力进行顶岗实习，工学结合的任务是边就业边实践、边实践边总结，不断创新。

第八章 高职院校电子商务专业人才培养策略探讨

随着电子商务发展步伐加快,社会对电子商务人才的需求也越来越精确。因此,高职院校应该在充分认识电子商务专业人才培养目标的基础上,找准自己的定位,结合学校的优势和行业背景制定出合理的人才培养策略,推动高职院校电子商务人才培养的良性发展。本章分为对高职院校电子商务专业人才培养目标定位、高职院校电子商务专业人才培养基本策略两部分。

第一节 高职院校电子商务专业人才培养目标定位

一、明确人才培养目标定位的内涵

职业教育是使学生能够拥有一技之长,学好本领,将来可以凭借自己的本领在社会立足的教育形式。因此,职业教育的特征有以下三点。

一是职业性。它的主要性质是要教给学生该行业的理论知识和技能。高职院校毕业生毕业后是否具备扎实的专业技能,是企业衡量毕业生是否合格的重要依据,也是考核其是否胜任本职工作的重要标准。因而,职业教育要根据其所包含的专业特点并在满足社会需求和遵从学生特点的情况下,确定教育目标。

二是应用性。职业院校在设立专业时,要考虑专业特点,以电子商务专业为例,它的目标是培养学生成为服务生产以及具有专业能力的基层管理人员。因此,这些学生在日常的学习过程中应不断地对所学习的知识进行总结,以便日后能应用到工作中,能为企业创造效益,为社会做出自己的贡献。

三是区域性。高职学生大多来自所在学校的周边地区,毕业以后基本上为当地经济服务。因此,高职教育要积极地探索、寻找与区域发展和学校实际情况相吻合的行业领域。通过对社会各个行业开展广泛的调查,选出能够对区域经济发展提供服务的行业，而且学校可以根据区域经济的发展情况及时调整培养目标，并且适时发现与本专业发展相吻合的其他行业。这是职业教育发展的警戒线，只有这样才不会有盲目办学的学校。

高等职业教育的职业性、应用性和区域性三个特征之间相互依存、相互影响，只有这三个特征同时存在，才可以被称为高等职业教育，它是电子商务专业生存和发展的基础，其正在持续不断地发展并日益活跃。

高职教育对电子商务专业人才培养目标的定位，是高职院校所有的教育活动的重要指导依据，也是高职院校电子商务专业人才培养方向、数量和规格的参照标准。

从办学水平来看，它是义务教育水平以上的教育。从学生来源的角度来看，它的来源主要是高中生和中职生，主要侧重于培养学生的操作技能，同时也侧重于提高学生的理论知识，这可以从以下两个方面体现出来：一方面是要有适当的深度，在电子商务专业发展遇到问题时，能够提供解决问题的对策；另一方面是需要有一定的广度，因为电子商务专业是结合了多个学科知识的专业。这些知识相互渗透，并且要学习的理论知识必须能够涵盖电商企业所需要的知识，这样学生既具备书籍方面的理论知识又掌握了实践技能，只有两者有效结合，学生的就业能力才能获得发展。

从社会角度来看，高职教育作为为社会一线工作岗位提供具有一定综合素质和操作技能的专业人才的教育形式，其学生自学校毕业后，主要从事社会基本事务。它需要满足人口密集地区的人才培训需求。大多数高职院校的生源主要是本地的学生，学生毕业之后也基本是为本地的发展服务的。因此，区域性的特点是高职教育在培养目标的定位上所必须慎重考虑的一个因素，高等职业教育确定的培养目标必须符合区域发展的实际情况。

从课程体系的设置来看，与中职教育按岗位需求进行课程设置不同的是，高等职业教育课程的设置应以学科为依据。高等职业教育的职业性要求其按照专业要求来培养人才，其核心是培养具备综合素质、实际操作能力和就业能力的劳动者。

综上所述，可以对高职院校电子商务专业人才培养的定位做出如下的解释：学生掌握电子商务专业的核心专业技能，满足社会的要求，以进入与电子商务专业相匹配的工作岗位为目标，开展针对性服务，将服务的应用与社会的生产、建设和就业相结合；培育适应经济发展需要、具备管理技能的人员。它的特点概括了电子商务专业人才培养的目标，即培养能满足社会需求的电子商务专业人才。以适应电子商务的岗位要求为目标，设置合理的电子商务课程体系，使学生在毕业时能够顺利进入电子商务企业中，从而实现就业。

二、坚持人才培养目标定位的原则

（一）符合我国教育目的与职业教育总目标

高等职业教育作为我国高等教育的重要组成部分，其人才培养目标首先需要符合我国总的教育目的和职业教育总目标的双重要求，并以我国教育目的与职业教育总目标为指导，以保证高职院校电子商务专业有正确的发展方向及培养的人才有正确的价值观。

（二）致力于人的全面发展

在中国特色社会主义新时代背景下，教育的根本问题是培养什么人，怎样培养人，为谁培养人。高职院校电子商务专业人才培养目标的确立也需要回答好教育的根本问题，拥护党的基本路线，坚持立德树人的根本任务。同时，高等职业教育既然是一种培养人的教育活动，就要保证所培养的人才能全面发展。除了电子商务理论知识与应用能力之外，要更注重学生的创新能力、沟通合作能力、适应能力的培养，以满足社会各行各业对电子商务专业人才的需求以及学生个人终身发展的需要。

（三）以岗位的需要为导向

高等职业教育作为一种高层次的职业教育，要坚持职业教育的类型属性，以就业为导向，将就业作为最初的培养目标，面向电商职业群对学生进行培养。面向电子商务市场，坚持以区域经济发展需求为导向，以社会行业企业对人才知识、能力、素质各方面的要求为依据来确定高职院校电子商务专业人才培养的目标。

（四）突出技术应用的特色

注重技术应用性是高等职业教育与普通高校的区别。高职院校电子商务专业所培养的人才要能够将所学到的电子商务方面的知识转换为实际的物质形态，并运用到具体生产中，解决实际中的问题。

高等职业教育注重电子商务专业人才的创造能力、技术转换与创新能力。

三、明确人才培养目标定位的素质要求

一般来讲，高等职业教育应具有以下素质要求。

（一）具有实践精神

实践性是职业教育的特色属性，指的是职业教育与社会生产实践相结合，专注于解决行业产业中的具体实际问题。高等职业教育作为类型教育，要坚守住所培养人才的实践性，具体来说要在以下三个方面进行落实。

一是教学要与生产紧密衔接。高等职业教育要想保证电子商务专业人才的实践性特征，就要使专业、课程与教学这三个人才培养过程中的核心要素体现出电商产业发展需要与岗位工作要求，使职业教育与生产服务过程相适应并与生产服务过程保持一致。

二是以实践教学为重点。高等职业教育是面向岗位或者岗位群的工具性很强的教育，要想使电子商务专业人才具有实践精神就要践行实践教学。长期以来在普通教育的影响之下，职业教育的实践性教学一直浮于表面，导致高等职业教育出现定位模糊的现象。一般来讲，高等职业教育的实践教学课时要占有较高的比重，所以，高职院校电子商务专业人才培养要以实践教学为重点。

三是将用人单位的满意度作为高等职业教育评价的准绳。高职院校电子商务专业应以就业为导向，根据电商市场的需要培养人才。企事业单位是社会生产建设的主体，同时也是高等职业教育所生产出来的"产品"的享用者与消费方，所以，一定程度上高职院校电子商务专业人才培养的成效应该由电商市场中的用人单位说了算。

（二）德技并修

长期以来，我国义务教育阶段的素质教育备受各界的关注，职业教育阶段的素质教育却似乎很少被关注。2014年《国务院关于加快发展现代职业教育的决定》指出"要全面实施素质教育，科学合理设置课程，将职业道德、人文素养教育贯穿培养全过程"。高职院校电子商务专业人才培养的目标要做到德技并修，促进人的全面发展就要具体做到以下两点。

一是要坚持"立德树人"，全面提高学生的道德与职业修养。高职院校电子商务专业人才培养中的"德"并不是一般意义上的"德"，而是崇尚劳动光荣之德、追求精益求精之德以及奋斗拼搏之德。高等职业教育要结合自身特点，强化职业道德与职业素养教育，让学生认识到劳动是人类最有价值和意义的活动，并

把职业素养教育融入电子商务专业教学实践的全过程，宣扬学习行业楷模与大国工匠精神事迹，培养学生的专业认同感与职业道德感，通过开展具体活动的方式全面提高学生的道德修养。

二是强化通识教育，为高职学生进一步深造奠定基础。加强对高职学生通识教育的重视，构建系统的基础知识框架，在教学的同时提高学生的自主学习能力，保证学生的可深造性，体现"终身学习"的内在要求。

（三）具备创新能力

《高等教育法》中将创新性作为高等教育人才培养的基本要求，明确提出"高等教育的任务是培养具有社会责任感、创新精神和实践能力的高级专门人才"。高等职业教育所培养的人才并不只是在中等职业教育的基础上简单加码，而是应该提高站位，从国家战略、产业结构升级、现代职业教育体系构建等角度进行综合分析，要为我们国家从制造大国向制造强国转变、产业从全球价值链的中低端向中高端转变以及在新技术推动下的产业革命提供一线高端人才。这就要求高职院校电子商务专业培养的人才在具备专业知识和素质能力的基础之上能够拥有创新能力，具备创新思维与创新精神。同时研究表明，人才所处层次与所具备的创新能力成正比，人才应用层次越高，就越具有较强的创新能力。

（四）具有特色性

在人才培养过程中注重人才的特色性不仅是高等职业教育服务于地方区域经济社会发展的客观要求，也是高等职业教育本质性的外在表现。相较于普通教育教授基础理论知识，关注的大多为客观世界不变的一面，高等职业教育更注重传授技术技能，面向的是现实生产实际，关注的大多是客观实践变化的一面，具有特殊性。因此，高职院校的电子商务专业人才培养，需要突出所培养人才的特色发展，要想使所培养人才具有特色性就要做到以下几点。

一是突出地方特色。突出地方特色即注重区域性，职业教育最大的特征是与生产实践紧密联系，生产本身就具有区域性，各个地方的电子商务产业的发展状况是不同的，所以就要根据当地电子商务产业发展的重点方向制定人才培养目标，避免出现一些院校因为一味追求热门理论和技能而忽视当地的实际需求，导致人才培养同质化以及与当地经济发展脱轨的现象。

二是突出专业特色。专业设置要与产业需求相对应，这是《国家职业教育改革实施方案》中对职业教育的办学要求。由于不同地区的区位特征、社情民情、资源禀赋等存在不同，所以就算是相同的产业在不同的地区也会表现出不同的形态，那么同一种专业在不同地区的高等职业教育的教学体系中也会在教学设计、教材选择、教学实施方面表现出不同，形成高职院校电子商务专业的自身特色。所以，高职院校要为地方电子商务产业提供高层次人才就要突出专业特色。

第二节 高职院校电子商务专业人才培养基本策略

一、提高电子商务专业教育的办学水平

（一）提高学校的办学条件

高职院校要积极响应国家在电子商务职业技术教育方面的政策，抓住发展机遇，加大对学校的投入和建设，做好培育电子商务专业人才的职业教育工作。

另外，针对农村电子商务专业人才的教育和培训，学校领导要把电子商务专业人才的职业技术教育作为一项公益事业来做，一方面，通过众筹的方式从社会团体以及个人等途径获得资金支持，另一方面，积极主动地向国家政府和社会寻求帮助，获得政策、资金和人力扶持，建设办学条件优良、环境优美的培训学校，共同为做好高职电子商务职业技术教育工作贡献力量。

（二）加强学校师资队伍建设

首先，高职院校要积极引进优秀的教师资源，提高专任教师本科及研究生以上学历的占比，提高"双师型"教师的占比，提高教师队伍的素质和质量。

其次，通过外聘专家进行学术讲座、学习理论知识或者直接安排教师进企业学习专业技术和实践操作的方式，不断加强对教师的技能培训，丰富教师的教学资源，提高教师的理解水平、知识水平和技术水平，使他们能够不断适应时代的发展，进而更好地为电子商务专业人才提供职业技术教育。

最后，要保障在校教师的切身利益，让在校教师工作期间没有后顾之忧，能够全心全意将重心放到工作上，保证学校教育顺利进行。

（三）优化学校电子商务职业技术教育内容

首先，以高职院校为主，为电商专业的学生开发校本课程，一方面，有利于适应学校师资水平，另一方面，对电商专业的学生起到职业技术教育的目的。校本课程既能帮助电商专业的学生简单迅速直接地学习专业知识，还能学习本校的特色文化，开发自己的智力，提高自己的思想水平和认识水平。根据学校的软硬

件设备情况，开设不同的专业课程，编排不同的教材内容，尽最大可能满足众多电子商务人才的专业要求，使他们有所学、有所获。

其次，兼顾企业的主体地位，加强校企合作，双方联合制定电子商务职业技术教育课程体系。因为电子商务专业的学生在经过教育之后，根本目的还是提高自身的技能，以便促进他们更好地就业，因此，在开发课程的时候，必须以企业为主。在开发过程中，也应该让课程专家参与其中并提供指导，主要是企业专家，辅以职业学校教师共同开发相关课程。此外，学校和企业还应该结合市场经济与电子商务专业人才自身发展的实际条件，因地制宜，实事求是地为电子商务专业人才设置课程时长，安排教学内容的重点和难点，选取适宜的教学方法和教学策略，以便电子商务专业人才更好更放心地参与到学习和教育中，从而提高他们的受教育程度和水平。

最后，电子商务专业人才的发展必须跟市场的发展相统一，为了培养具备时代特色的专业技能型电子商务人才，高职院校必须创新人才发展理念，并将创新的理念寓于教学系统中，渗透到学生的思想和学习方法中，使他们成为有创新品质的电子商务专业人才。

（四）构建优化专业课程体系

构建和开发电子商务的核心课程必须从多角度出发，总的来说，应包含下面三个层次：第一，应该建立一个核心的电子商务课程，以提高学生的创新能力和系统分析能力；第二，这个专业所需开设的核心科目，主要由计算机网络技术、商业经济学和电子商务经济学组成；第三，构建能适应社会经济发展并且具有未来前瞻性的电子商务核心课程。它的每一门科目都应该围绕着培养目标来设置，同时，还要必须具备可操作性，使课程中的每一个模块内容都清晰明确，保证各个模块之间的相互协调性，使学生在学习完每一个课程后都能对课程有一个整体性的把握，以此实现具体的培养目标。

1. 明确高职电子商务专业课程体系的依据

（1）以电子商务本身的特点为依据

作为高职院校开设时间不长的一门新的专业，电子商务专业有其自身的一些特点。

第一，涉及的科目类型较多，具有一定的综合性。因为涉及的学科较多，它具有一定的综合性。电子商务专业涉及许多领域，特别是计算机技术、商务贸易、电子通信技术、经济学概论和经济法以及会计。电子商务是一门理论和实践并重的综合学科，同时也是一门新兴的科学与技术相互渗透的交叉学科。它的主要内容分为两个部分：理论部分与实践部分。这两个因素的结合强调了技术性、操作性和实用性。

第二，加强人才素质培养，体现一定的规范化。根据电子商务课程的内容，电子商务课程包括两个内容：计算机技术和商务管理。

电子商务的课程是随着计算机网络经济的发展和电子经济的大众化在原有的课程体系的基础上逐渐发展形成的新的课程。因而，电子商务专业人才必须具有技术灵活性、知识整合性和分析问题复合性等特点，并且具有超前的商务理念。

第三，知识结构包括多个层次，具有多层次的特征。从研究的本质来看，这是一门将电子商务理论与实践紧密结合起来的学科，具有很强的包容性，因此，其所培养的学生不仅需要具备一定的计算机网络技术，还需要具备经济贸易和商务管理等方面的知识与能力。

（2）以社会的需求为依据

职业教育最初的目标是为社会培养具备专业技能的人才，在其专业的设置中也应体现这一特点，为我国的经济发展做出贡献。因此，高职院校对专业课程体系的建立应以社会和岗位对操作人员的需求为依据，以此来实现从学校到社会的无缝对接。这里从人才的需求类别进行分析，具体可以分为以下两种。

第一，技术方面的人才。这种电子商务人才主要擅长技术的应用并具有特定的计算机技能、网络信息安全维护技能以及网站如何运营等专业领域的熟练操作技能。按职位划分，主要包括网站设计与制作、网站运营管理、安全管理和网络数据库维护等职位。

第二，商务方面的人才。这类电子商务人才擅长的领域是商务方面的，他们能够将市场营销的知识熟练地应用到所在的岗位，具备商务管理和经济贸易等商务知识，能够较熟练地管理与运作相关的商务活动。按职位划分，主要包括网络营销、网络推广计划、网络信息管理等职位。

学校课程设置的基本前提是以社会对这方面人才的需求为基础。因而，学校在为专业设置课程时必须将知识与技能的有效结合作为教学的基础。同时，电子商务人才只有具备综合素质才能满足社会的需求。

（3）以学生的不同性格特点与终身学习需求为依据

这个学科是以对电子商务就业能力的培养为目的的，但是电子商务课程也会基于工作要求来选择，这与学生的内在发展需要和个性发展并不冲突。因而，在专业教育和培训课程中，高职院校必须尊重学生的主体地位。同时，在电子商务课程的构建过程中也应该把学生的个性发展需要这一要素考虑进去。

另外,社会的快速发展,要求学校对教育有一个长远的定位,为了有效跟进社会的发展速度,电子商务课程需要设置成为一个更加包容、更具灵活性的课程。这样学生在毕业以后,不仅获得了谋生的本领,而且对自己未来的职业发展也是极好的。

同时,也应满足学生继续教育的有效需求,这不仅可以满足学生的自我发展,而且可以培养学生的综合技能,使学生的终身发展需求得到满足。

2. 完善高职电子商务专业的课程内容

在高职院校电子商务专业的建设过程中,课程体系的内容作为重要因素之一发挥着十分重要的作用。与中等职业电子商务教育相比,高职院校电子商务教育更注重课程的系统性和完整性,而更重要的是基于相关影响因素对构建电子商务课程系统的实用性以及社会对电子商务人才需求的时效性和目的性加以强调。通常来讲,模块化是专业课程体系的主要构建方式,所以,在创建电子商务专业培训课程体系时,要十分重视以下四个特有的模块。

一是公共基础课程。这一模块包含的课程主要有"职业生涯规划""职业道德与法律""政治经济与社会""语文""英语""数学""体育"等。

二是专业基础课程。这一模块是电子商务专业的理论基础模块,相比较于本科的电子商务,高职电子商务专业不要求理论知识的系统性和完整性,而是要凸显其电子商务知识的应用性与针对性,以满足社会和企业对电子商务人才的需求为前提,为了实现电子商务人才的培养目标,就业能力的管理教育实施了特定电子商务课程系统的构建。它主要包括计算机网络理论知识和商务管理理论知识两部分。

①计算机网络理论知识。本部分的课程主要涵盖计算机基础知识、中英文输入、网页设计和制作以及 Photoshop 图形图像处理等内容。高职电子商务专业的学生通过学习基本的计算机基础知识,能进行简单的自主建站,通过学习 Photoshop 软件能够进行简单的图像合成,了解该软件的各种滤镜效果,能进行特殊效果的制作,会多种图像特别的处理方法。

②商务管理理论知识。这一部分的课程主要有会计基础、市场营销学及管理原理等。高职院校电子商务专业的学生在学习了商务管理方面的知识后,能比较熟练地掌握商务和营销方面的流程,为未来的电子商务就业奠定基础。

三是专门的电子商务课程。这部分的课程主要是向学生传授有关商务方面的基本知识。例如，在工作岗位中所需要的线上线下营销方面的知识和物流方面的知识。在学习了专业科目后，学生不仅获得了专业知识，并在互联网的商务活动中表现出色，还可以熟练运用所学习的电子商务方面的技术，设计和完善电子商务的方案。

四是电子商务专业的课程。这部分课程的主要目的是帮助高等职业电子商务学生学习电子商务的基本知识和技能，然后进一步提高电子商务的应用能力。这一部分强调的是实用性与针对性。在学生获得电子商务的基本理论知识后，有必要添加必要的实践课程。根据自身的发展需求和特色，更加突出对自身的实践操作能力的培养。

（五）改进教学内容，完善教学方法

1. 改进教学内容

在电子商务专业的教学内容方面，应该以提高学生的就业能力为目标，教学上，应该遵循理论和实践相结合的方式。总的来说，包括以下两个方面。

第一，增加学生校外学习的机会，强调校内基础学习与校外锻炼学习的有效整合。完善教学计划，增强与企业之间的联系，建立良好的公共关系，运用校内联合企业的实践教学内容替代只在学校进行的实践教学内容。不断更新的培训计划为学生增加了在公司实习的机会，这对提高学生的能力有很大帮助。

第二，增加实用性应用课程，当前，适合高职学生特点的电子商务教材较少，同时，时间较久且内容上也比较落后。因此，应组织在这一专业领域内具有权威的专家学者，编写适合本专业学生发展特点且具有实用性的教科书，此外，编写的教科书也需要及时更新，以更好地跟上专业的发展速度。学生能够通过编写的教科书了解和学习专业的成长过程，促进学生适应社会需求的能力的提升。

2. 完善教学方法

当前，高职院校所采用的大多是传统的课堂教学法。部分高职院校的学生对中学时代的学习方式感到不满意，导致他们不愿在课堂上学习，学习动力不足。因此，继续运用这种方法不利于学生就业能力的提高。相反，与多媒体教育和在线教育等最新的教育技术结合在一起可以提高学生的就业能力，增强学生在电子商务职业教育中的实践技能，而如何让学生高效接受新知识和运用合适的教学方式是当前亟须解决的关键问题。有效利用最先进的教育形式可以有效提高电子商务的教育效果，同时还要在教学方法上进行创新。

第一，关于理论教学，可以使用案例教学法。案例教学法要求教师通过真实的例子来教授理论。具体来说，学生在学习过程中通过具体案例发现问题，在小组讨论中分析问题并最终找到问题的解决方案。这样可以提高学生在课堂上的参与度。同时，学生可以从中总结经验和理论，并最终将所学的理论应用于实践。采用案例教学法，可以让高职院校电子商务专业的学生对电子商务的实际工作中遇到的多种多样的问题产生感性的认识。最后，学生可以学习、分析和解决电子商务活动中的问题，并提高自身的就业能力。

第二，在学生实践方面，为有效提高学生运用知识的能力，教师可在特定情境中为学生提供相应项目，并以此形式开展教学。学生在教师的指导下，在实际的情境当中独立处理项目，以此来了解项目实施过程中的每一个环节。不言而喻，这一教学方法注重的是过程而不是结果。在项目教学中，以项目为主线，教师负责引导，并且以学生为主体，学生运用自己所学习的知识来独立完成项目，包括方案的设计、实施和最终的评价，学生全程参与其中，并且在遇到问题时，学生独立解决。在这一过程中，学生的专业能力获得提升，同时，增加了自信心，这无疑是最适合高职学生的教学方法之一。

（六）创新教学方案，提高学生的专业水平

在高职院校电子商务专业教学中，想要培养出高质量的全能型人才，需要创新教学方案，提高学生的专业水平，当然，教学方案也需要具备一定的合理性和科学性，唯有如此，才能保障人才培养的效率和质量，为学生今后的就业奠定基础。

首先，可以采用"双创型"人才培养模式，该模式的侧重点在于培养学生的创新创业能力。对此，在实施该模式时，需要调整以往的培养方案，并在此基础上，进一步地创新和优化，着重培养学生的创新创业能力，让学生能够更好地掌握理论知识。

其次，教师也需要关注每位学生的基础水平、专业课成绩和电子商务相关知识的积累情况。毕竟学生之间会存在一定的差异，而教师则需要正视这份差异性，并制定有针对性的策略，帮助学生提高专业水平。对此，教师可以采取分层教学法，根据每位学生的实际情况划分层次，实施多层次人才培养模式，以此来满足每个层次学生的学习需求。基于此，相关部门可以将当地的电子商务专业教师与相似专业的教师汇集起来，并在平时多与学生进行交流和沟通，来了解每个层次学生的实际需求以及学习水平，以此落实可实施的人才培养模式。

二、改进电子商务专业教育的模式

（一）灵活选择职业技术教育模式

高职院校应该依据电子商务专业学生不同的知识水平和职业技术教育的现实条件，与企业合作，灵活选择教育方法。改变传统的填鸭式教学模式，改变追求学历至上、证书为本的教育理念，树立以人为本的现代化教育理念。此外，优化高职院校中普遍应用的"3+2"职业教育模式，适当提高高职院校的专业技术教育水平，同时对高职教育的基础知识进行完善，从而将三年的中职教育和两年的高职教育更好地衔接起来，为电子商务专业人才接受职业技术教育提供良好的条件。

（二）大力发展远程职业技术教育教学手段

现代远程教育是基于现代信息和通信技术（如计算机网络和多媒体技术等）的一种新的教育形式，它可以打破时间和空间的限制，让更多的电子商务人才随时随地通过电脑、电话等网络方式参加职业技术教育，高职院校的任课教师也可以通过在线方式，远程为电子商务人才答疑。

另外，当前远程教育主要由广播电视大学负责，在这种情况下，其他院校也应该合理利用自身教学资源、网络教育资源和资源服务平台，积极为电子商务专业人才开发在线教育资源，特别是慕课、网易公开课等在线平台，可以随时为电子商务人才提供大量有效的公共资源。另外，远程授课教学手段更加有利于电子商务专业的学生熟悉网络环境，方便自己网上创业和网上办公等。

三、完善电子商务专业教育的制度

（一）建立职业教育体系，健全运行机制

对高职院校电子商务专业人才进行培养的除学校之外，还涉及多个行业与部门，需要各部门密切配合学校教育工作，建立起职业技术教育的网络体系，健全运行机制，更好地为高职院校进行职业技术教育服务。

首先，要明确职业技术教育实施主体，逐步形成以政府为中心，金融、教育和农业以及科技等相关部门灵活合作，社会的教育力量广泛参与的职业技术教育体系。

其次，要加强对教育培训机构的认证和考核，严格控制电子商务专业人才职业技术教育培训质量，建立三位一体的培训、管理和服务体系。

再次，规范职业技术教育的组织和领导体系，构建长效的政府监督机制。面对复杂和不断变化的培训市场，我们应该权责分明，建立多部门合作监管的协调机制。

最后，要有专门机构负责做好劳务输出、法律援助和电子商务专业人才救助工作，解决劳务纠纷和拖欠电子商务工作人员工资等问题，切实维护电子商务专业人才的利益。

（二）建立电子商务专业人才职业技术教育激励机制

第一，国家针对参与校企合作的企业建立电子商务专业人才职业技术教育奖励基金，激励企业积极开展电子商务专业人才职业技术教育。

第二，直接给参加职业技术教育的电子商务专业人才发放补贴或奖励，以减轻他们对参加教育的担忧。

第三，政府要针对高职院校实施和完善职业资格证书制度。由此，获得证书的电子商务专业人才就会增强参加教育的积极性和主动性，学校也会获得更高的荣誉。

（三）建立长效职业技术教育机制

电子商务专业人才的职业技术教育是一项长期工程，涉及的领域广泛、行业众多且就业岗位较多。因此，电子商务专业人才的职业技术教育必须纳入各级党委和政府的工作日常安排，加强对高职院校的领导，建立和完善长效的职业技术教育机制，制定长期稳定的职业技术教育政策和就业政策。在明晰实际经济发展条件的基础上，对电子商务专业人才开展深入调研，以便制定长期的职业技术教育规划，更好地对其进行职业技术教育。

（四）建立电子商务专业多元化协同育人机制

目前，许多院校都与企业展开了相应的合作，但仅仅只有校企两方面负责育人，缺少政府、高校专家、行业研究所等第三方的深度参与。在这种情况下，由于校企双方的合作主要依托于双方的合作意愿，缺少政府、行业组织、高校专家的指引及监督，往往容易形成"开头兴致盎然、中间疲惫、最后流于形式"的后果。企业的目的是盈利，而学校的目的是培养市场所需的人才，二者之间如何权衡彼此的利益至关重要。在国内，多数校企合作中学校合作的意愿比较强烈，校企合作达成后，多是学校在推动，在积极与企业沟通，而企业则恰恰相反，后劲不足，合作浮于表面。调查研究发现，造成此类现象的主要原因包括两方面，即

①学校对校企合作缺乏深入的认知，拿出的方案缺乏可行性，难以让企业看到校企合作的美好前景；②校企间的权益分配机制有所失衡，企业往往难以获得可观的收益，因此，其参与热情相对较低，同时，企业在人才培育方面的经验与相关责任约束也是相对缺乏的。基于此，针对电子商务专业学生的培养应采用多元化的协同育人机制。

1. 创建"政校行企"协同育人体系

面向经济转型背景下的电子商务人才新需求与专业建设新挑战，高职院校电子商务专业需要有更加开放与创新的思路与举措。产教融合多元协同育人机制是我国高职教育未来发展的必然趋势，以产教融合理念为基础创建的"政校行企"协同育人体系也是提高我国应用型高等教育水平、培养高素质应用型人才的重要方式，为了进一步落实"政校行企"协同育人体系的创建，不仅要发挥政府部门、行业协会、高等院校以及社会企业的作用，同时还要从创建互惠互利的利益价值体系、创设共建共享的资源规划体系以及创设行业组织深度参与的协作体系三个方面创建协同育人体系。

2. 优化电子商务人才培养机制

以电子商务专业人才培育为基础，提出产教融合、多元协同的电子商务人才培养共同体机制。构建新型的电子商务人才培养以及动态调整的机制，可广泛吸纳具有代表性的电商行业、政府相关部门、互联网企业、科研院所、行业协会、相关培训机构等共同参与，以共同创新、开放分享的思维方式，建立多元化的电商协同育人机制。同时，针对人才培养中的核心问题、关键性节点以及共性问题，政府、行业协会、学校、企业等共同研讨、协商，最终建立动态适应、与市场深度接轨、开放共享的多元协同育人机制。具体来讲，可以从以下几方面着手推进。

（1）完善政府部门参与电子商务人才培养的运行机制

为了完善政府部门参与电子商务人才培养的运行机制，可以采取以下策略。

第一，要充分发挥政府部门的作用，推动区域内电子商务产业的发展，从而为高职院校电子商务专业人才培养创造一个良好的发展环境。具体来讲，可以采取以下几方面的措施。

其一，提升政府的政策制定及引导协调能力，主要包括以下内容。

一是完善电子商务产业扶持政策。针对当前电子商务产业扶持政策存在的问题，对现有的扶持政策的细节进行完善和补充。制定的解决方案应包括以下几个方面：①深入调研企业运营情况，根据市场环境、电商产业结构升级及变化来完善扶持政策、实施细则、申报指南和申报材料清单，制定出针对性强、对企业发展助力大的扶持政策，以适应本地区电子商务产业发展的需要。加强走访调研，了解电商企业发展情况，多听取企业发展问题，调整扶持项目，做到精准扶持。例如，增加对于B2B、内贸企业及本地电商产业发展的相关扶持项目；增加人才培养、品牌销售方面的扶持项目。②结合本地的实际情况进一步加大对电子商务产业的资金和政策扶持力度。例如，丰富政策内容、增加扶持项目，在财政允许的情况下，适当放宽扶持门槛，增加扶持企业名额，并加大扶持金额。③在扶持政策的限制条件中增加关于企业经营范围和发展潜力的限制。在这一方面，不仅需要将经营高新技术产品的电子商务企业列入重点扶持范围，而且需要通过设置企业经营规模限制条件对小微企业进行兼顾扶持。

二是制定电子商务产业发展规划。为解决现行电子商务产业发展规划存在的一些需要解决的问题，政府应从以下几方面改善。

①政府需要针对本地区电子商务发展的历史背景、产业环境、发展前景等方面，分析发展电商产业的优势与劣势，联合电商发展规划相关研究院及专家进行深度剖析，提高站位，全面布局，科学规划，在之前规划的基础上总结升华，优化完善制定下一个1～5年内有针对性并且行之有效的电子商务产业发展规划，促进本地区电子商务产业可持续发展。

②在制定规划时，要注意在品牌建设方面，引导本地电子商务企业开创多种形式的电子商务经营方法，引导企业加强自身的品牌建设。具体来说，一方面，需要引导传统的工业制造或销售企业进军电子商务领域，通过改变自身的经营和销售模式逐步转变为电子商务企业。另一方面，则需要依托保税区优势，大力发展跨境电子商务，并给予跨境电商企业更大力度的资金和政策扶持。

③当地政府在制定电子商务产业发展规划时，需要统筹考虑市场中的大小电子商务企业，进行更加细致的规划，保障电子商务产业整体质量的有效提升。在这一方面，主要内容就是针对不同规模的电商企业优化硬件设施建设、细化政策环境等，从而为电子商务企业提供良好的外部环境。

三是建立跨部门的协调机制。在进行电子商务产业规划的同时，还需要建设多部门联动协调机制，以推动电子商务产业的进一步发展。在具体措施方面，首先，政府需要更加重视电子商务产业，建立针对电子商务产业发展的多部门联动协调机制。在这一过程中，一方面，需要将工商、税务、财政等相关部门纳入多部门协调机制中，另一方面，则需要将政府办公室设置为电子商务产业多部门联动机制的牵头部门，由该部门领导下属部门对本地的电子商务产业实施管理和扶持。只有如此，才能有效协调各部门间的工作，规范不同部门在扶持和管理电子商务产业过程中的权责，并在这一基础上形成政策合力。其次，在建立健全多部门联动机制的过程中，需要当地政府根据网络经济发展的特征和电子商务企业经营的实际需要出台专项的电子商务产业发展政策和实施细则，从而为电子商务企业发展提供政策支撑。上述发展政策与扶持政策不同，其主要作用就是通过减免税负、帮助企业扩展融资渠道等方式推进电子商务企业的发展。此外，在完善多部门联动机制的同时，还需要通过政策引导和制定地方性法规等方式建立电子商务企业诚信体系，多部门联网登记，引导企业诚信经营，以改善本地电子商务企业的品牌形象，提升其市场竞争力。

其二，引导本地产业发展多种形式的电子商务，主要包括以下内容。

一是依托产业聚集优势，引导传统产业开展电子商务。在发展电子商务产业方面，要充分利用本地区的区位优势和产业发展优势。一方面，当地政府需要依托传统产业的优势，针对当地传统产业中的龙头企业建立激励机制，通过激励机制促使其积极开展产业转型，通过转变经营和销售模式逐步转变为电子商务企业。另一方面，政府需要依托电子商务产业园及电子商务商会、协会等行业组织，为本地开展产业转型的传统产业企业提供人才培训、技术支持、管理经验支持等方面的服务，从而加速这些企业转型升级的进程。这样，传统产业企业就能够更加快速地转变为电子商务企业，同时其经营管理水平也能够得到保障，这种情况有利于本地电子商务产业发展水平的进一步提升。需要注意的是，在鼓励传统产业企业转型升级的过程中，需要对企业的具体情况（经营规模、经营范围、管理经验、管理层对电子商务的认识等）进行全面评估，结合不同企业的实际情况采用差异化的激励措施，加速企业的产业转型。

二是创新商业模式，大力发展直播电子商务。在网络高速发展和社会经济环境飞速变化的大背景下，各种类型的新型电子商务经营模式开始出现并快速发展。对于电子商务行业来说，这种情况不仅是机遇，也是挑战。在制定电子商务产业发展规划的过程中，当地政府需要积极推动直播电商等新型电子商务经营模式的发展。

在具体措施方面，首先，当地政府需要以电子商务商会、协会为纽带，组织本地的电子商务企业学习直播带货等新型电子商务经营模式的具体运营方式和管理经验，鼓励和引导符合条件的企业采用各种新型经营模式开展电子商务活动。在这一前提下需要对电子商务企业利用新型经营模式的具体情况进行调研，对其中存在的问题加以总结，并建立规范化的管理制度。其次，在鼓励电子商务企业采用新型经营模式的过程中，需要引导本地电子商务企业结合当地的实际条件和自身的实际情况选择和应用不同类型的新经营模式开展电子商务经营活动。例如，可以鼓励中小型电子商务企业采用直播带货的形式进行营销活动，而鼓励开展大宗商品贸易的电子商务企业举办视频展销会等新型电子商务活动。在这一基础上，本地的电子商务产业发展水平就能够得到进一步提升。

三是推动农村电子商务的发展与应用。在电子商务产业高速发展的过程中，很多地方的农村电子商务发展水平都存在比较大的提升空间。针对这一问题，可以积极推动特种水产品、林木花卉、畜禽养殖等农企、合作社及大户开展电子商务业务，进入淘宝、京东、微信、苏宁易购等第三方平台向消费者直接销售产品。

支持本地农产品加工企业加快电子商务布局，在经营线下渠道的同时发展电子商务销售渠道，并开展品牌和产品的互联网营销。支持有条件的企业在淘宝、京东等第三方电商平台开设农产品馆或生态旅游旗舰店。鼓励种养大户、合作社、特色农产品基地等与苏宁易购等第三方平台合作开展"农业众筹"项目，实行"团购+预售"的电商销售模式。积极与阿里巴巴、京东、苏宁等第三方电商平台开展合作，吸引阿里、农村淘宝、京东帮、苏宁农村服务站等项目落地，实现"网货下乡"和"农产品进城"的双向流通功能，打造农产品电商品牌，鼓励特色农品企业与顺风优选、本来生活网等生鲜电商平台开展合作，拓展电商销售并打造农产品电商品牌。

此外，还可以构建农产品电商自营平台。鼓励有条件的农产品企业自建农产品销售网站，开展O2O（线上到线下）、移动电商等电商销售模式。引导互补性养殖、种植基地或企业开展合作，加强仓储保鲜、物流配送等方面的技术研究，建立统一的面向本地配送的生鲜电商交易平台。

其三，完善电子商务服务，健全配套体系建设，主要包括以下内容。

一是培育完整的电子商务服务产业链，完善支撑电子商务发展的环境。完整的电子商务产业链不仅包括从事电子商务行业的各类企业，而且包括为电子商务企业提供配套服务的软件开发企业、物流企业等多种类型的企业。这些企业与电子商务企业共同构成了电子商务产业链。产业链的完整程度，将在很大程度上影响本地电子商务产业的发展。

为进一步完善和升级本地区的电子商务产业链，首先，政府需要加快推进电子商务服务产业化分工，针各个产业园区的基础电信运营以及软件供应进行有效整合，培育一批专门为电子商务企业提供各种配套服务的优质企业，从而在电商平台开发、交易信息处理、数据托管、应用系统和软件运营等领域为电子商务企业提供全方位的配套服务。其次，针对本地的电子商务外包服务企业，政府需要对其具体情况进行全面调研和评估，针对这些企业在发展过程中的个性化需求制定专门的扶持政策，促进外包服务企业的快速发展。只有如此，才能快速培育出完整的电子商务产业链。而对于本地的电子商务产业来说，在产业链得到完善的基础上，其发展潜力能够得到进一步的提升。

二是推进快递物流与电子商务协同发展。在电子商务产业高速发展的过程中，物流行业的发展水平也在不断提升，同时与电子商务产业形成了比较紧密的联系。通过研究发现，在当下，我国的快递物流企业运输的货物大部分与电子商务企业存在直接或间接联系。从这一角度上看，推进快递物流行业的发展，对提升电子商务产业的发展水平能够起到至关重要的作用。

对于政府来说，在推动快递物流产业发展的过程中，需要注意以下几点：①需要对目前本地快递物流企业发展过程中面临的问题进行全面的调研和分析，并联合快递行业的主管部门，针对本地的快递物流企业制定符合本地实际情况的扶持政策，如出台一系列有利政策，确保本地的物流企业能够得到更加快速的发展。②在加速推进物流产业发展的过程中，当地政府需要结合本地物流企业发展的实际情况，因地制宜地运用有效手段推进电商与快递行业的协同发展，具体来讲，政府需要加快制定快递物流行业的发展战略、政策和标准，推动本地电商与快递集聚区建设，完善本地区物流快递末端配套基础设施，着力推进"互联网＋流通"的发展，培育经济发展新动能，通过有针对性的鼓励、支持和引导政策，本地的物流企业就能够得到健康有序发展，从而为电子商务发展提供有力的支撑，推动本地电商企业发展质量的进一步提升。

三是进行大数据合作，完善数据统计。电子商务得到高速发展的同时，大数据等先进的信息技术也得到了广泛的应用。在制定电子商务产业发展规划和扶持政策的过程中，需要通过大数据合作机制完善数据统计，实现对电子商务企业的数据监管。具体措施主要包括以下几方面。

首先，政府需要建立透明和公开的电子商务大数据系统，利用系统记录电商数据。以获取的电子商务数据为基础，利用大数据技术建立本地电子商务企业的诚信体系。

其次，在对电子商务企业进行监管的过程中，应用大数据平台对企业的财务信息等关键信息数据进行监控，并将电子商务企业关键信息发生的异常变化及时反馈给工商、税务等管理职能部门，由具体的管理部门对电子商务企业出现的异常进行深入调查和处置。

再次，在使用大数据技术的过程中，还需要同时加强网络安全建设。当地政府需要加强公安系统网络警察人才队伍建设，通过招聘、培训等方式不断提升网络警察的综合素质，从而为本地电子商务企业的网络安全提供更加有力的保障。

四是保障电子商务人才供应。为保证电子商务产业的快速发展，当地政府需要在现有的基础上进一步加大人才培养和引进力度，从而为本地电子商务企业的高速发展提供足够的人才保障。

在这一过程中，一方面，需要对本地电子商务企业的人才需求进行调查，另一方面，则需要结合调查结果对电子商务企业引进特殊人才的行为予以一定的政策扶持，具体包括为电子商务企业引进的特殊人才解决户口、配偶就业、子女就学等问题。

在帮助企业建设人才队伍的过程中，还需要进一步加强人才发展环境建设。具体来说，就是为电子商务企业引进的高端人才提供信息服务、金融服务、政策服务等配套服务措施。同时，定期开展电子商务人才高峰论坛等活动，为人才与企业搭建稳定的交流沟通平台。在上述措施的影响下，本地的电子商务人才综合素质就能得到进一步提升。

第二，要完善电子商务人才发展平台建设。好的平台是人才发展工作取得成功的先决条件，在平台建设方面，要着力构筑高端化人才发展平台，为电子商务人才培养提供广阔舞台。一是打造电子商务人才开发综合平台。充分发挥本地商城的综合平台优势，采取"政府搭台，企业唱戏"的办法，搭建统一的电子商务人才平台，并主动对接本地人才招聘网等主要门户网站，拓展电子商务人才平台信息咨询、人才培训等功能，及时发布和反馈本地商务企业的现实人才需求，不断增强电商企业与专业人才的互动和交流。二是形成与产业发展相融合的人才开发平台。结合本地的资源、区位、产业优势，寻找电子商务与实体市场、块状经济协同发展、深度融合的路径，大力扶持培育一批符合产业转型升级条件的龙头网商平台和企业，形成与本地产业发展对口的人才开发平台。

（2）完善行业协会参与电子商务人才培养的运行机制

依据新公共管理理论与第三部门理论，行业协会可以以最小成本实现人才培养过程最优化。学校在人才培养过程中遇到的问题，最终是因为未充分利用社会资源，如专业资源、教师资源、产业对接资源等。行业协会作为市场与行业的总代表，对信息具有充分凝聚性，在"简政放权"的政府环境背景下囊括各种社会资源，可以为创新高职院校电子商务人才培养模式提供新思路。其中，为了完善行业协会参与电子商务人才培养的运行机制，应该立足本区域行业发展的需要，具体来讲，可以从以下几方面着手推进。

第一，完善行业协会参与职业教育的相关法律法规。法律法规是具有强制力量的政府工具，完善行业协会参与高职院校人才培养方面的法律法规是促进职业教育发展的有效手段，可以消除行业协会的忧虑，提高其参与高职电子商务人才培养的动力，从制度上更新行业协会与高校的合作理念，强化行业协会主体意识，使其成为高职电子商务人才培养机制中的重要"基点"。国外行业协会在职业教育机制中的发展较为成熟，例如，德国结合不同时期经济社会发展的需求，充分利用立法手段，对于企业、社会组织等参与职业教育的方式提供了法律支撑；澳大利亚联邦政府也根据不同时期国家对职业教育的需求，颁布了行业企业参与职业教育的资金补助、权责要求等方面的法律规定。因此，对比国外法律法规的发展趋势，我国应该结合时代特征，定期完善与更新职业教育以及行业协会参与职业教育的法律法规。

从国家层面看，一是可以完善现行的《职业教育法》，明确规定行业协会在职业教育发展中的战略地位并明确指出具体措施，予以落实。二是制定"行业协会参与职业教育法"，通过制定关于行业协会参与职业教育的专门性法律法规，明确政府、行业协会、企业以及学校等合作相关主体在职业教育中的管理职能与管理体制，明确行业协会在职业教育中的义务与责任。通过立法引导行业协会积极参与职业教育办学过程而形成保障体系，同时在法律中法规中加强经费投入，明确规定对积极参与职业教育的行业、企业给予奖励等。三是根据时代经济的不断变化与发展，国家相关部门应规定隔几年开展一次审核《职业教育法》的会议，参会人员由行业理事会成员、一线专业技术人员、高校理论专家、企业高层等组成，对《职业教育法》进行调整，使之与时俱进，让职业教育在多元化办学的发展过程中有法可依。

从地方层面看，一是鼓励地方政府依据《职业教育法》和"行业协会参与职业教育法"，构建行业协会参与职业教育的体系框架，逐步明晰政府、行业、企业与学校多元主体在行业协会参与职业教育过程中的责、权、利，加强地方政府在行业协会参与中的引导作用，构建以行业协会为主导的第三方平台，避免滥用资格证书的行为，监督职业资格证书的颁发，提升职业资格证书的权威和含金量，杜绝对行业职业证书进行垄断的现象，同时也为多元主体积极参与职业教育办学提供便利的政策制度环境。二是鼓励条件较为成熟的区域着手制定具有区域特色的行业协会参与职业教育的法规条例。每个区域经济发展水平不同决定了每个区有都有各自的区域特色。在较为成熟的区域内试行行业协会参与职业教育的部分法规条例，不仅可以为其他区域制定特色法规条例提供参考，分别在人才培养目标、办学标准、专业设置、课程建设、师资队伍、培养标准等方面制定详细的、明确的规范，还能在一定程度上积累经验，为国家层面的法律法规的修订或制定提供实践支撑。

第二，站在国家战略高度规范行业协会参与职业教育的行为。政府应该对职业教育加强管理，从国家战略高度来对行业协会与职业教育的合作进行规范，凸显职业教育这一环在国民经济中的重要作用，不断提升社会、企业、行业对职业教育的认可度与参与度，为职业教育的发展创造良好的环境。加快责任政府的建立。政府不仅是权力的代表，也要承担自身的责任，强调责任与义务的统一。明确政府机构的职业教育责任，避免在这个过程中出现政府缺位、越位的现象。加强对政府的考核，其对职业教育的管理要偏重于监管，应该要积极参与其中。

加快"服务型政府"的建立。"服务型政府"的概念最早是由德国行政法学家厄斯特·福斯多夫提出的，作为"管制政府"的对立面，在新公共管理之下，政府与公众之间要从对立面向政府主动服务公众转换。政府的权力不是为了进行管制，而是为了提供服务。2004年《政府工作报告》首次明确提出"建设服务型政府"。政府在执行公共服务管理职能的过程中，要恰当规划服务职能，促进社会资源高效流动。在职业教育领域，政府应该提供高质量的职业教育服务，促进多元主体协同共治。行业协会作为与经济密切相关的组织，要为职业教育提供便利的资源，指导职业教育贴近经济发展。

第三，建立行业协会参与职业教育的管理制度。政府协助行业协会与学校、企业共建管理制度，是提升行业协会参与校企合作质量、凸显高职电子商务人才培养特色的重要切入点。因此，促进行业协会全面参与高职电子商务人才培养的过程，需要行业协会搭建有效的管理平台促进管理制度的运行，以此推进"政校行企"全方位的合作，实现互利互惠和共同发展。

①协调平台。行业协会主要协调企业、学校与政府在信息表达、实时诉求、合作利益等方面的多层次需求，从而使政企校能够消除不必要的利益分歧，形成政企校合力。行业协会以第三方身份加入校企合作，引导校企之间的合作方式从"零散"向"紧凑"转型，为校企构建相互依存的平衡机制，使校企深度合作关系可持续健康发展并得到稳固。在政府与行业协会的共同努力下，以行业协会工作委员会平台为主体，在行业协会教学指导委员会的指导下，专门研究如何深化

行业企业深入参与高职电子商务人才培养的过程,充分利用行业协会的各种资源,发挥行业协会的协调作用,凝聚行业企业以及高职院校共同参与职业教育建设方案,形成服务区域经济的电子商务人才培养长效机制。行业协会教学指导委员会的工作内容如图8-1所示。

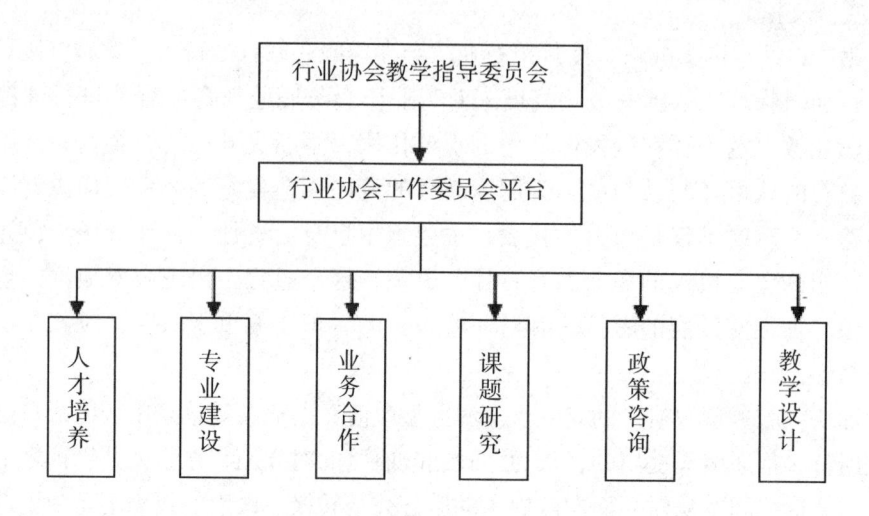

图8-1 行业协会教学指导委员会的工作内容

从合作博弈角度看,当合作主体在组织文化氛围、价值观、管理体制、工作方式等方面都有着具体差异时,行业协会应以第三方身份在人才培养、资源互助、科学研究、项目合作、信息互通、咨询服务等活动环节进行协调、沟通和保障,构建行业协会工作委员会平台管理体系,实现资源共享,打消各主体间的利益冲突,重建信任。

行业协会通过在行业协会教学指导委员会内部建设行业协会工作委员会平台,以"面对面"的网络形式,充分整合各会员单位的资源,充分整合各会员单位间的意见与建议,不仅能够加强行业协会自身向上发展的意识和动力,充分调动企业、学校及其他社会力量参与职业教育办学的积极性,创新电子商务人才培养模式,提高技能型人才培养质量。与此同时,依托协会的号召力,能够形成专业化的招生链、就业链、产业链等,最终实现互利双赢,减轻合作主体间的猜疑,促成教育教学上的双向互动。

②信息平台。目前,我国职业教育学校与政府之间是"委托—代理"的关系,即政府委托学校办理职业教育,并签订契约。而在校企合作中,企业并未与政府

和学校形成稳定的契约关系，企业在参与合作办学的过程中的利益诉求无法得到保障。校政企之间信息不对称俨然成了制约校企深入合作的重要因素。因此，应建立以行业协会为主导的信息平台，充分利用现代网络信息技术，帮助校政企三者之间达成合理的"委托—代理"关系，充分表达各自的利益需求，及时掌握职教资讯，实现校企全方位、高层次的深度合作。基于此，可以从以下方面推进：一是建立线上线下双向职教资讯管理平台，以线上的方式，在行业协会官网上发布国内外职业教育的最新发展动态与相关政策法规，以线下的方式，行业协会的工作人员召开校企活动会议，明确校企职业教育的发展方向，同时及时向政府传达校企的动态；二是定期开展行业内的人力资源统计和预测，及时向企业、学校和政府发布市场对于电商行业的人才需求信息，为校企双方及时调整电子商务人才培养方案提供参考。

以行业协会为主导建立信息平台，扩大了校企合作的范围，突破了地域限制，协助政府、企业以及学校三者间形成相互交叉、相互交织的紧密环绕型关系。对于政府来说，行业协会的信息平台是政府的"贤内助"，促进政府职能的转变，能及时把握企业的需求，解决各主体间的利益矛盾；对于企业来说，行业代表企业发表自身需求，实现了企业与学校之间、企业与企业之间资源共享和优势互补；对于学校来说，从原来的"一对一"转变为"一对多"，扭转校企合作中的被动地位，有利于及时调整专业设置、办学思路、人才培养方案等；对于学生来说，信息平台能够帮助学生提前了解电商企业人才需求信息，及时调整自己的学习目标与状态，为以后的就业做出相应的努力和准备。

③互动平台。政府联合行业协会开发其参与高职院校电子商务人才培养的互动平台，是人才培养内涵式发展的趋势。在新的就业形势和产业发展环境下，行业协会的专业性、行业性以及服务性的组织特征成为其参与指导高职电子商务人才培养的逻辑起点，能在政府的保障机制下，维护协会内部成员间的利益、维护行业良性秩序发展、统计行业信息、沟通信息、进行自律管理等，加强校企合作以及产业链与人才链的衔接，培养受行业、产业、企业欢迎和认可的电子商务专业人才。因此，职业院校可以在任职、培训和信息三个方面与行业协会积极展开互动。

一是认证互动。行业协会连接产业与市场，由本行业专业技术人员组成，在高职院校电子商务人才培养的过程中，可以发挥其专业认可度，对培养目标、专业建设、师资队伍等开展鉴定工作，提升高职院校电子商务人才培养过程的专业性。

二是培训互动。行业协会集中为企业以及职业院校等会员单位提供培训，主要体现在提供场所、师资保障、后勤保障等。依托行业协会共建实训生产基地，建立培训包，其中包括师资、技术、科研、宣传活动等，对于企业来说，可以结合企业实际需要，借用培训包中的职业院校"师资"，为企业员工人力资源培训项目提供"插班制""双休日培训班"等多形式的课程项目。同时，职业院校邀请行业协会中的专家（即行业、企业技术专家）开展讲座、兼职教学等，潜移默化地改变教师和学生对电商行业企业文化的认知。

三是信息互动。完善行业协会的信息枢纽功能，建立行业技术和人才需求调研系统，并以行业会议或者展览的形式进行信息分享，学校能够全面把控电子商务专业人才需求，改良人才培养方案，更新专业设置理念；企业能够更加了解学校的发展意向，为选拔电子商务专业人才奠定基础。

第四，建立公平合理的利益分配机制。由于参与各方的社会属性不同，在多方合作过程中，利益冲突在所难免。行业协会以中立者身份协调校企双方的利益分配问题，避免校企双方因追求自身利益最大化而出现的不和谐现象，制定校企合作中实际参与的企业员工与教师的薪酬分配方案、课时计算方式和奖惩措施，保障校企合作深入开展。

（3）完善校企双方参与电子商务人才培养的运行机制

校企协同育人要求校企双方在人才培养方案制定、课程体系建设、课堂教学和协同机制建立等方面进行更加深入的协作。双方利用各自的优势资源实现电子商务专业人才培养与行业发展的对接，为教师提供在一线学习和锻炼的机会，为学生提供视野广阔的专业培育平台，为企业培养专业对口的实用人才。

基于"校企协同育人平台"的高职电子商务人才培养模式，能够使培养出的电子商务专业人才更加符合行业和企业需求。校企协同教学平台，让学生拥有实际的岗位操作经验，加深了学生对电子商务相关知识和技能的领悟。企业真实项目教学法和问题教学法等教学方法的应用，完善了以学生为主体、教师为引导的教学模式，提升了学生不断发现问题和解决实际问题的能力以及反思总结能力，促使学生积极思考，动手实践，不断创新，从而提高教学质量，优化教学效果。

3. 改进并完善多元协同育人机制

依托多元协同育人的相应成果，结合学生的实际状况，围绕协同育人效果设计相关的调查问卷，可通过线上的方式组织学生填写问卷，对问卷进行分析，总结出多元协同育人机制效果。同时，在采用多元协同育人机制后，学校要多关注学生所面临的问题、困难等，多视角、多方位地了解学生的状态，以此来完善并调整多元协同育人机制。同时，研究团队通过计划、行动、观察、反思四个环节，深入多元协同育人培养方案中，全方位分析观察学生的种种表现，从而不断完善多元协同育人体系。

四、构建电子商务专业教育的评价体系

（一）完善科学的评价体系

一方面，要建立从中央到地方的纵向评价体系，要将评价在高职院校中落到实处，切实反映电子商务专业人才职业技术教育的成果和进展。另一方面，要完善各个层次的横向评价体系，不仅要评价电子商务专业人才的初级职业技术教育，还要对他们的中高等职业技术教育进行严格控制和评估，尤其要对他们的发展性评价、生成性评价和终结性评价进行把控。

（二）注重多元主体的参与

电子商务专业人才职业技术教育的评价主体应多样化。现阶段，学校是学生职业技术教育的唯一评价者，是评价标准的制定主体，也是评价的参与者和实施者，作为实施这一政策的对象，必定对评估体系施加了限制。因此，为了高职电子商务专业人才职业技术教育考核效果的有效提升，除了学校对电子商务专业人才职业技术教育加以评价之外，其他评价主体也要参与进来，辅助学校的职业技术教育评价。

第一，社会参与其中。电子商务专业人才主要是在社会上从事工作，为社会大众提供劳动产品，因此，需要接受社会的检验和评价。

第二，企业和教育机构也要进行评价。企业和机构内要设置一套完善的客观的评价体系，有针对性地进行评价，如此才能更好地提高电子商务专业人才的教育水平和技能。

第三，电子商务专业人才必须重视自我评价。在接受职业技术教育的过程中，电子商务专业人才需要不断反思自己的表现和成就，并检验是否符合新时期经济发展对自身各方面的要求。

（三）完善评价制度

对高职院校电子商务专业人才的评价必须以健全的评价制度为保障，但是当

前的职业技术教育评价制度尚不完善,需要在很多方面加以改进。首先,法律制度需要不断完善。强有力的法律保障能够确保评价体系有序运行,从中央到地方都需要不断完善法律制度。其次,需要完善评价反馈制度。评价反馈制度的确立能够更好地反映电子商务专业人才接受教育的真实情况,可以保证评价制度的客观有效性。最后,第三方监督评价也要融入评价监督制度中来。第三方监督的参与能够保障评价体系和制度公平有效。

(四)建立职业技术教育效果反馈机制

目前,很多中小企业在培训结束后缺乏与电子商务专业人才的沟通与反馈,导致不能全面了解培训的实际情况,这也导致电子商务专业人才对企业后续的教育与培训缺乏信心。因此,电子商务专业人才参与培训后对其进行评估反馈至关重要。培训效果的评估反馈机制应遵循科学完善的原则,即要在计划安排、行动实施、结果检查到进一步推广各个环节都要进行评估反馈,只有这样,中小企业才能在培训电子商务人才的专业技能方面取得良好的效果。

(五)完善以就业能力为核心的考核评价体系

就业能力是高职学生的核心能力,因而,高职电子商务专业学生的考核评价也应以就业能力为重点。就业能力考核评价体系的完善与规范需要通过不断改进考核主体、考核评价内容与评价方法来实现。

第一,注重以就业能力为评价关键,丰富高职电子商务专业学生考核评级体系的内容。学校对学生的评价,应是以就业能力为出发点,从整体上对学生的质量进行评价。这个行业是一种结合电子商务技术和互联网技术的新经济形式,所以学生不仅需要商业技能,还需要特定的技术技能。

第二,采用丰富多样的评价方式,目前,大多数高职院校采用笔试的方式对学生就业能力进行评价,这种单一的评价方式,并不利于完全掌握学生的学习情况。因此,应采用形式多样的评价方式,并且更加看重过程性评价,把电子商务学生放在真实的电商情境中,这样可以考查学生在现实的情景中利用自己所学习的理论方面的知识和实践方面的知识的情况。此外,可以在完成具体任务的过程中,对他们搜集、分析以及整理信息等能力进行评价。因此,综合运用考试、电商模拟、项目任务等多种评价方式,可充分评价电子商务学生的就业能力,避免一种评价方式的局限性。

五、深化电子商务专业校企合作

企业对高职院校电子商务专业学生就业能力的提升具有重要的影响，但由于学校和企业在合作理念以及规章制度等方面的不同，双方之间的合作效果不尽如人意。为了使更多优质的企业参与到电子商务专业人才培养的过程中，增强企业的支持力度，以此培养更多适合企业需求的学生。为了加强电子商务专业学校与企业之间的合作，可以采取以下措施。

（一）实施顶岗实习培训模式

这种实习模式是指高等职业电子商务学生在头两年可以在学校学习基础知识，而在第三年进入公司实习。为此，学校将和企业共同制定学生的教育内容。这主要侧重于提升学生的专业技能，为他们在未来的工作过程中取得成功做好准备。在开学的头两年，学生主要学习基本的理论知识并培养出过硬的专业素养。在第三年，学生在企业顶岗实习中可将理论知识更好地运用到实践中，这样可以快速提升学生的协作能力和团队合作能力。这种合作模式比较成熟，当前很多学校都在运用，可以有效提高电子商务专业人才的技能。

1. 推进教学改革，适时调整专业

要参考岗位的技能需要，根据岗位的需要对相应的课程进行改革和更新，优化课程体系。将企业岗位的新技术、新要求纳入教学计划，研制校本教材，形成具有区域性专业特色的教学资源。在打好专业理论基础的前提下，增加技能操作课程，始终围绕实际岗位需求进行课程改革，防止课程内容与实际岗位脱节。专业调整和课程设置要适应市场的需要，符合学校的实际情况，杜绝出现专业设置中的"跟风"现象。

2. 加强电子商务专业顶岗实习管理

根据电子商务专业学生顶岗实习管理策略，需要按照计划、组织、调控以及评价这四个部分来进行。另外，为了使得管理策略的实施更具针对性、可操作性，为了更好地了解管理策略的实施效果，可以采取以下措施。

（1）科学拟订顶岗实习的计划安排

电子商务专业学生的顶岗实习，要做好相关的计划安排，必须围绕电子商务专业来开展，因为在相关的问卷调查中发现，有部分学生认为自身的专业和实习的工作存在不对口的情况，所以，在计划安排时需要对此进行解决，思路方案如图 8-2 所示。

根据方案计划，总共包括四个方面：一是选定实习企业，二是校、企、生多向沟通，三是签订协议，四是校企共同拟定管理计划。在这四个方面的内容中，对于校、企、生多向沟通来说，需要在遵循自主原则的基础上，让学生能够自主选择，其中包括选择实习企业以及实习指导教师，在此之后再进行实习协议的签订，因为这两个方面的内容所涉及的事宜并不多，所以不做过多的分析。下面将重点对实习企业的选择和共同拟定管理计划这两个方面的内容进行具体论述。

```
选定实习企业
    ↓
校、企、生多向沟通
    ↓
签订协议
    ↓
共同拟定管理计划
```

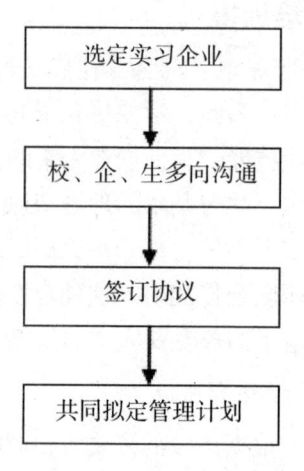

图 8-2　顶岗实习方案计划

第一，实习企业的选择。选择的企业是否合理，这很大程度上会影响顶岗实习效用的发挥，所以，在顶岗实习的计划管理阶段，就需要科学合理地进行实习企业的选择，以此来使学生在实习的过程中能够更好地提升自身的综合能力，从而使得顶岗实习的效果能够得到最大化的发挥。就电子商务专业的学生来说，其所选择的企业最为基本的是要能够提供与电子商务专业相关的岗位，在此基础之上还有一些其他的要求，具体内容如下。

其一，要选择那些经济效益较好、生产规模较大的公司，这样一方面能够为实习的学生创造一个良好的实习环境，另一方面，在企业综合实力较好的情况下，也能够更好地去接纳实习的学生。另外，一般经济效益较好的公司，其对于人才的需求也会较大，同时也愿意去培养人才，有利于顶岗实习管理工作的开展。

其二，要选择那些具有健全的管理制度的公司，这样能够对实习的学生形成更好的束缚，使得学生能够及时地去转变自身的角色，更好地在规章制度的约束下去适应企业的工作和生活,这样对学生提升自身的综合能力以及相关管理工作的开展都具有积极的影响。

其三,企业要尽可能涉及较多种类的业务,这样能够让学生在实习的过程中接触到更多的工作内容,因为对于电子商务专业来说,其本身是一门综合性较强的专业,所以,当所选择的企业具有较多的业务种类时,能够使得学生获取到更多的知识和技能,这样对其未来的就业以及发展也都会产生积极的效用。

其四,尽可能地选择业务稳定的企业,只有业务发展稳定,企业上才会产生更多的岗位,例如,一个公司的网销很好,那么在相关的电子商务岗位上的需求就会增加,这样就有利于学生去实习,使得学生能够真正去进行实际业务的操作,提升其动手能力。

第二,校企合作,共同拟定管理计划。在电子商务专业学生顶岗实习管理的过程中,需要学校和企业的共同努力,所以顶岗实习管理的计划就需要学校和企业来共同拟定,这样既能够考虑到学校的情况,也能够考虑到企业的情况,那么在实际的顶岗实习管理工作中,也就能够有针对性地去进行操作,同时也能够避免管理不到位情况的发生。

具体来说,校企共同拟订管理计划需要涉及四个方面的内容:一是结合校企各自的情况对于实习的时间、内容、目标等进行明确的规定,对此可以由校企双方派遣代表来进行沟通和协调;二是在实习工作上需要有计划地开展,例如,在实习初、实习中以及实习后的不同阶段,都需要明确管理重点,以此来使得校企双方在实际的管理工作中能够更好地开展;三是对顶岗实习管理相关的具体内容进行明确,例如,指导时间、指导内容、评价总结等都需要具体规定,这样方便后续工作中职责的明确;四是需要设计应急管理机制,也就是对学生顶岗实习过程中所可能发生的一些不良事件,如学生安全问题等制定事先的应急预案,尽量避免不良行为以及不好情况的发生。总而言之,在共同管理计划的拟定下,才能够使得管理策略的实施在多方的协同下更好地开展。

当然,除了上述内容之外,还有其他需要事先计划安排的工作内容,例如,确定计划管理人员、如何开展管理等等,对此,可以拟订如图 8-3 所示的管理计划内容。

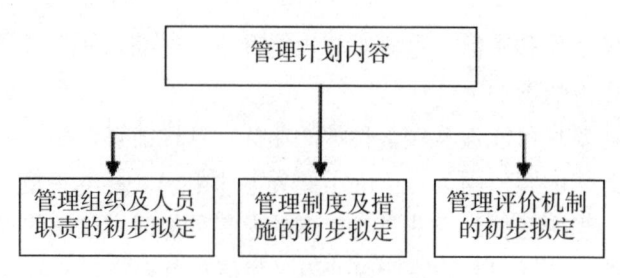

图 8-3　管理计划内容

（2）完善政策法规，明确主体的权责关系

当前，我国关于高职学生顶岗实习的相关政策文件、法律规定等缺乏较强的执行力，综合一些发达国家职业教育的发展经验来看，相关政策文件和法律法规的颁布实施在推进职业教育发展中非常重要且相当必要。

一是要加快职业教育立法工作，特别要针对顶岗实习专门制定一套内容完整、结构严密、协调统一的法规体系和法律制度，明确责任归属。

二是要建立健全引导社会力量加入职业教育队伍的长效机制，确保社会资源充分运用到高职教育发展中，推进产教实现深度融合。

三是要积极落实《民法典》中关于劳动条款的修订，适当扩大其适用范围，让顶岗实习的学生与在职人员拥有同样的人身安全权、教育培训权等权利。

四是要加强顶岗实习这项工作的顶层设计，建立相关机构，明确管理范围和职责，制定学生顶岗实习的管理制度和计划，将顶岗实习程序和管理程序、细则纳入其中，做好检查工作，加大监督力度，对于学校、企业、学生三方签订的实习协议统一内容和标准条款，确保学生在实习期间合法权益得到保障，防止出现企业将顶岗学生当成生产劳动力的现象。

（3）建立完善的顶岗实习管理组织机构

顶岗实习管理的良好实施需要相应的管理组织来作为支撑，这样才能分工明确、落实好相应的职责，所以这就需要构建相应的管理组织机构，具体来说，应该包括以下两个方面。

一是建立顶岗实习管理的领导小组，以此来对整个顶岗实习管理工作的开展进行领导，领导小组需要由两个部分组成：一部分是学校所成立的领导小组，其组成人员可以由学校负责教学的校长、主任、就业办主任、各院系主任来构成，在具体的结构上由组长、办公室主任和成员这三个部分组成，以此来对整个顶岗实习管理工作的开展进行宏观层面的领导；另一部分是系部领导小组，其主要作用在于微观层面的领导，具体的人员可以由二级学院的系主任、专业教师、辅导员等组成，在组织结构上由组长、副组长和成员三个部分组成，需要注意的是对于微观层面的管理小组而言，其组员需要对于电子商务专业有较为深入的了解，这样才能对电子商务专业学生的实习问题进行更好的解决。关于领导小组结构的具体情况如图8-4所示。

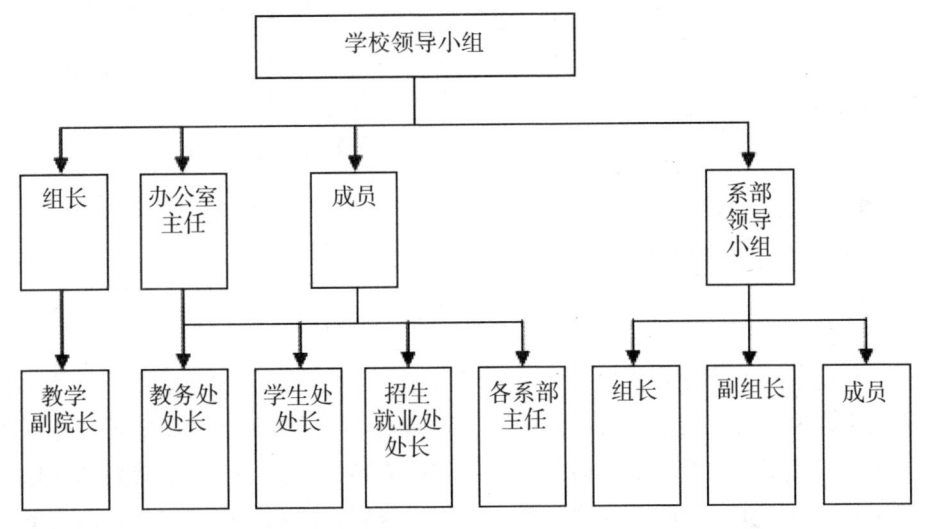

图8-4　领导小组结构图

二是顶岗实习管理工作的开展不仅仅是涉及学校以及教师，还涉及企业、企业指导教师、学生自身以及其家长等各个方面，所以，对此还需要构建一个综合的管理组织机构。具体来说，这个综合性的管理机构需要由三个部分构成——学校、企业、学生家长，这样不仅能够体现校企合作的特点，同时还能够将学生和家长纳入其中，这样可以最大化地对实习学生进行管理，对于学校方面来说主要由辅导员以及专业教师组成，对于企业方面主要由企业指导教师组成，对于家长方面则主要由学生家长组成。另外，还需要注意的是有必要设立一个单独的督查组，这样在适时的监督下，也能够使得校、企和家长三方之间都能够共同地对学生的实习进行管理，也能够使其独特的作用得到更好的发挥，而且在这种管理结构下，还能够使得管理各方对于学生的实习情况进行综合的了解。具体情况如图8-5所示。

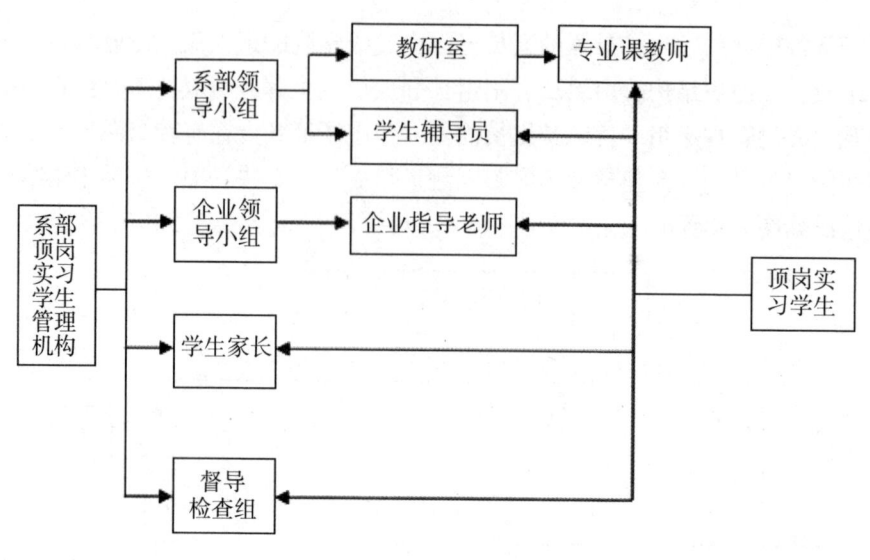

图 8-5　顶岗实习管理结构图

在确定了组织管理结构之后，还要对于相应的职责工作进行安排，这其中主要涉及明确顶岗实习的指导教师的职责，顶岗实习指导教师要熟悉电子商务专业的顶岗实习计划，按要求提前做好学生实习前的各项准备工作。指导教师要积极配合实习单位工作，及时解决学生实习过程中遇到的问题。指导教师要强化学生的责任意识，增强对学生的教育和管理，保证顶岗实习管理工作的安全有效进行。指导教师要及时了解和掌握学生的实习情况，定期通过企业实地指导或在线指导。

另外，指导教师还要定期的登录实习管理系统，通过学生的实习周记来更好地了解学生的实习情况，以此来发现问题并指导学生进行问题的解决。基于相关案例可以发现学校在学生实习方面有一个管理系统作为支撑，而且多数情况下管理工作也是通过实习管理系统来开展的，所以，在进行职责明确上，需要以实习管理系统的相关内容为基础来进行说明，尤其是对指导教师的职责需要进行细致的说明，具体情况如表 8-1 所示。

表 8-1　指导教师职责内容

职责对象	职责内容
对学生	实习计划 实习过程管理 实习总结批阅 实习考评 材料汇总

（续表）

职责对象	职责内容
对企业指导教师	沟通交流 共同管理
对自身	指导工作记录

最后，需要注意的是为了使指导教师能够更好地履行自身的职责，还要加强对于指导教师队伍的建设。因为在企业中，具有很好业务经验以及能力的工作人员都是较为繁忙的，其是否具有指导学生的时间是值得考量的，而且对于一般的企业员工来说，其是否具有指导能力这也是值得考量的。而对于学校的指导教师来说，因为学生实习是在企业，一是指导地点和时间会存在限制，二是教师是否具有指导学生工作实践的能力，这是值得考量的。所以，这就需要加强指导教师队伍的建设，首先，无论是企业的指导教师，还是学校的指导教师都需要选择有责任心和能力较好的人员来担任；其次，还可以聘请专业的指导人员来进行第三方指导；最后，需要特别注意的是所选择的指导教师必须具备与电子商务专业相关的综合知识和能力，这样才能符合实习学生的专业需求。总而言之，为了更好地开展顶岗实习管理，需要对于指导教师的选择进行重视。

（4）提高学生自我管理意识

提高学生自我管理意识对完善顶岗实习管理具有重要的价值，因此，可以从学生自我管理的角度出发优化顶岗实习管理。只有学生明确顶岗实习的目的、学会自我调适心理压力和自我管理，才能推进顶岗实习工作有效开展。

第一，明确顶岗实习的目的，具体来讲，包括以下几方面。

一要清晰认知自己的身份，结合自身能力和水平，明确努力方向；要将顶岗实习当成一次入职前的实战演练，当成接受高职教育期间的一次总结，学会加强自我管理，严格遵守职场规则，完成"在校生"向"职业人"的身份转变，全身心投入实习工作中。

二要学会在实习工作中不断增强自身的职业意识，虚心请教学习，熟悉岗位要求，提高自身职业能力和动手能力；了解企业文化，注重沟通交流，学会团结协作，努力将自己融入企业团队氛围中去，培养积极向上的工作心态。

三要重视自身的职业道德培养工作，树立正确的择业观，努力提高自身的综合素质，做到主动适应岗位要求，服从安排，不轻易离岗，深刻领会"学生的实习目的第一位是学习，第二位才是就业"的至理真言。

四要明确自身定位，清晰奋斗目标，加强对顶岗实习重要性的认识，逐步了解和熟悉社会环境，在社会实践中学会做人做事，为走向工作岗位打下良好的基础，为顺利就业做好充分的思想上、技能上和心理上的准备。

五要增强岗位观念的认识，清楚分辨实习单位与高职院校的区别，要主动适应环境、身份、性质的变化，学会调整心态，调节情绪，明确实习目标，提高顶岗实习的适应力，谦虚请教、踏实求学，为就业打下基础。

第二，调适心理压力，积极面对顶岗实习。学生从学校的学生转变为企业的员工，身份转变和环境变化对于高职学生来说是极大的挑战，会存在很多的不适应。因此，调适心理压力在顶岗实习中非常重要。

一要培养积极乐观的向上精神和独立自主能力，面对挫折时不卑不亢、积极面对，遇到困难时学会沟通，主动向家长、班主任和指导教师寻求指导和帮助，遇到问题时学会排解不良情绪，相信"办法总比困难多"，深刻领悟"破茧成蝶"的深刻含义。

二要加强学习，丰富自身的业余爱好，广泛交友，学会转移注意力，分散忧愁和烦恼，建立良好的人际关系，努力适应新环境。

三要了解自身优缺点，善于发现自己的闪光点，清楚自己的实习目的，了解自己与企业的要求的差距，做到保证自身特长得到发挥和增强自信心的同时，正视自身存在的不足，明确今后的努力目标，给自己的实习期一个满意的交代。

第三，正确认识并积极参与顶岗实习。成功的顶岗实习虽需要学校和学生双方共同努力，但更要激发学生的积极性和主动性。学生要端正态度，加强自我约束，严格要求自己，以高度负责的责任精神，完成实习任务；要保持认真细致的工作态度，提高与人交流的能力，学会谦虚待人，学会换位思考，具有团队精神，努力成为一个具有高尚职业操守的职业人、诚实可靠的共事伙伴。学生还应注重增强自身的学习能力，充分运用学校和企业提供的学习平台和资源，在学习中反思，在反思中总结，在总结中提升，不断增强自身的应变能力。

（二）加强产教结合

产教结合模式主要是学校和电子商务企业共同建立实训基地，借以解决目前很多学校存在的实训室不足的问题，日常电子商务的教学和实践技能操作都在实训基地中进行，同学们操作过程中的实训材料由企业提供，但是现场教学是由学校教师进行的。车间的师傅是学校的教师，而车间的工人是参与学习的学生，在这种真实环境中学习，学生可以很快地熟悉工作中的环境。在这种模式下，学生不仅可以学习理论知识并使实践能力获得提高，也为企业创造了价值，学校和企业可以实现双赢。同时，学校也可根据企业的用人要求，实时地进行教学体系改革，更好地提升学生的就业能力。具体来讲，可以从以下两方面出发推进实训基地的建设。

1. 搭建产学研平台

电子商务是一种高度对称的信息流、贸易流、资金流和物流流在相互作用中汇聚的结果。信息的流动一直贯穿并引导着商业活动，现代物流是商业流动的延续，是商业活动中物质流动的真实过程，管理和整合信息流也是必要的。现代物流的特点表现为自动化、智能化、信息网络化和灵活性高。电子商务的高效率和现代物流，赢得客户了信任，可以不断降低成本。加强与业界的合作，制定电子商务和现代物流专业发展的可行性计划。根据消费者的不同情况，如收入、需求偏好、地理分布等，根据差异化的物流服务政策，合理定位销售区域。此外，应精心选定最适合的产品进行销售。市场竞争就是人才竞争，应不断发掘电子商务和现代物流领域的创新人才，加强员工培训教育，推动电子商务和现代物流的协调发展。

电子商务实习基地是集电子商务、物流管理、计算机统计、网络营销等为一体的实践教学场所。在实际操作中，通过案例和实际操作的方式，强化高职学生的职业技能，增强他们的就业适应能力，同时也是提高学生综合素质的训练场所。此外，也可以提高教师的教学水平以及实践技能水平。积极争取校企合作的一系列政策优惠，做好校企合作的知识产权保护与利用服务。积极与各大职业学校进行交流合作，定期邀请行业的专家深入电子商务园区进行企业调研，携手打造覆盖产品创新设计、协同生产、标准化物流、整合营销的全链条的职业教育培训、实践、创业孵化体系。同时，建立覆盖产业全链条的对接与扶持服务，以此构建以数字经济为基础的工业4.0产业升级新模板与新标杆。建设覆盖全国范围的创新创业产业集群，通过这种方式，突破时间和空间的局限，延长产业链条，打通内外经济的双循环，打造高科技创新服务平台。建立高职教育创新链，为当地数字经济提供支撑，增强高职院校的创新能力，探索电子商务人才培养新路径。顺应数字经济产业的发展方向，推动高职院校全方位培养学生的综合素质。

同时依照电子商务人员的爱好和特点，确定各自的研究方向，进行不同板块的教学，以便促进学生特长的形成以及竞争力的提升。全面了解市场对电子商务人才的综合素质的要求，重点培养出企业岗位需要的人才。目前，为了满足社会市场的需要，我国大多数高职院校都具有专门从事电子商务教学的教师以及相关的电子商务课程。大多数电子商务课程的实施是建立在计算机网络的基础上的。以商业为导向的交叉学科，具有很强的可操作性。但是很多高职院校中，教师在教授电子商务时只注重理论教育，忽视实践教育，导致高职电子商务专业的众多毕业生就业竞争激烈，在实际操作中没有任何优势。

2. 推行现代学制

电子商务专业实训基地建设，旨在快速搭建互联网产业人才队伍发展基础环境，提升互联网以及相关人员的实践能力，进一步推动人才与数字经济产业发展高度融合。电子商务实训基地的重点是基地建设、基地发展、课程开发、人才实训等，完善基地功能、提升基地能力、发挥基地作用，积极打造高质量互联网实训基地，为电子商务产业的发展所需要的高素质产业人才培养及产业转型升级、区域经济发展贡献力量。

现代学徒制是一种现代教育体系，学校和企业通过合作实现教师和教师之间的知识联合传递，形成一批掌握电子商务技术的人才。数字经济的兴起是现代培训模式的"互联网+学习"表现形式，现代教育体系的学习为电子商务人才培养提供了新思路，不仅可以找到公司的角色，而且可以找到学生学习的核心兴趣点，同时也可以实现政府、企业、学校和学生多边双赢。通过学校和企业的紧密合作以及师生的联合课程，现代教育体系学习模式专注于培养能造就现代应用型人才的技能。教学成果在实验室、实训室和企业中最为流行。学校的教师实训室主要由学校管理，大部分的培训设施都由与学校共同培养学生的企业建立和经营。

电子商务专业人才培养的基础是对电子商务理论知识的深刻了解和运用，对计算机技术和生产性管理经验的深刻了解，通过高质量的职业培训使学生了解岗位的基本职责和操作模式，通过人才培养方案开展专业的合作。根据他们提出的建议，所有参与者共同分享经验教训，让后入职的学生之间进行交流合作，提高学生自身的技能水平。对于电子商务企业来说，进行实际培训与资源共享都离不开学校的努力，学校通过在校的实操训练，让学生拥有基本的计算机实操能力，加上企业入职前的培训，让学生从新手转变为老练的工匠。从整体上来看，用于员工培训的电子商务平台的资源是有限的，这也将成为学校资助方案的一部分。学校应扩大校内的电子商务实训平台，电子商务企业也可以在合作的学校内建一些电子商务实训基地来提高学生的实践能力。信息技术数据服务不仅能推动电子商务行业的发展，也是电商行业的兴起、电子商务专业学习、实践培训和终身学习的重要手段，企业的物质支持和财政资源激励高职院校培养具有复合型技术的人才，用以辅助互联网、学校、企业的共同发展。

（三）校内设置合作企业服务点

目前，电子商务市场在校园内的竞争十分激烈，在如此激烈的竞争背景下，企业想要与学校之间实现合作是非常有利的，可以在校园内设置配送点和营销点，安排专业人员和学校管理人员负责该服务点的管理工作，在条件允许的情况下，还可以安排学生在校园内的服务点进行顶岗实习，在实习过程中得到专业人员的指导，促进实践能力的提升，在校园内积累一定的工作经验。基于工作地点上的优势，学生在遇到问题时可以及时向教师请教，这样的教学模式有利于促进学生理论与实践的统一。

通过组建校企导师共同引领的高水平电子商务创业团队，校企共建实习、实训基地等新型合作模式，电商企业人力资源问题得到了有效解决，而且学生的学习与就业问题也得到了兼顾，从资源角度上来看，学校与企业之间真正实现了资源融合，双方实现了共赢。目前，比较常见的服务点包括阿里巴巴的蜂鸟新零售平台、京东的电子商务服务平台等。

（四）建立校企稳定的合作关系

学校充分考虑合作企业的利益，在企业人才需求方面优先推荐优秀学生。学校和企业共同运营校内的一些盈利项目，优先聘用学校的学生，实现双方共赢。学校派专任教师进驻企业，接受企业的管理安排，教师一方面承担公司的工作任务，另一方面又可以进入企业了解企业的人才需求，获取最新的行业信息，还可以提高个人的职业能力和实践经验。企业也要加强企业导师的力量，选择更多更好的能手进入校园，根据高职学生的学习特点进行教学，在提高教学水平的同时，向学生传授一线的实践经验。

（五）校企共同开展技术研发

一直以来，难以进行新型技术研发创新都是中小型电子商务企业发展受限的原因，由于企业规模较小，在技术研发能力上比较欠缺，中小型企业想要在激烈的竞争中开发出属于自己的创新型技术相对困难。

在此背景下，企业和高职院校进行电子商务技术的研发合作，一方面，有利于企业在技术上突破瓶颈；另一方面，在研发过程中，教师能够与时俱进，对电子商务的最新市场需求与技术发展有所了解，借助这样的机会，能够学习到很多教科书中无法获取的知识。教师将调研的成果反馈到院校，有利于院校对市场情况做出判断，结合市场需求，对学生的教学内容和教学目标做出调整，保障教学工作能够跟上时代发展。对于教师而言，这样做不仅使他们的专业水平和科研能力得到提升，而且提高了他们的创新能力，为教学注入了更多的活力，使学生的创业精神逐渐得到培养。

不仅如此，院校还可以与企业高层交流协商，定期安排企业的技术骨干到学校来进行授课与演讲，这不仅能够使学生及时掌握电子商务市场的最新动态与技术发展，还能够邀请一部分学生参与研发过程，使学生能够在研发期间发现问题、解决问题，帮助学生实现理论与实践的结合，促进院校教学质量提升。

（六）校企合作开展学徒制

学徒制指的是在学校选择的人员进入企业工作后，和学校合作的单位企业要安排专业技术人员当其师傅，对学生的工作引导、指导，使得学生能够在工作过程了解电商运营模式，真正融入电商工作项目，感受电商的各个流程，增加实战经验教学模式。

学徒制包括三个步骤：第一步是使学生熟悉电商的各个环节和运行模式；第二步是企业和学生都要仔细考虑，双方根据自己的意愿做选择，选择合适的企业和学员；第三步就是选择好后，签署合同，学生便成了这个企业的一名正式员工。

（七）推行订单式人才培训方法

这种培训方式主要是学校在招生之前与电子商务合作企业签订培训合同，在新生自愿报名之后，经过学校和企业双方的面试之后加入"定向培养班"。在组成班级之前，会进行考察。学校主要关注学生对理论知识的掌握情况，企业则偏向于学生的实践动手能力，会通过一些操作考试进行考察。

高职院校和电子商务的企业会共同参与对学生的教学内容、培养计划的设计过程，但是两者的侧重会有差异。高职院校负责主要是学生基本理论知识的学习，而电子商务的企业会派专业的教师负责学生的专业技能的学习，通过公司实习，培养了学生的团结、合作和对环境的适应能力。

（八）学生自主创业，企业提供帮助

调查显示，很多电子商务专业的学生在结束学业后想要自己创业，然而由于找不到合适的货源便止步于此。为了解决这个问题，和学校合作的公司凭借稳定的供应商和社会地位，能够给学生提供有保障的进货渠道。教师和企业能够对学

生在网店开设过程中的不足提出有针对性的建议，在产生问题时，帮助学生分析问题，并想办法解决。企业还可以让公司的营销人员帮助学生推广网店，增加客户流量。

利用这样的新型方式，学生基本在学校里就可以做好这项工作，最重要的是可以在出现无法解决的难题时向教师和优秀人员寻求帮助，这样学生会更好地学习专业知识，进而对电子商务有深刻的认识。

六、积极推进电子商务专业专创融合

专创融合是"专业+创新创业"的简称，指专业教育与创新创业融合的复合型人才培养模式，它既是创新创业教育的发展方向，也是专业教育的变革目标。专创融合人才培养模式旨在学生学习学科专业知识的同时，将创新创业教育嵌入电子商务专业知识，使学生能够运用动态、发展的眼光理解本专业，进而提升电子商务专业创新能力和思维水平，以提高学生的生存、学习和发展能力。

在"双精准"的背景下，校企"精准对接"，电子商务专业从教育的各要素着手，充分发挥教育者、受教育者和教育影响的作用，从机制体制、人才培养方案、课程体系、课程内容、教学方法、实践平台、专创融合教师队伍等方面着手构建专创融合策略，促进专业教育和创新创业教育互相协调发展，"精准育人"，培养符合电子商务行业和社会需求、具有综合职业能力、在一线工作的高素质劳动者和技能型人才，即培养具备扎实的基本专业知识、过硬的实践技能、良好的主动学习能力和职业素养、灵活的适应能力、综合性创新实践思维、一定广度的行业乃至跨行业视野的电子商务专业人才。

（一）建立专创融合体制机制，加强制度保障

实现专创融合离不开政策环境的支持，在三螺旋理论下，政府健全政策环境，促进校企精准合作，为高职院校推进专创融合提供政策支持和资源配置的服务。合作的企业为高职院校提供一线的师资、真实的工作环境和教师上岗实践等资源，通过与学校协同创新育人满足自身对高素质电子商务专业人才的需要。高职院校作为教育的主体，也要建立相应的专创融合体制机制，与企业协同创新育人，形成专创融合教育体系，引入企业资源在教育的环境中发挥作用。政府、高职院校、企业三方通过扩展的职能，在职能重叠区形成三股合力互相渗透和影响，推动高职院校专创融合的实施，培养出企业所需的高素质人才。

首先，应加强学校的组织领导。从校领导到部门领导、专业负责人层层参与

专创融合的组织领导工作，相关教师人人参与专创融合的具体落实工作。建立专创融合月报工作制度，层层监督专创融合工作的推进和落实情况，及时处理专创融合推进过程中出现的问题。

其次，要完善教师企业实践制度。教师是专创融合教育的具体执行者，必须具备丰富的实践经验、创新思维和创业经历。合作企业拓展自身功能，为学校提供教师实践上岗资源，能有效提高教师的实践能力，在实际工作中形成的创新创业思维、素质和能力。因此，学校必须形成教师企业实践制度，定期安排教师参加企业实践锻炼，或安排教师到企业培训工作人员，鼓励教师创新创业，积累丰富的创业经验。

再次，要完善人才培养方案动态调整机制。随着科学技术的进步，电商行业不断地快速发展，电商行业所需的电子商务专业人才标准要求也在不断地变化。因此，有必要根据电商行业的发展情况，形成机制，动态调整人才培养方案。

最后，要完善校企合作机制。形成校企合作的引入、退出机制，制定奖励措施，鼓励学校各专业主动对接行业、企业，发掘校企合作项目，丰富校企合作形式。

（二）修订人才培养方案，明确人才培养目标

学校要进行顶层设计，从学校层面调动企业积极性共同推进专创融合。首先，要将创新创业教育目标融入高职院校的人才培养方案中。其次，要将创新创业基础课程加入公共必修课或选修课中。最后，在制定电子商务专业的人才培养方案过程中，三螺旋理论中的企业主体参与进来，与电子商务教育专家一起，结合电子商务行业快速发展的特点，反复论证后再确定专业的人才培养方案。人才培养方案中必须将电子商务专业教育与创新创业教育的培养目标相融合，明确电子商务专业人才培养的目标，即培养的电子商务人才须具备的扎实的基本专业知识、过硬的实践技能、良好的主动学习能力和职业素养、灵活的适应能力、综合性创新实践思维、一定广度的行业乃至跨行业视野。

（三）重设专业课程，形成专创融合课程体系

高职院校电子商务专业将创新创业教育的育人目标与专业教育的育人目标相融合，形成专创融合的育人目标是培养具备扎实的专业知识、过硬的实践技能、良好的学习能力、良好的职业素养、灵活的适应能力、综合性创新思维、一定广度的行业乃至跨行业视野的电子商务人才。结合高职院校电子商务专业特点，专创融合需要面向全体，关注个体的特点，创新创业教育必须贯通电子商务专业教育的全过程。电子商务专业课程设置以电子商务专业课程为主线，将创新创业教

育内容融入专业教育课程模块，从七个方面对电子商务专业学生进行系统性的人才培养，实现上述专创融合的育人目标。

一般来讲，专创融合课程体系构建图如图8-6所示。

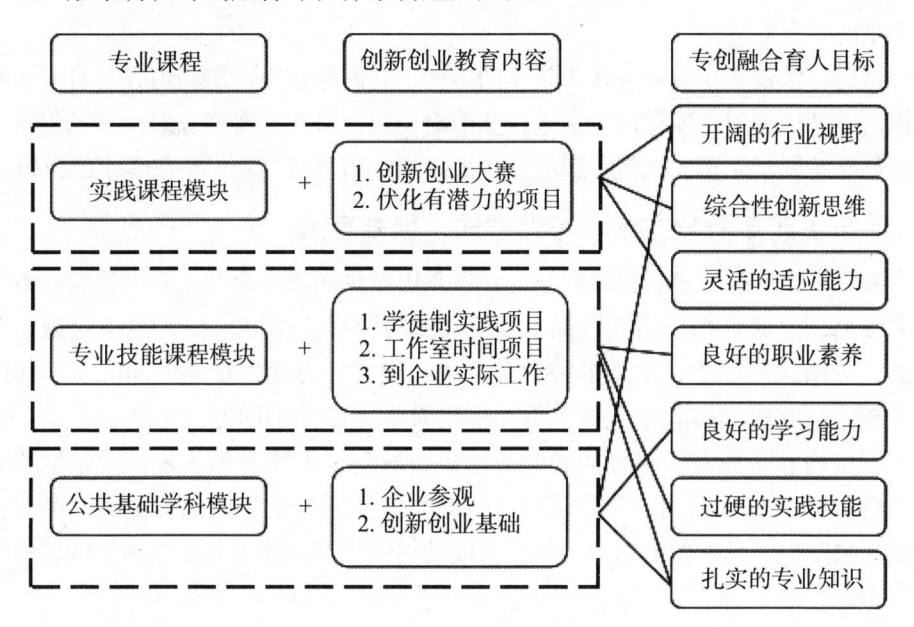

图 8-6　专创融合课程体系构建图

专业课程模块主要分为公共基础学科模块、专业技能课程模块和实践平台模块。公共基础学科模块增加创新创业基础课程，组织学生参观企业，重点培养学生扎实的专业知识、良好的学习能力，拓宽学生的行业视野。电子商务专业技能课程模块强调重构专业课程并融入创新创业育人目标，增加工作室等实践平台，着重培养学生扎实的专业知识、过硬的实践技能、良好的职业素养。实践平台课模块增加创新创业大赛和项目孵化，重点培养学生的综合性创新思维、灵活的适应能力，拓宽学生的行业视野。三个教学模块阶段式推进专创融合，实现"精准育人"目标。

（四）重构课程内容，丰富教学资源

对电子商务专业课程进行重构。

首先，要在原有的电子商务专业课程中融入创新创业教育内容，在课程教学中明确专创融合的育人目标。根据每门课的课程内容，寻找并选择适合培养专业知识和创新创业知识的教学项目，以满足专创融合的育人目标。

其次，根据建构主义学习理论，在实施教学时，学校与企业精准对接，共同开发以项目为导向的课程内容，创设模拟电商行业真实的工作情景或真实的工作情景。学生在复杂的学习环境和工作环境中进行学习，有利于建构知识意义，提高学生的综合素质。

最后，学校和企业双方作为教学的主体，共同协作设计课程内容，对专业的课程内容进行创新。课程内容融入行业前沿发展、最新的研究成果、技术创新、方法创新等创新元素和创新实践经验，提高学生的学习兴趣，拓宽学生的视野。

（五）改革教学方法和考核方式，精准育人

通常采用讲授法进行传统教学，在课堂中教师属于完全的主要讲授者。由于许多创新创业课程都是实践性强、创新性强的课程，所以，在实践中应抛弃传统的"灌输式"教学，采用多种教学手段和模式，为学生提供更加丰富多样的学习模式。在教学过程中，应该采用多种教学方法并举的方式来进行教学，针对不同的内容采用有针对性的教学方法进行教学，保障教学质量，让学生感受多样的教学过程。例如，可以采用以下教学方法激发学生的思维能力，激发他们的思想意识，激发他们的学习热情，使他们能够更好地参与到创新性的教学环节之中。

第一，形成双主体的教学方式。学校和企业作为专创融合的主要执行者，那么在课程教学中，也应该采用"双主体"的方式进行，企业派出的能手深度参与课堂教学中，主要完成课程的实践部分教学。以电子商务专业的网店客服课程和网店客服实训课程为例，课程内容可以由校内专任教师和企业教师共同设计，课程教学也由校内专任教师和企业教师分别承担。

第二，坚持项目教学法。基于建构主义学习理论，针对高职生的学习特点，应该打破传统的课堂教学方式，坚持项目教学法。课程教学以项目为导向，创设模拟电商行业真实的工作情景或真实工作情景，以学生为中心，教师扮演引导者的角色，引导学生积极地参与到教学过程中，让学生成为课堂的主人。教师在各个教学环节中，把创新创业教育内容融入专业教育内容。学生通过在真实工作环境或模拟真实工作环境下实现项目任务，掌握了专业知识和专业实践技能，养成了良好的职业素养，拓宽了行业视野，能更好地适应行业的需要。学生在实现项目任务过程中，主动收集相关的学习信息，不断发现问题、分析问题、解决问题，通过头脑风暴、小组讨论等方式来学习与所探究问题相关的知识，从而形成了良好的学习能力，有效提高了学生的综合性创新思维。

在职业院校开展教学活动,更加强调在真实环境中的实践与操作,通过模拟真实的工作环境,开展教学过程,有助于启发学生思考,让学生遇到问题、思考问题、解决问题,提倡工作过程系统化或项目化的教学方式。课后除去基本的知识记忆型作业,增加学生主动思考与探究的学习任务,有效激发学生的创新思维与意识。教育均以学生为主体,职业教育偏重教师与学生以"现代学徒制"的指导方式进行教学和指导,着重对于学生进行思想、实践、创新等多角度多层次的帮助,鼓励学生积极参与创新创业类活动与竞赛,培养学生在专业领域的创新精神和创造力。

在课程考核上,改变知识记忆倾向,推动其转变为能力运用倾向,考核的方式也应将一次测试转变为长期持续的考核方式。强调学生的学习体验感,重点关注学生的学习过程,增加开放性任务的比例,对学生的创新能力和创新思维进行评估,检验学生学习效果。在课程考核时,减少单纯知识记忆就可作答的题目,增加运用逻辑分析思考问题和创新思维解决问题的题目,积极开展"线上+线下"相结合的考核体系,增添考核环境真实性和有效性。鼓励学生积极参加课外创新创业实践活动,充分调动学生参与的主观积极性,将实践活动的成果作为考核评价的其中一环,作为附加的评分内容。

(六)丰富实践平台建设,拓展创新创业实践空间

建立多样化的实践平台,拓展学生进行创新创业实践活动的空间。实践平台的具体形式有孵化中心、创新创业大赛和基于专业的校外实践基地、工作室、创客空间等。学校要提供不同层次的平台培养学生的创新创业意识、素质、能力,尤其是素质和能力。针对电子商务专业,包括以下几方面的措施。

1. 构建专业层级实践平台

在"双精准"项目资金的支持下,电子商务专业与企业合作建立客服实践平台、专业工作室和校外实训平台三种形式的专业实践平台。

①学徒制客服实践平台。电子商务专业与企业合作进行"双十一"客服实践,企业提供教师资源和课程资源,学校提供设备(电脑、网络)和场所等,企业先对学生进行两周前期培训,包括平台(天猫为主)规则和产品知识,两周后进行选拔,企业对筛选后的学生以"师傅带徒弟"的方式进行上线培训,真实接触少量的客户,期间再进行第二次筛选,最终选定的学生按照企业的管理方式和方法(两班倒)进行为期一个半月的上岗实践,其余的学生参加"双十一"高峰期(两天)的上岗实践。无论是理论培训还是上线、上岗培训,学校都派出教师全程与

学生一起学习，并协助企业管理学生。客服实训项目实现了学生的"零"距离实习；学生熟练掌握了客服岗位的技能和知识，未毕业已被企业预定，达到"零"距离就业。

②专业工作室。根据电商行业的岗位群，在电子商务专业建立了网店客服、网店美工和网店运营三个工作室，由企业委派"技术能手"进入工作室，按照企业的工作流程和岗位标准，以真实案例为项目，对学生进行培训，力求做到学生所学即企业所需，进一步让学生了解和适应岗位标准和能力要求。根据学生的兴趣爱好进行预报名，由企业按照岗位标准出题选拔，经过选拔的同学进入工作室，利用课余时间（如下午放学后、晚修、周末等）由企业能手进行授课，工作室严格按照企业的制度管理。

③校外实训平台。电子商务专业与企业合作建立2个校外实训平台，每一届学生入学后，组织学生参观企业的工作环境、工作氛围，了解企业的实际工作流程，为学生学习课程提供整体的认知和了解，激发学生的学习兴趣。

2.构建学校层级创新创业实践平台

学校建立校级的创新创业实践平台，鼓励学生以平台为基础，积极参加校内比赛以及省、市一级的创新创业大赛，实现以赛促学、以赛提高创新创业能力的目的。例如，电子商务专业可以组织学生队伍参加了本地区和学校的创新创业大赛，通过参加比赛，切实提高学生的电子商务专业技能。

（七）建设专创融合教师队伍，为专创融合提供保障

专创融合师资队伍建设必须从数量和质量两方面着手，与企业深度合作，通过从企业"请进来"能工巧匠和校内教师"走出去"两种方式结合，打造一支专创融合师资队伍。

1.加强教师培训，更新教育理念

学校要组织教师参加培训，促进学校教师的教育理念更新，关注电商行业的发展趋势，积极拥抱行业的快速变化，促使教师及时更新教学内容、方式和手段。邀请企业到学校进行创新创业师资培训或者派遣教师到兄弟学校交流学习。建立激励制度，鼓励校内的教师"走出去"，到企业挂职锻炼或自己开展创业活动，从而获得创业经验，为学生提供创新创业指导。

2.优化师资结构，丰富教师队伍

学校与企业精准对接，把具有电商行业经验的企业能手"请进来"，与专任

教师共同设计课程内容，承担实践教学任务或担任创业导师，在真实工作场景或模拟真实工作的场景下指导学生学习，充实创新创业师资队伍。学校对企业的教师进行教育教学培训，提高其教学能力，优化专业教师与企业教师组成的师资队伍，为专创融合提供可靠的保障。

3. 建立"创新创业导师库"

高职院校可以建立"创新创业导师库"，将校内外创新创业教师进行整合，根据校内外导师的不同优势组成专业导师团队，指导个别创新创业能力较强的学生开展创新创业实践活动。

4. 提升教师创新创业实践能力

高职院校作为高等教育中的重要环节，其专业教师均具有扎实的专业知识基础和良好的课堂教学能力，但开展创新创业教育同样离不开教师的创新创业实践能力。高职院校的电子商务专业教师需要积极参与校内外开展的创新创业教育实践活动及培训，丰富其自身创新创业教育理论知识，积累创新创业活动实践经验，将创新创业内容融入专业教育中，不断提升专业教育教学水平。

学校管理部门积极倡导电子商务专业教师与其他专业教师相互沟通协作，运用自身的专业优势和教学经验进行培训和交流，突出专业性和创新性的融合，取长补短，改革教学方法和考核方式，帮助电子商务专业教师教学能力有效提升。

在教学之余，积极参加教育部门组织的创新创业教育专题培训，也可组织拥有一定创新创业素养的教师去其他学校进行观摩和学习，与不同学校的教师交流学习心得、分享学习收获，并将学习到的内容带回本校，融入自身日常教学过程中。组织专业教师到行业中发展较好的企业内部去参观学习，贴近企业实际工作过程，吸纳行业一线工作进程和优势技术，分析总结学校教育与一线工作中存在的不同，制定融合创新创业内容的电子商务专业人才培养方案并在课堂上予以体现。在教学实践环节中，提升个人创新创业教学能力。

（八）培养学生创新意识并引导创新实践

1. 提高学生创新意识和创新能力

学生是学校教育的接受者，推进创新创业教育与专业教育的融合必不可少的是修正学生对于创新创业的认识，从观念上唤醒学生的创新创业意识，并将创新创业教育的理念渗透进电子商务专业教育的各个教学环节，培养学生的创新思维，全面提升学生的自主创新意识，锻炼个人创造力。

强化学生专业学习与创新创业教育的主观融合意识，加强文化知识和内涵素养的学习，丰富自身知识储备，深入理解与思考专业知识，注意个人能力的锻炼和培养，鼓励学生积极创新、踊跃创新。聚焦擅长的技术技能，积极参加实习实训，锻炼专业实践能力，学习关于创新创业的知识，课余时间积极参加创新创业培训和实践活动，通过参加竞赛、培训，弥补创新思维和创新能力中的不足，拓宽知识范围，发展个性思维，拥有独立思考和工作的能力，也可通过活动与竞赛结识企业外聘教师、其他学校的教师和同学等，与他们进行合作与交流，使自己的专业能力和创新能力得到全方位的锻炼。

2. 引导学生积极参加活动

高职院校的学生应转变学观念，积极参加创新创业类实习实训活动，高职院校应给予充分的引导和支持，按照电子商务专业人才培养计划合理安排实训环节和实训时间，保证学生在学习知识的同时，增加学生参加创新实践活动的机会，培养学生创新创业思维，提高学生的创新能力与创造力。高职教师应引导学生了解熟悉全省、全国开展的创新创业实践活动，积极参加各级各类的创新创业竞赛，如"挑战杯"创业计划大赛、"互联网+"大学生创新创业大赛等。在学生参与竞赛的时候，高职院校可以安排专职教师进行全程跟踪指导，在实践活动中鼓励学生敢于创新、踊跃创新，提高其创新精神和创新能力，并将学生参与的创新创业实践活动或竞赛的获奖情况按比例纳入学分考核标准中。同时，在学生接受创新创业教育的过程中，提高其检索、申请和应用专利的能力，是提升创新能力的重要途径。鼓励学生与教师积极互动，实现思维创新、技术创新。

第九章　高职院校电子商务专业师资队伍建设探讨

优秀的师资队伍是高职院校发展的主要推动力，教师综合素质的高低决定了高职院校人才培养的质量。高职院校电子商务专业师资队伍建设作为高职院校专业建设的任务之一，承担着建设高水平职业院校的重任，是高职院校蓬勃发展的强劲动力，能够促进高职院校可持续发展。本章分为高职院校电子商务专业师资队伍建设总体要求、高职院校电子商务专业师资队伍建设基本策略两个部分。

第一节　高职院校电子商务专业师资队伍建设总体要求

一、高职院校师资队伍建设目标

师资队伍主要是由教师独立个体所组成的教师团体，一般由教师个体的专业结构、学历结构、年龄结构、职称结构以及薪资福利情况等方面构成，师资队伍建设的目的是通过多种方式优化教师队伍的数量、结构和质量，以适应学校的发展特点。由于学校规模、层次、专业特色、发展方向等方面存在较大差异，尚没有统一的规则和要求。师资队伍建设是教育事业发展的核心，是学校可持续发展的保证，是高等教育改革与发展的重中之重。师资队伍建设归根到底是要发现人才、善用人才、留住人才，尽可能满足人们的意愿，充分调动人才的积极性，发挥其才干，为教育发展贡献力量。高职院校师资队伍也有特殊的职业要求，既要具备专业知识又要有实践经验，主要目的是培养生产、服务、管理等各行业所需要的、理论知识"够用"、实践技能过硬的一线专门人才。

师资队伍的建设主要从"双师型"教师出发，增强与行业企业的链接度，吸收聘请来自企业的兼职教师，通过"政、校、企、行"四方共同组成专兼职教师队伍，鼓励教师通过学术交流、继续培训等多种方式开展教师的继续教育。教师团队建设要从提升专业教师团队的核心竞争力出发，打造一批专业水平过硬的学科带头人，发挥他们的带头作用，创建良好的团队效应，此外还要依靠行业企业吸引一批技术先进的专家，组成"双师型"教师教学队伍，提高教师服务行业企业的能力。专业师资队伍的建设首先是由具备先进教育理念、国际视野以及专业理论过硬的教师进行课程开发，打造专兼职教师，重视学科带头人的培养，制定相应激励措施，要从强化团队建设出发，构建老中青教学梯队，通过搭建教师合作交流平台，加强教师间的合作交流，提高教师能力；培养打造好学科带头人并且建立有效的教师激励制度，促进教师的专业能力提升，提供环境氛围与制度保障，此外还要聘请一线专业技能人才组建真正的"双师型"教师队伍。

高职院校明确提出了"强化党建，打造高水平的双师团队，提高校企合作服务水平"的师资队伍建设目标，高水平双师队伍建设的方法如下。

首先，培养数量充足、结构合理、水平高超的"四有"好教师。这里"四有"好教师是为培养社会主义事业的建设者和接班人做贡献的好教师。教师数量充足，是指学校的教师和学生的比例达到教育部规定的比例，最好是能够优于教育部规定的比例，向世界顶尖学府的生师比4：1的优秀比例靠拢。结构上体现为科学合理的年龄分布、职称分布、学历分布、双师比例。高水平教师掌握的专业知识越多，各方面的综合能力也越强，为人师表的榜样力量越强大。"双师"结构合理，培养出的人才更能满足社会、国家对人才的需求。水平高超，是指教师具有高超的技术技能，教育教学的方法和手段都能紧跟时代潮流，符合时代的发展，教学质量高。

其次，做好专业建设带头人、骨干教师和技术技能大师的建设。这里明确了师资队伍建设的类型，师资培养是培优的过程，目标是培养具有高教性与职教性特点、专业能力与实践动手能力俱佳的高职教师。集学校与社会的人才资源于院校，建设优秀的师资队伍。

再次，聘请行业企业领军人才、大师名匠兼职任教。兼职教师的管理体现为从行业企业中进行人才招聘。

复次，创新教师评价激励机制，构建以绩效管理和目标考评为重点的教职员绩效工资动态调整机制，以促进教职员工多劳多得、优绩优酬。这一点，强调的是对教师的评价，通过创新评价方式和模式，以能力、绩效为导向，优化评价教师的方式，使得评价教师的机制更加合理、高效。

最后，建立健全教师职前培养、入职培训和在职研修体系。这里强调的是关于教师的专业发展，既要从职前培养开始，又要在入职时和入职后进行培养，在学校要建立教师发展中心，根据学校的特色和现实情况，对教师展开培训，在教师发展中心展开校本培训。

二、高职院校电子商务专业师资队伍建设要求

（一）强化自我专业发展意识

高职教师要强化自我专业发展意识，首先要树立正确的职业理想。每个高职教师都应该具有强烈的责任意识，依据自身具体情况树立远大的职业理想。职业理想表现了高职教师对本职工作的热爱，同时它具有维持工作积极性、强化专业动机发展的作用。正确的职业理想是高职教师职业生涯发展的灯塔，对职业发展的主体起到了约束作用，鼓励其通过学习，增强自身的电子商务专业知识储备，为自身社会尊严和价值的体现提供精神引领。通过树立职业理想唤起高职教师强烈的职业认同感，激励其终身学习，通过持续的认识与实践促使高职教师主动反思、客观分析，达到奋斗不止、追求不止的教育境界。在树立正确的职业理想的基础上，对教师专业发展的理论进行研究分析。只有电子商务专业发展理论知识与职业理想相结合，才能使知识、观念和价值观与实际环境相结合，达到认识自我、分析自我、评价自我的目的。根据高职教师专业发展理论，把握关键要素，制定出合理可行的专业发展方案，对之前的方案进行修改和调整，增强高职教师的专业感、责任感、自豪感和自信感。树立电子商务专业化意识和观念，科学严格要求自己，对自身职业发展有一个更清晰理性的认识。全面系统的理论知识是发展规划的基础，在制定高职教师发展规划时，需要认清所处职业环境、重视发展机会、选择合适的行动策略并采取行动。电子商务职业环境既包括年龄专业等自身基本条件，也包括学校和社会所能提供的专业发展机会等外在资源环境，包括教学方法研讨、课程开发、师生关系提升以及职务晋升等发展机会。在确定目标时，要做到循序渐进，可以先制定一个符合近期发展状况的小目标，在完成的基础上进行目标的扩大化，达到长期发展的效果。在规划的最后，需要制定出一个为了完成规划所作的策略，这个策略没有固定的标准，但是必须基于自身实际情况和各种环境要素。所有策略都不可能是完美无缺的，在具体实施过程中要依据高职教育的目标对策略进行修正和调整。在实行高职教师的发展规划的过程中，教师要做到及时评价和反思，与目标作对比，做出适当的调整和完善。

人本主义学家马斯洛认为："这个新自我的现实化意味着感受的深度和广度逐渐增加，被感受的潜能越来越有深度，感受的范围越来越大。"自我专业发展意识的增强会大幅提高高职教师自我成长与发展中的自我价值感、自我满足感、自我信赖感。高职教师电子商务专业发展意识不同于依赖政策制度的外在变革途径，其作用的主体和客体都是高职教师，通过对自身意识的管控，将教师潜在的发展能力转变为真实存在的教学能力，贯穿"实践—反思—更新—实践"的高职教师电子商务专业发展路线。教师电子商务专业发展意识是高职教师从一名新手教师发展成为电子商务行业专家型教师的内发动力，是自我成长与发展的经验整理与融合的催化剂。

（二）践行终身学习理念

践行终身受用的学习形式——终身学习，完善科学有效的师资队伍建设长效机制，紧跟中国教育教学改革步伐，不断优化师资队伍，全面提高教师的职业教育素养、专业理论水平与教学能力。高职院校的教师，直接面向社会企业的用人需要培养人才。企业行业在经济的带动下，所发生的变化日新月异，所需要的技术不断迭代更新，作为集理论知识与实践技能技术为一体的职教教师，他们最应该做的，就是洞察电子商务企业行业的生产需要，不断地更新自己的电子商务专业知识与技能储备。虽然不能强制要求教师的电子商务专业知识与技能先于电子商务企业行业的需要，但是对于电子商务企业行业出现的问题，教师经过时间消化后，应该能够提出解决问题的策略，并且将这种电子商务专业新知识、新技能传授给学生，唯有如此，培养出的学生才能适应社会的需要。不被社会淘汰，践行终身学习理念是高职教师的为师原则。

（三）适应"互联网+教育"模式

在这个大数据发展迅速的信息社会，各行各业都依托网络平台进行改革升级，教育也应该借助巨人的力量，督促自身的升级换代。线下的教师培训受到时间、距离的约束，加上学校教育教学任务繁多，教师的自我提升受到限制。随着"互联网+教育"的出现，教师在工作之余，凭借互联网提供的便利，能够走到哪里学到哪里，且有更多的知识可供学习，使得学习内容多样化。教师的终身教育也可以借助"互联网+教育"实现。"互联网+教育"是适应时代变化而产生的新型学习手段，教师应该积极适应这种模式，充分发挥主观能动性，树立终身学习理念，不断地完善自我。

从整体上看，高职教师在线教学能力整体处于中上水平，但进步空间仍然巨大的。面对教育的改革与创新，高职教师在线教学能力还不能很好地适应当前的新形势，教师在线教学能力还有待提高。

教师在线教学能力包括在线知识素养，如在线教学理论知识、职业教育专业学科知识、教育技术知识、开展在线教学过程中如何处理突发情况的知识等。针对这方面的不足，可以着重提高高职教师在线教学专业素养。从教师自身层面看，电子商务专业知识与能力是高职教师必备的在线教学核心素养，专业知识与技能是开展在线教学的基础，扎实的专业技能知识能够更好地吸引学生，让学生感受到在线学习也能够学得很好。古代对教师的形象要求便是"学富五车""才高八斗"，随着时代的发展，对教师要求还有"学高为师、身正为范"，电子商务专业知识与技能是教师立业之基础。高职院校要注重教师的成长与发展，在电子商务专业发展过程中花费更多的时间对教师开展培训，提供高质量教师职业培训项目。教师团队方面应形成电子商务专业知识共享与竞争的良好氛围，团结协作、互帮互助。

教师要想提高电子商务在线教学专业素养，可以着重从以下几方面准备：一是学习电子商务专业在线教学知识，关注与在线教学、职业教育相关的知识，了解高职院校电子商务专业教学动态与政策。二是积极参与电子商务专业教学研究与教学培训，在日常的工作中积极反思，针对不足进行教育研究与教学培训，具有针对性地提高自己的在线教学专业素养。

高职院校应努力改善高职教师在线教学的软件与硬件环境，从源头避免在线教学中断等突发情况的产生。在线教学工作软件环境与硬件环境是影响高职教师在线教学能力的一个重要因素，因此，以改善高职教师工作软硬件环境为着力点，逐步提升高职教师在线教学能力。首先，在在线教学软件环境方面，需要规划高职院校在线教学平台，在线教学平台是高职教师完成在线教学工作的软件支撑，当前在线教学平台是比较普适的平台，普通大众、高等教育本科以及研究生等都可以使用，常会出现"网络拥堵"现象。将在线教学平台专用化，将在线教学流量分散开，规划高职院校专用在线教学平台、职业教育专用平台、高职教育专用平台，从侧面减少"网络拥堵"问题。其次，统筹优化在线电子商务专业教学资源，完善高等职业教育在线教学资源为高职教师在线教学提供有效辅助，将高质量在线教学资源上传到统一的高等职业教育电子商务专业在线教学平台，为教师节省选择资源的时间以及备课时间，教师可以根据已有的优质在线教学资源，结合高等职业教育教学内容进行设计与完善。最后，在统筹优化电子商务专业在线教学资源方面：第一，保障课程资源与教材更新同步，平台及时更新课程资源；第二，对于优质的教育资源创作者，平台给予鼓励与支持，在一定时期内评选优质教育资源，优秀教师可以在平台分享自己的优质教育资源；第三，改进硬件环境能够提升电子商务专业在线教学优势，调查研究发现，学校所处地区会显著影响教师在线教学能力。高职院校在硬件设备上已经配备了4G、5G网络，5G网络相比4G网络具有高速度、低时延等诸多优势，这也能看出硬件设备对电子商务专业在线教学的影响，因此优化在线教学硬件环境势在必行。在线教学硬件环境包括电子商务专业在线教学基础设施设备、电子商务专业在线教学服务终端设备、基础网络设施设备等基础设施。

优化在线教学硬件设备的措施：第一，强化国家主导、学校参与、企业协同的方式，国家给予一定财政支持，学校参与教育信息化优化行动，企业协同完成高质量硬件设备配置与研发，在社会的支持下，打造更优质的电子商务专业在线教学硬件设备。第二，及时维修与检测在线教学硬件设备，及时对在线教学硬件设备进行更新与维护，发现问题及时解决。第三，加强家庭在线教育基础设备建设，尤其是农村偏远地区。

（四）树立自我反思的意识

20世纪80年代，"反思"的概念由国外学者引入教育学领域，至此，教学反思引起了教师的重视。高职教师的反思指的是高职教师作为教师专业发展的主体，为了提高高职教育能力，通过主动质疑改进教学方法，达到教学技能提升的效果。高职教师教学反思的内涵是高职教师通过对自身教学工作进行批评性的自省、思考、探索与评价，回顾和诊断自身在教学实践中的现状和问题，从而达到提升自身教学效能和教学效果的过程。

高职教师的自我反思指通过自我监控、自我批评、自我调适、自我建构，促进教师专业成长，使其达到可持续发展的目的。高职教师的自我反思不但方式多样，内容也十分丰富，既包括高职教师的课堂教学，也包括高职教师的教学观念和职业道德。高职教师的自我反思意识具有实践性、过程性、验证性、主体性和发展性的特点。高职教师的自我反思意识是自发、自主和自律意识，在实践过程中验证自身作为高职教师的业务水平是否合格，理论素养是否标准，职业敏感度是否强烈的过程，这个过程需要通过高职教师的意识期、思索期、修正期形成一个由成功到失败，由感性到理性，由实践到理论，由经验到规律的高职教师专业发展历程。

在教学实践中，教师需要对自身的电子商务专业教学经验进行剖析和研究，这个过程对于高职教师而言就是自我反思的过程。与解决其他问题一样，高职教师的自我反思意识包括五个环节，分别是从特定高职教学情境中发现问题、具有自我批判性的分析问题、从自身角度寻找对策、兼具理论和经验性的提出和验证假设、形成具有参考和借鉴价值的理论。高职教师自我反思是同时具备理论性和实践性的提升其专业发展的策略途径，在反思的过程中，教师会产生新观念并做出具体的改进行为。

高职教师自我反思的途径有三个：第一，自我对高职电子商务专业教学进行反思。作为反思的主体，高职教师可以在平时的电子商务专业教学中撰写反思日志，回顾日志的过程就是自我反思的过程。新时代背景下，教师可以利用自身对电子产品了解的优势对自身进行电子商务专业课堂教学实录，通过回放，了解自己的教学短板，还可以观看电子商务行业优秀高职教师的课堂实录，对比自身课堂实录，和同事领导共同讨论教学方法。20世纪三四十年代，西方一些学者尝试让"行动"（参与实际活动的实践工作者）与"研究"（从事学术研究的专家等专职人员）共同研究解决问题的方法，后来这种解决问题的方法被称为"行动研究"。这种解决问题的方法同样适用于高职教师的自我反思，高职教师通过学习电子商务专业的理论知识，将其带入电子商务专业实践教学工作中去，不断对电子商务专业实践教学进行审视、质疑、批判，进而改进高职教育教学观念。不论什么样的自我反思途径都需要遵守真实性原则并持之以恒。第二，通过学生进行反思，了解学生关于电子商务专业课堂教学的真实体会和想法，也可以通过学生的作业、测试和考试对自身的教学进行反思。第三，通过同行进行反思，这里指的同行不仅包括院校同事，还包括电子商务专业带头人、学科带头人、企业职工等对高职教育教学有帮助的群体。通过观摩优秀高职教师的电子商务专业课，与同行进行分析和交流，双向互助促进教师自身电子商务专业能力的提高。通过教学研讨交流协作，进行教学反思，形成良好的研讨氛围，有助于自身专业能力的提高。自我反思意识的加强，可以增强高职教师自身的教育责任感，通过寻找问题、探究问题、解决问题的形式对反思后的电子商务专业教学问题进行解决。高职教师具有自我反思意识，可以增长高职教学智慧，通过反思可切身体会到外显的倡导理论与内隐的应用理论的不匹配之处，结合电子商务专业实际教学情景与社会期待，思考对教学效果有益的教学行为，进行有针对性的改进和加强。高职教师具有自我反思意识，可以提升自身的教学效果，通过再认识和再研究，发现促进自身专业发展的新方法和新策略。

(五)具备"双师型"教师的能力

第一,基本教育教学能力,具体包括以下五方面。一是道德教育能力,高职院校"双师型"教师应该具备为人师表的基本能力和道德教育能力,可根据高职思政教育的特征,以"三全育人"为导向,在学术、学科、课程、培训、阅读等方面以习近平新时代中国特色社会主义思想为专题展开培训,包含校园文化创建、文明风采活动设计、团队组织与培育、课外活动展示与推广等内容。二是电子商务专业理论教学能力,对高职院校"双师型"教师开展关于理论教学能力的培训,培训内容应侧重于提高教师运用电子商务专业理论和教育理论进行电子商务专业教学设计的能力。此外培训内容还要包括丰富的社会文化知识等条件性知识,教育学知识等教育理论基础知识以及全面、厚实的电子商务专业理论基础知识。三是电子商务专业实践教学能力,高职院校"双师型"教师需具备扎实的实际操作能力,故而教师的电子商务职业能力尤为重要。培训内容应以电子商务专业教学方法为基础,符合全国高职院校教学标准,符合全国高职院校技能竞赛和世界技能竞赛的技术技能要求,还应以改善电子商务专业教学行为和更新课程知识为目标,通过运用先进的信息技术,学习国外先进的教育理论和教学方法。四是课程建设能力,提高制定电子商务专业课程标准的能力对提高教师的电子商务专业课程建设能力具有重要作用。因此培训必须包括电子商务专业课程标准的相关内容,还应包括促进教师熟悉国家职业教育教学标准体系的内容以及编制和实施人才培养计划和教学计划,编制和使用新的活页教材和工作手册教材,研究和实施模块化教学模式,组织和实施电子商务专业实践教学,实施和改进电子商务专业教学诊断,评估电子商务专业教学质量等内容。五是电子商务专业教学评价与反思能力,高职院校专业教师要重视电子商务专业教学评价和反思培训等内容,围绕评价观念现代化、评价主体多元化、评价标准多维化和评价体系全面化系统展开。

第二,电子商务专业知识能力。鉴于高职院校"双师型"教师应具备专业知识、技术、职业指导方法和就业指导能力,培训内容应主要包括电子商务专业课程开发与建设、电子商务职业(专业)技能、电子商务职业技能水平标准、电子商务职业教学标准,还应包含电子商务专业人才培养计划的改革及发展、电子商务专业升级和数字化转型、电子商务职业技能等级证书与电子商务专业课程的整合、教学方法模块化以及职业技能等级考核等内容。

第三,电子商务专业实践操作能力。针对高职院校"双师型"教师应具备的实际操作能力，培训内容要包含电子商务专业实践案例解析与经验分享，创新、包容心、同理心、好奇心的修炼，结构重构、移植借鉴、洞察力及创新思维的训练，资源整合能力、沟通说服能力的训练等。此外，开展电子商务行业需求调研的能力也特别重要，一是了解电子商务专业升级和数字化转型、课程改革和教学实施、校企共建数字化教学资源研发及教学科研实践能力；二是要熟悉电子商务企业先进的工作流程和技术标准，锻炼技艺技能、传承与创新传统技能；三是了解电子商务企业最新的生产模式、工艺流程及发展趋势，熟悉相关岗位的实践操作规范、技能标准要求、用工具体标准、组织管理制度等，学习企业生产实践包含的专业知识、专业技术、专业工艺、专业材料、专业设备和专业标准等。

第四，电子商务专业应用型科学研究创新能力。电子商务专业应用型科学研究创新能力的基础是课题研究能力，应用型科学研究离不开创新，因此技术改进或创新能力不能忽视。高职院校"双师型"教师的应用型科学研究创新能力的培训应包括新技术、新技能、新工艺、新规范，电子商务专业建设与数字化技术融入，课程体系构建，教科研团队组织与培育，产学研协作开发等内容。

第五，创新性思维能力。在培训中，应多方位培养教师电子商务专业教学能力以及创新能力。要提高高职教师的创新性思维能力，首先，要建立完善的管理制度，保证电子商务专业创新性教学活动的实施。其次，加强对高职教师电子商务专业创新性教学方法的培训，搭建创新性教学平台，指导和帮助高职教师开展电子商务专业创新性教学研究，促进教师创新性教学能力的切实提高。例如建构本校专属在线教学平台，在平台发布优质的具有创新性的电子商务专业教学课程，供教师学习提升。再次，建立创新的教学激励机制，调动高职教师进行电子商务专业创新性教学研究的积极性和主动性。为提高高职教师在线电子商务专业教学实践和在线教学服务能力，高职院校应加强与当地企业的合作，鼓励高职教师深入企业进行调查研究，跟进当前电子商务专业前沿教学，开展社会调查。教师敬业、乐业的态度在工作中是非常重要的，也是影响教学积极性的重要因素。教师要更加深刻认识自己，满足马斯洛需求的五阶段，不仅仅关注工作的保障，也要关注社会与自我实现的需要。最后，可以增强教师职业适应能力，使其掌握心理调剂技巧，适当放松等。

第六，社会服务能力。作为高职院校的专业教师，面向社会开展技术培训的社会服务能力不容忽视。因此，有必要开展新技术、新工艺、新方法的技术咨询和培训，具体包括能够有效促进电子商务专业科研成果推广转化的知识，电子商务行业企业的技术需求，特别是中小企业、农村发展所需的技术支持和项目支持等内容。

第二节 高职院校电子商务专业师资队伍建设基本策略

一、提升师资队伍素养

（一）提升师资队伍的职业素养

2019年《国家职业教育改革实施方案》提出办好职业教育活动周和世界技能日宣传活动。这就要求社会对职业教育进行宣传，突出展示社会上一些高素质劳动者的光辉事迹与优秀形象，提高社会公众对职业教育类型的认知，营造适合高职教师发展的环境。第一，整合社会各层面进行职业教育宣传。政府的宣传部门、省部级传媒单位、社会各类民间公益组织等，都可以积极宣传职业教育。政府宣传部门可以及时宣传最新的职教政策，及时推广职业教育活动与职业教育先进事迹；省部级传媒单位可以根据上级的指示，根据各地的实际情况，开展宣传工作；社会各类民间组织是最了解本地情况的团体，可以走进高职院校深入了解情况，挖掘当地职业教育事迹，弘扬大国工匠精神，可以通过荧幕、报纸、网络等多种形式把职业教育的优势普及给大众，营造一种良好的社会风气。第二，站在民众立场选择宣传内容与方式。让广大民众理解职业教育的内涵、对职业教育有正确的认知、支持职业教育的发展，这样才能使宣传的效果更加深入与全面。在内容上，职业教育宣传首先应该坚持社会主义核心价值观，在正确价值观的引领下宣传高职院校自身特色与促进区域经济发展的优势，让民众对职业教育有更深层的理解；在方式上，可以用广大群众能够接受、乐于接受的简单易懂的方式去呈现高职院校电子商务职业教育的成果、模式、系统等，并且不能只停留在认知层面，还必须深入影响民众的情感、态度，进而转化为实际行动，不仅要让人们明白职业教育的基本模式，还要让人们愿意接受并主动投身职业教育。

学校管理与帮扶并举，增强职业归属感。第一，开展电子商务职业认知培训。入职培训可以让新教师明确自己的使命和身份，让教师充分理解高职教育、高职学生的特点，使教师完成从学生到教师身份的快速转变。学校的领导可以及时与新教师进行沟通，指导教师合理安排自己的生活与工作，避免发生角色冲突。新教师要及时、深入分析自己的性格与电子商务职业兴趣等，培养对高职教育的热爱与认同感，树立正确的电子商务职业观念。第二，建立"以老带新"的导师制。让电子商务专业教学、实践经验充足的教师引领新教师发展，在工作中，给予他们教学方式和教学思想的指导；在生活中，给予他们力所能及的帮助，让新教师不仅能够快速掌握良好的教学方法，还能感受到高职院校生活的温暖，有效解决新教师入职初期的众多困惑，帮助他们快速适应高职环境，以更好的热情与信心投入高职教育事业。新入职教师也应主动协助老教师处理一些工作，在减轻老教师压力的同时，也适应了环境，从中感悟高职教育"做中学、学中做"的理念，进一步明确自身的角色定位。第三，给予教师个性化的人文关怀。根据人的全面发展理论，学校在关注教师的专业知识技能的同时，还可以通过一些讲座、咨询、检测等让教师了解心理健康方面的相关知识，对自己的心理健康进行自我检测，指导他们树立健康、正向的生活观念与工作观念，及时排解自己的负面情绪，体验工作带来的愉悦感，使教师的各方面都得到发展。学校应了解教师的日常生活，如住房状况、经济条件等，对有困难的教师给予生活上的补助，及时发放教师的工资，避免教师因为生活上的困难影响到工作。

教师坚持立德树人的理念，"德技并修"。第一，在师德上，教师要严格要求自己，以德施教。根据教师专业化理论，高职教师要想逐步达到专业化水平，需要严格要求自己。首先，高职教师应该热爱高职教育事业，树立崇高的职业理想，认真履行教育教学职责。其次，高职教师要严格规范自己的言行，符合基本行为规范，真正做到以德施教。同时，高职教师要严格要求自己的生活纪律，在课堂内外要言行一致，严格遵守师德师风规范，为学生树立表率。第二，在思想上，教师要永葆政治情怀，加强思想政治理论学习。高职教师要拥护党的领导，认真学习马克思主义中国化相关理论知识，及时学习并贯彻党和国家的方针与政策，提高自己的政治觉悟。高职教师应该充分挖掘红色资源的时代价值，认真了解其科学性和先进性特质，深入剖析红色资源的精神，树立坚定的理想信念，使红色精神扎根于自己内心的深处。同时，高职教师应以社会主义核心价值观为引领，严格遵守政治纪律，做一个作风正派、纪律严明的好教师。第三，在电子商务专业教学中，教师应在教学、实践中投入更多的精力，主动去寻找电子商务专业教学的新方法，主动追求卓越。高职教师应该要求自己在电子商务专业教学方面精益求精，从中找到电子商务专业教学实践的乐趣，在教育教学中感受职业荣誉感与归属感，从而激励自己不断取得更大的进步。

（二）提升师资队伍的专业素养

教师是提高学生专业核心素养的关键，教师的教学能力和水平决定了学生核心素养的发展程度，只有教师教学能力和水平与学生发展相匹配才能符合教学要求。

教师需要具备丰富的电子商务专业相关知识。教师只有掌握扎实的专业知识，才能更好地对教学内容进行设计。例如，在"电商实务"课程中，对"卖家建店发布新商品"这节内容进行模拟，首先需要熟悉网址和 IP 地址，其次课程的重难点在于：一是强调商品的分类，二是新商品的发布，三是批量发布新商品。针对这节课的重难点，高职专业教师不仅需要对计算机有熟练的操作能力，也需要对商品有一定的了解，为了使教学达到较理想效果，任课教师要不断提升自己的教学能力与水平。

（三）提升师资队伍的信息素养

加快基础设施建设，把握互联网发展机遇。高职院校应该积极利用虚拟现实产业发展的优势，全力推动信息技术与电子商务专业教育的深度融合，为高职教师提供良好的信息化基础设施，为教师信息素养的提升提供一定的物质保障。第一，配备应有的硬件资源。高职院校应该为教师提供一个完善的多媒体教学环境，如多媒体应用中心语言实验室、试听阅览室等数字化场所。学校还应该根据部分电子商务专业发展的需要，引进虚拟仿真实训基地，避免在真实工作环境下危险情况的发生、防止耗费大量人力和物力资源。第二，配备相应的软件资源。高职院校应该根据本校的实际情况，配置电子商务专业实用教学实训软件、远程互动系统等，供教师在电子商务专业教学中使用，这样不仅能节省教师的精力，提高教师信息技术与教学整合的能力，还可以有效提升学生的学习兴趣，使学生也愿意积极参与到电子商务专业课堂中来，加强与教师之间的互动，从而提升电子商务专业教学效率。高职院校可以引进一些知名的、适合本校发展的职业教育类的数字化教学资源，使本校的电子商务专业数字教学资源库得以更新，也使本校的教师有更多的学习机会。这样教师就可以结合自己的需要到学校数据库中寻找学习资源，可以有效促进电子商务专业教学模式的创新等。

开展信息技术培训，提高教师信息技术水平。加强对高职教师信息技术的培训，让高职教师感受到信息技术应用于电子商务专业教学的实际好处与便捷，有利于高职教师主动使用信息技术，完成信息技术与电子商务专业课堂教学的融合。第一，进行信息意识的培养。要实现信息技术与电子商务专业教学的真正融合，高职教师发挥了不可替代的作用，在信息技术培训中，要让教师认识到信息技术手段的应用对电子商务专业教育教学创新的重要作用。信息技术的发展为高职教育改革提供了崭新的发展环境。通过学校的信息技术培训，教师要树立起正确的信息意识，主动学习与信息技术有关的理论知识和实践方法，提升自己的信息素养，为学生提供一个良好的信息学习环境。第二，要进行信息应用能力的培训。高职院校应根据本校的实际情况、教师对信息技术的掌握情况展开培训，对电子商务专业教学培训内容、形式等进行精心的设计。首先，让所有教师都能够利用信息资源独立完成备课、授课、课后训练等，让教师熟练使用计算机、扫描仪、投影仪，解决教师在使用办公软件时经常出现的问题。其次，对基本的检索和获取信息方法进行培训。通过培训，高职教师应该能够在有限的时间、有限的条件下检索到电子商务专业教学、科研工作所需的有效信息。最后，对信息技术与电子商务专业课堂教学设计的基本理论与实际应用能力进行培训，让高职教师既能掌握信息技术，同时也能将信息技术合理、熟练地运用于电子商务专业课堂教学中。

　　加强信息技术应用与反思，改进教学行为。第一，高职教师要加强信息技术应用。高职教师应及时更新自身的信息意识，使之与时代发展相契合，主动运用多渠道的网络资源来拓展自己的教学思路，真正实现电子商务专业教学方式和手段的改变。高职教师应学会将自己收集到的信息资源，用于解决电子商务专业教学过程中的问题，让自己的电子商务专业教学思路得到创新，从而更好地进行电子商务专业教学实践。例如，高职教师在学会平台创建方法后，可以创建专门的网络教学社区平台，为学生提供更丰富的网络学习资源，学生可以通过登录教师提供的网络平台，及时下载教师提供的电子商务专业学习资源等。此外，教师应敢于利用学校提供的教学资源或者自己在互联网获取的教学资源，并结合自己的电子商务专业课程进行修改与创新，做到信息技术与电子商务专业课堂的有效整合。第二，高职教师应不断进行信息技术应用反思。教师在尝试应用互联网资源之后，应不断反思自己的教育教学实践，包括是否发挥了信息技术的最大效益、学生是否能够接受新的教学方式、自己对信息技术的使用方法是否合理等。通过不断的教学反思，改进电子商务专业教学实践，指导自己未来的教学，促进自身信息素养与教学能力的同步提升。

二、优化师资队伍结构

　　师资队伍的结构特征是提升教师队伍整体素质和质量需要考虑的重要因素，

一般由显性和隐性两个方面组成。显性方面主要包括教师的年龄、性别、学历层次、职称结构、专兼职比例等整体因素；隐性方面，主要包括教师的道德水平、教学科研水平、传道授业解惑水平以及实践指导的水平。教师队伍结构的显性方面与隐性方面，是一个有机整体，相互影响、相互制约。

拓宽招聘渠道，优化高职教师数量结构。从拓宽教师招聘渠道和充实兼职队伍两个方面来扩大高职教师的增量。高职院校应采用多元化的招聘方式，拓宽原有的招聘渠道，引进兼职教师充实教师队伍。《国家职业教育改革实施方案》中规定，高职院校专业教师原则上从具有3年以上企业工作经历并具有高职以上学历的人员中公开招聘，这就对高职教师的专业性与实践性提出了双重要求。高职院校可以从应用型本科院校中引进具有丰富教学经验的一线教师，保证引进教师的专业性；还可以从电子商务企业中引进具有丰富实践经验的一线技术人员，保证教师的实践性；也可以从电子商务行业协会中引进熟悉行业最新发展动态的专职管理人员。除招聘专任教师外，高职院校也可以通过引进兼职教师来充实教师资源库，在校企共同体企业中有意识地选择符合资格的专家、能工巧匠和指导教师，与其签订稳定的合同，通过优惠政策和福利待遇吸引其成为学校稳定的编外兼职教师，加强专兼职教师间的交流合作，在优化教师结构的同时，将电子商务行业最新技术与发展前沿动态反馈给学校。

为了建设高水平的教师队伍，各高校需要不断拓宽人才引进渠道，以老手带新人、以新人促老手的方式，进一步调整原有的教师结构。现阶段，很多高等院校的招聘侧重于学历这一要素，招聘时大多要求应聘人员至少是博士学历或是具有海外留学经历，较少考虑实践经验较为丰富的高级技术人员或研究生。高职院校职业教育的育人目标一般为社会或企业培养一大批高技术技能型人才。因此，各高校在招聘时应将学历和专业实践能力结合起来进行综合考虑，对于在专业能力和技术应用能力有突出贡献者，可适当降低学历门槛，简化招聘手续，采用考察（考核）方式进行招聘。通过后期的学历提升、职后培训进一步提高学历层次，除此之外，高职院校应在源头上引进电子商务专业能力较强的人才，加大引进力度，引进一大批电子商务专业能力较强的实践型人才，也要在电子商务专业带头人的引进和培养方面加大力度。高职院校在原有师资队伍的基础上，加大实施现代产业导师特聘计划的力度。

"引""育"并举，优化高职教师质量结构。通过增强引进力度，吸引国内外高端人才来提高教师质量，加大对现有教师的在职培养来盘活高职教师存量。针对国内外优质教师资源的"引"，首先，转变社会对职业教育的观念，改变"重科学，轻职业"以及"重理论，轻实践"的思想，加大职业教育宣传力度，让全社会都意识到高等职业教育是应用型的高等教育，其对我国经济发展具有举足轻重的作用，让尊重职教教师、崇尚职教教师成为一种风尚。其次，高职院校要拥有高层次人才引进的自主权，通过政校合作落实高职人才新政，国内外的高端人才可以享受住房、资助、户籍、医疗、社保、子女入学、配偶工作等全方面的优惠政策，满足他们物质上的需求，同时在校内给予引进的人才充分自主权，使其充分享有课程自主权、教学自主权、科研自主权、监督权以及管理权，满足精神上的需求，既可以引进具有丰富理论知识与教学技能的高学历高职称一线教师，也可以引进电子商务企业高级技工、行业翘楚等具有较强的实践指导能力的一线员工或管理人员。针对校内教师的"育"，高职院校要加强对现有教师的在职培育，提升在职教师的整体素养，使校内已有的优质资源得到充分发挥。对在职教师进行培育，具体可以采用以下几种途径：一是提升学历，提高教学技能。从电子商务企业、行业引进的一线员工一般具有丰富的实操技能和较强的实践指导能力，熟悉电子商务行业发展状况和发展趋势，了解电子商务市场需要，能更有针对性地培养学生，但他们缺少教学经验，理论知识相对匮乏，学历不高，因此，对他们的培养侧重于学历和教学技能的提升。二是到企业挂职锻炼，提高实践操作技能。对于刚从学校毕业的学生而言，他们一般具有丰富的电子商务专业理论知识和教学技能，但缺乏电子商务企业实践操作的经验，制约企业实践教学的开展，因此需要安排这些教师到电子商务企业挂职锻炼，实地了解电子商务行业的发展状况，提高自身电子商务专业实践指导能力。

　　校企联合培养，优化高职"双师型"教师结构。通过深化产教融合，加强校企合作，增加"双师型"教师的数量，提高"双师型"教师的质量。产教融合是新形势下高职院校"双师型"教师队伍建设的必由之路，校企合作是"双师型"教师培养培训的着落点，构建完善的"双师型"教师队伍培训体系离不开电子商务行业企业的深度参与。校企深度合作，共享资源，合力搭建"双师型"教师培训基地，为高职院校教师挂职锻炼和电子商务专业技能训练提供岗位和平台，使教师有机会了解生产流程，掌握操作方法，跟踪电子商务行业人才需求动态。根据教师的自身需求，每年开展定期或者不定期的电子商务企业挂职锻炼活动，由企业内高级技术工程师全程指导，为"双师型"教师的质量提供保证。另一方面，校企合作企业派遣企业内具备较强实践操作能力的中高级技术人员和管理者到学校对教师和学生进行实践指导，将电子商务企业工作场景带入课程，充实高职院校"双师型"教师队伍。为保障校企合作培育"双师型"教师的顺利开展，应健全"双师型"教师评价激励制度，在教师职称评审、岗位晋升以及绩效分配中，将企业挂职锻炼作为一项重要考核标准，给予"双师型"教师充分重视。同时，要充分考虑进入学校兼职的企业一线员工的多样化需求，建立客观公正的奖励机制。在高校或是企业遴选专业带头人，在电子商务专业带头人的专业引领下，通过定期开展学术研讨、企业调查和出国进修等方式，以"老"带"新"，调整原有的师资结构，提高电子商务专业带头人和其他教师的教育教学水平。高职院校要充分发挥产教融合的优势，拓宽人才引进路径，推动电子商务企业高层次技术技能人员与职业学校教师之间进行双向动态流动，不断扩充教师队伍，灵活调整原有的教师结构，按标准配齐"双师型"师资。

三、增强师资队伍质量

首先，统一招聘标准。要把好高职师资的质量关，首要的是明确规定高职教师的准入标准。不同的高职学校有不同的特色，但高职院校的专业有很多是重复设置的，高职院校电子商务专业师资招聘要设置标准，只有制定统一、明确的准入标准，才能在教师招聘时，确保招来的人才合乎高职院校电子商务专业建设的人才需求。招聘标准的切实可行，需要多元化的标准制定者来保障。制定者主要是高职学校的教师、电子商务企业专家和职教领域的专家等。唯有多方智囊共同制定，才能使招聘标准更具科学性和实用性。招聘标准的有效实施，必须依靠外力。考虑到当前的教师招聘存在着不同方面的问题，所以应当由第三方公平公正地处理。第三方教育评定组织由我国职业教育人才信息管理中枢、产业技能培训组织、各高职学校协调管理，并协调行业专家、学界专家、资深的"双师型"教师共同参加。第三方评定机构的设立，可以减少裙带关系，使教师招聘更加的透明公开，招来的人才质量大有保障。

其次，构建"过程导向"的教师资格认定机制。当前，我国的职业教育师资格认证依然沿袭高等教育的认证方式，难以体现高职教育的特点。故应对资格认证的过程进行调整，改变以往资格认证的结果导向，转变为过程导向的认证方式。在获取了教师资格证后，教师还要定期地进行教师资格能力审查，与传统的教师资格定期审查不同的是职业教育师资审查需要做检测，检测过关，则可以继续持有资格证，或者根据实践经验的积累，换一个更高层次的资格证书，如果审查检测未通过，那么将进入培训机构进行培训，直至审查通过，这种方式有利于保持教师学习教育教学专业知识的积极性，同时也能提高教师的专业能力。

四、提升师资队伍管理效度

（一）创建教师专业发展平台

高职院校要积极打造电子商务专业教师专业发展平台，应该更加重视教师的专业发展，除了在社会的行业企业内进行培训外，更应该好好在校园内进行教师培养。高职院校应该在校园内建立教师专业发展平台，教师专业发展平台有利于教师在职业生涯的各个阶段都有明确的目标和任务，对自己的目标、任务有清晰的判断之后，教师的日常教育教学和自身学习就能有更准确的方向，教师在职业生涯发展中会更加的专业化。

搭建电子商务专业教师专业发展平台，注重教师的知识和技能的全面发展。教师知识理论水平和实践能力的专业化发展，需要教师有一定的研究能力，并不仅仅是钻研学术和做课题，更应该多总结电子商务专业教育教学方法以及与课程适配的教学方式。

在教师专业发展平台上，电子商务专业教师可以互相交流，教师与电子商务专家也能交流意见和思想，教师之间相互交流，有利于电子商务专业教学效果的提高，专家与教师的交流，有利于提升教师的电子商务专业动手实践能力，有利于教师和专家碰撞出创新的火花，为教师专业的发展提供可能，为教师专业发展增加动力。电子商务专业教师、专家的交流，为电子商务专业日常教学出现的难题提供了解决的办法，更为电子商务行业企业日常生产中出现的难题提供了解决策略。

（二）建立新型薪酬激励机制

薪酬激励机制，既包括了金钱上、物质福利上的外在激励，还包括了培训、沟通、管理、工作环境等间接的软性内在薪酬。高职院校薪资激励机制的设置可以从如下几方面着手。

首先，是薪酬制度的分门别类。高职院校里的教师和行政人员的薪酬需要分门别类，这两类对象的工资应该相互独立，按各自的标准进行制定，但是要把握一个原则，那就是教师，尤其是"双师型"的教师，应该享受更高的薪酬福利待遇，这样才能在高职院校形成一种尊重"双师型"人才的氛围，才能通过环境影响教师，使得高职院校的教师提高参加培训的积极性，不断督促自己提高自身素质，向高水平"双师型"教师发展。行政人员的薪酬，则与行政人员的管理水平及论文科研的成果挂钩。相对于任课教师来说，高职院校的行政人员平常可利用的时间更多，那就可以把时间充分利用起来，为学校的管理层和科研做贡献。

其次，采取短期和长期的激励政策。短期的就是以基本工资加上各种奖金、绩效等。长期的就是利用学校的经费给教师额外增加福利，提升高职教师的幸福感，使其对学校的黏性更强，有利于打造一支稳定的师资队伍。

最后，使薪酬激励机制内外联动。薪酬物质上的奖励是外在的条件支持，而培养培训、沟通、管理、工作环境等，应作为内在的软性支持。在对教师的培训上，加大对教师电子商务专业技术技能的培训，以促使教师的技术技能得到提升，这样有助于增强教师的电子商务专业教学自信心。在与教师的沟通交流上，多给教师情感上的关注，多与教师交流，多和教师了解教育教学中的实际状况，了解教师的需要，给教师适当的关怀。在教师的管理上，以人为本，彰显人文关怀，多构建人性化的管理机制。在教师的工作环境上，营造自然舒适的校园环境，营造出使人奋发向上的良好校风。这样薪酬激励机制的内外两者结合，能够发挥薪酬激励机制的最大作用。

五、提高师资队伍培训效果

（一）构建多元师资培养和培训机构

高职师资的培养培训主体可以是专门设立的培养高职师资的师范院校，其办学的主体可以是政府机构，也可以是行业、企业和私人，根据目前高职院校师资紧缺的专业，结合高职师资队伍建设的经验，再加上电子商务专业师资队伍建设的新要求，综合教育界的专家、电子商务行业内的大师、电子商务企业的意见，制定出电子商务专业课程标准和专业实践操作标准，培养"双师型"教师。

社会领域里的电子商务行业与企业开展教师培训，是"双师型"师资培训的一个必然过程，当然，电子商务行业企业也可以委托社会培训机构，对教师进行职前、职中、职后的培训，由行业内的专家担任导师，进行电子商务专业技术技能的传授，攻克实际操作中遇到的问题，提高高职教师的综合素质。行业、企业培训招收的学员范围广泛，可以是刚毕业的师范类院校的大学生，也可以是工作了多年的高职院校教师，充分利用学校、社会的力量，既能补充知识，又能冲刺拔高。

（二）组建师资专业化综合培养体系

师资专业化，要从师资专业化委培对象、师资专业化的方向、师资专业化的能力这三方面展开。师资专业化委培对象是学校、培训机构、行业及企业。高职院校师资专业化的方向是高教性与职教性。师资专业化的能力是专业知识的学习能力和实践技能的运用能力。只有在这三方面都做到位，师资专业化的综合培养体系才能发挥其应有的作用。

（三）强化校企共育

高素质"双师型"师资队伍的建设，需要充分发挥产教融合、校企共育、工学结合的育人机制。高职院校具有高教性和职教性的特点，培养出的人才应具有丰富的专业知识和高超的技术技能。电子商务专业人才培养的目标与社会、行业、企业紧密联系，培养的人才可以与社会上的电子商务专业岗位需求无缝衔接，提高人才适配性。这对任教教师的素养要求与普通高等教育对教师的要求有很大的不同，高职院校教师接受的培训、学习的专业知识更独特，既要有丰富的电子商务专业知识，又要有高超的实践技能。

校企共育的机制，应在高职院校深入运行，强调在学校场域和电子商务企业场域进行教师培养。在学校场域强调提高教师教育教学的能力，在电子商务企业场域则强调培养教师动手实践操作的能力。校企共育的机制，有利于提高高职院校"双师型"教师的教学能力，有利于企业减少用人成本，有利于拓展教师的招聘途径，有利于提高高职教师的综合素质。

应该继续保持双元育人的模式，发挥校企合作的优势，不断解决校企合作中的困难，充分利用校内资源和企业内部的资源，不断地整合资源，促进资源的合理配置，促进教师在双元模式下快速高质成长，不断优化高职的师资结构，提高高职教师的质量，提升高职管理效度，完善师资培训系统。

六、完善评价机制

完善机制不是最终目的，通过机制的不断完善，持续提升教师的教育教学能力和教师的综合素质才是目的所在。教师发展机制的完善应该遵循可行性原则，教师发展评价机制的实施原则是公平、公正和公开。

对于高职教师的发展评价机制，其评价的标准应该规范，评价的主体应该多元，评价的对象应该客观。教师发展评价的标准应该与时俱进，并且能够充分反映高职教育的特性。也就是说对高职教师的评价要充分考虑高职教师在电子商务专业学术领域的贡献以及教师在电子商务专业教学环节的实践、动手能力的贡献，唯有如此，才能完善教师发展评价机制，促进教师的发展。

高职院校的教师，有的是行政坐班教师，有的是专任教师，还有的是兼任行政岗和教师岗的教师。教师的工作任务不一样，评价他们时使用的评价指标也不一样，应该分门别类地依照合适的评价指标进行。

评价的指标可以分为电子商务专业教育教学能力、专业理论知识、专业实践操作能力、职业道德水平等，对这些指标的运用应该从高职院校教师岗位的实际情况出发。评价主体应该多元化，而不仅仅是由校领导做评委，参评对象和第三方人员都应该出现在参评现场。公平起见，参与评价的应该是第三方组织，由第三方组织进行第一次评价，然后再由相关院系的领导与教师进行二次评价，这样能极大地保证对教师评价的公平性。

参考文献

[1] 宋文官. 电子商务专业教学解决方案与实践教学案例 [M]. 北京：高等教育出版社，2008.

[2] 王鑫，王华新. CDIO 重塑高职电子商务专业教学 [M]. 北京：北京理工大学出版社，2012.

[3] 陈月波. 电子商务实务 [M]. 北京：中国人民大学出版社，2018.

[4] 袁江军. 高职电子商务专业人才培养系统工程 [M]. 杭州：浙江工商大学出版社，2013.

[5] 李华. 高职电子商务人才培养的研究与实践 [M]. 北京：中央编译出版社，2021.

[6] 焦世奇，夏正晶，王如荣."双高"建设背景下高职院校电子商务高水平专业建设 [J]. 教育与职业，2020（22）：101-104.

[7] 王刚. 大数据环境下高职院校电子商务专业课程建设思路分析 [J]. 信息记录材料，2020，21（09）：63-64.

[8] 赖玲玲."互联网+"背景下高职电子商务专业实践教学改革研究 [J]. 职业教育（中旬刊），2020，19（07）：12-15.

[9] 梁根琴. 基于产教融合的高职电子商务专业建设研究 [J]. 国际公关，2020（03）：143.

[10] 徐雪羚，焦世奇. 关于提升高职电商创业人才培养质量的思考 [J]. 河北职业教育，2021，5（06）：32-34.

[11] 蔡正焱. 基于校企合作的高职电子商务专业建设研究 [J]. 哈尔滨职业技术学院学报，2021（06）：45-47.

[12] 周李华，姜蕾. 协同创新理念下电子商务专业实践教学研究：以 ZS 学院电子商务专业为例 [J]. 商场现代化，2021（20）：56-58.

[13] 张敏，孙礼辉，何兴旺. 基于"1+X"证书制度的高职电子商务专业建设探索 [J]. 现代商贸工业，2021，42（29）：154-156.

［14］康科.双元协同育人视角下的高职电子商务专业群人才培养模式探索：以襄阳职业技术学院为例[J].襄阳职业技术学院学报，2021，20（02）：45-48.

［15］张莹.电子商务专业建设创新实践研究：以吉林工程职业学院专业建设为例[J].中国管理信息化，2021，24（08）：83-84.

［16］崔振裕.高职电子商务专业校企合作的现状、问题及改进措施[J].投资与创业，2021，32（05）：142-144.

［17］陈昕.基于"1+X"证书制度下的电子商务专业建设实践[J].科技经济市场，2021（03）：131-132.

［18］孙大兵.基于产教融合视角的高职院电子商务专业教学模式[J].办公自动化，2021，26（03）：39-40.

［19］沈霞，冯可欣.新形势下高职电子商务专业人才培养模式的调查与分析[J].就业与保障，2021（24）：139-141.

［20］柴方艳，薛永三.电子商务专业教师教学创新团队建设标准研究[J].辽宁高职学报，2021，23（12）：62-66.

［21］丁莉.试论新形势下高职院校电子商务专业课程的教学实践[J].中国新通信，2021，23（20）：169-170.